MADRID
INSÓLITA Y SECRETA

Verónica Ramírez Muro y Mario Utrilla Trinidad
Con la colaboración de Beatriz Pérez Colina

Fotos
Manuel Vázquez

EDITORIAL JONGLEZ
guías de viaje

Ha sido un verdadero placer para nosotros elaborar la guía *Madrid insólita y secreta* y esperamos que, al igual que a nosotros, le sirva de ayuda para seguir descubriendo aspectos insólitos, secretos o aún desconocidos de la ciudad. La descripción de algunos de los lugares se acompaña de unos recuadros temáticos que mencionan aspectos históricos o cuentan anécdotas, permitiendo así entender la ciudad en toda su complejidad.
Madrid insólita y secreta señala los numerosos detalles de muchos de los lugares que frecuentamos a diario y en los que no nos solemos fijar. Son una invitación a observar con mayor atención el paisaje urbano y, de una forma más general, un medio para que descubran nuestra ciudad con la misma curiosidad y ganas con que viajan a otros lugares…

Cualquier comentario sobre la guía o información sobre lugares no mencionados en la misma serán bienvenidos. Nos permitirá completar las futuras ediciones de esta guía.

No duden en escribirnos:
Editorial Jonglez, 25 rue du Maréchal Foch
78000 Versailles, Francia
E-mail: info@editorialjonglez.com

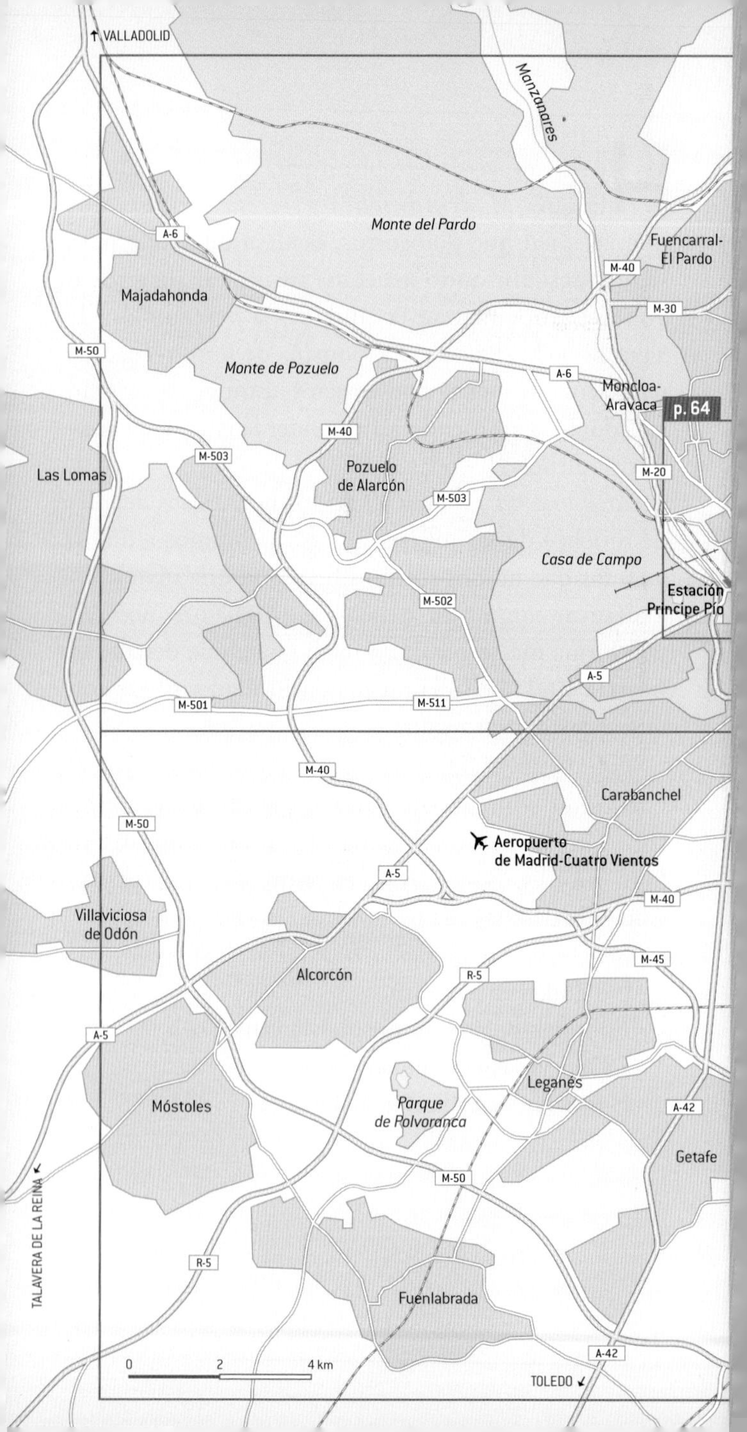

VALLADOLID
Manzanares
Monte del Pardo
Fuencarral-
El Pardo
A-6
M-40
M-30
Majadahonda
M-50
Monte de Pozuelo
A-6
Moncloa-
Aravaca
p. 64
M-40
M-503
Las Lomas
Pozuelo
de Alarcón
M-20
M-503
Casa de Campo
Estación
Príncipe Pío
M-502
A-5
M-501
M-511
M-40
Carabanchel
M-50
Aeropuerto
de Madrid-Cuatro Vientos
A-5
M-40
Villaviciosa
de Odón
M-45
Alcorcón
R-5
A-5
Leganés
Móstoles
Parque
de Polvoranca
A-42
Getafe
TALAVERA DE LA REINA
M-50
R-5
Fuenlabrada
A-42
0
2
4 km
TOLEDO

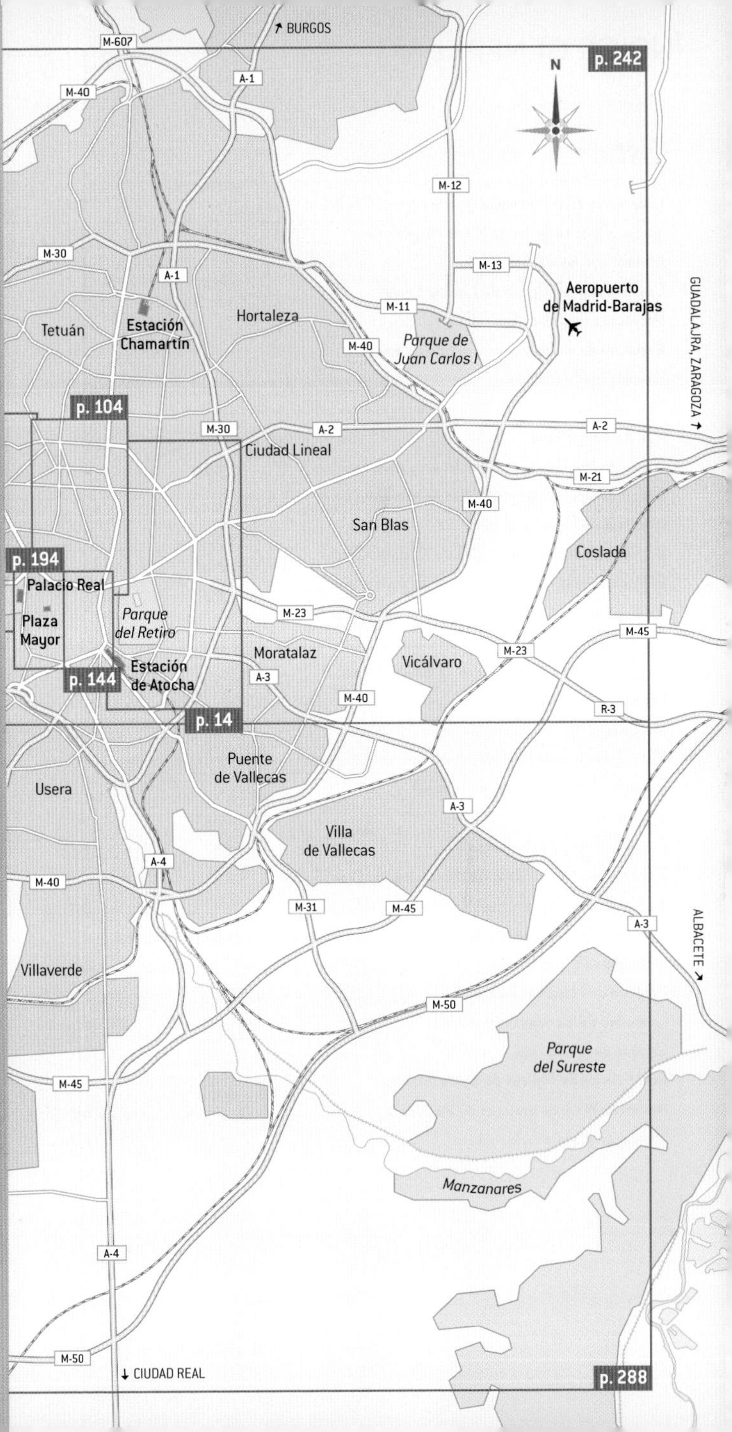
BURGOS
M-607
A-1
M-40
p. 242
N
M-12
M-30
M-13
A-1
Aeropuerto
de Madrid-Barajas
GUADALAJRA, ZARAGOZA
M-11
Tetuán
Estación
Chamartín
Hortaleza
M-40
Parque de
Juan Carlos I
p. 104
M-30
A-2
A-2
Ciudad Lineal
M-21
M-40
San Blas
Coslada
p. 194
Palacio Real
Plaza
Mayor
Parque
del Retiro
M-23
M-45
M-23
Moratalaz
Vicálvaro
p. 144
Estación
de Atocha
A-3
M-40
R-3
p. 14
Puente
de Vallecas
Usera
A-3
Villa
de Vallecas
A-4
M-40
M-31
M-45
A-3
ALBACETE
Villaverde
M-50
Parque
del Sureste
M-45
Manzanares
A-4
M-50
CIUDAD REAL
p. 288

ÍNDICE GENERAL

Este

Oeste

Norte

ÍNDICE GENERAL

Centro-Este

Centro-Oeste

ÍNDICE GENERAL

Alrededores Norte

Alrededores Sur

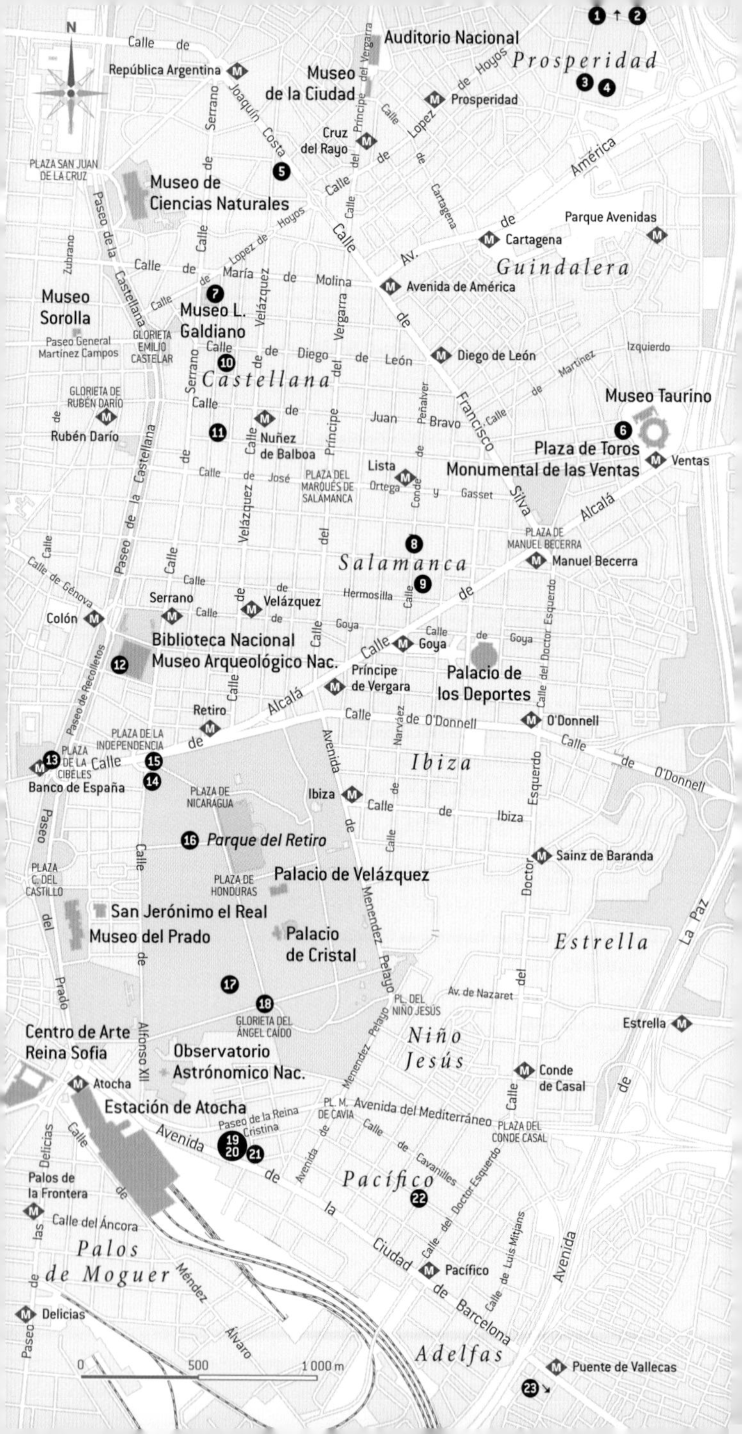

N
1 ↑ 2
Auditorio Nacional
Prosperidad
3 4
Museo de la Ciudad
República Argentina
Prosperidad
Cruz del Rayo
PLAZA SAN JUAN DE LA CRUZ
Museo de Ciencias Naturales
5
Calle de López de Hoyos
Calle del Príncipe de Vergara
Calle de Cartagena
Av. de América
Parque Avenidas
Cartagena
Guindalera
Avenida de América
Calle de María de Molina
Calle de Serrano
Calle de Joaquín Costa
Zubrano
Paseo de la Castellana
Museo Sorolla
7
Museo L. Galdiano
Paseo General Martínez Campos
GLORIETA EMILIO CASTELAR
10
Castellana
Calle de Diego de León
Diego de León
Calle de Francisco Silva
Izquierdo
Calle de Martínez
Museo Taurino
GLORIETA DE RUBÉN DARÍO
Rubén Darío
Calle de Juan Bravo
11
Nuñez de Balboa
Calle de Velázquez
6
Plaza de Toros Monumental de las Ventas
Ventas
Calle de José Ortega y Gasset
PLAZA DEL MARQUÉS DE SALAMANCA
Lista
Calle del Conde de Peñalver
PLAZA DE MANUEL BECERRA
Manuel Becerra
8
Salamanca
9
Calle de Hermosilla
Calle de Génova
Colón
Serrano
Velázquez
Calle de Goya
Goya
12
Biblioteca Nacional
Museo Arqueológico Nac.
Paseo de Recolletos
Príncipe de Vergara
Palacio de los Deportes
Calle de Alcalá
Retiro
Calle de O'Donnell
O'Donnell
Calle del Doctor Esquerdo
PLAZA DE LA INDEPENDENCIA
13
PLAZA DE LA CIBELES
15
14
Banco de España
Ibiza
Calle de Narváez
Calle de Ibiza
Ibiza
PLAZA DE NICARAGUA
16 Parque del Retiro
Sainz de Baranda
PLAZA C. DEL CASTILLO
PLAZA DE HONDURAS
Palacio de Velázquez
Avenida de Menendez Pelayo
San Jerónimo el Real
Museo del Prado
Palacio de Cristal
Estrella
Paseo del Prado
Calle de Alfonso XII
Avenida de La Paz
17
18
GLORIETA DEL ÁNGEL CAÍDO
PL. DEL NIÑO JESÚS
Av. de Nazaret
Estrella
Centro de Arte Reina Sofía
Niño Jesús
Observatorio Astrónomico Nac.
Atocha
Conde de Casal
Estación de Atocha
PL. M. DE CAVIA
Avenida del Mediterráneo
PLAZA DEL CONDE CASAL
Paseo de la Reina Cristina
19 20 21
Avenida de la Ciudad de Barcelona
Calle de Cavanilles
Pacífico
22
Palos de la Frontera
Calle del Ancora
Paseo de las Delicias
Palos de Moguer
Calle de Méndez Álvaro
Calle de Luis Mitjans
Pacífico
Delicias
0 500 1 000 m
Adelfas
Puente de Vallecas
23 ↘

Este

LUCERNARIO DE LA PARROQUIA NUESTRA SEÑORA DE LA LUZ ①

Toda luz penetra de lo alto

Fernán Núñez, 9
Lunes a viernes de 9 a 10 h y de 20 a 21 h. Domingos y festivos, misas a las 10, 12, 13 y 20 h
Metro Colombia

Escondida en un barrio residencial, la Parroquia Nuestra Señora de la Luz es un complejo religioso de insospechado valor arquitectónico. Por fuera, un largo muro de ladrillo apenas permite adivinar que estamos a las puertas de una iglesia. Hace falta alzar la mirada para apreciar, en lo alto y rodeado de tres altísimos cipreses, un mástil de hierro coronado por una cruz griega que revela la identidad del edificio.

En la entrada, una pequeña placa resume las intenciones del arquitecto José Luis Fernando del Amo: "Toda luz penetra de lo alto. Este edificio se construyó como un espacio de recogimiento, de penumbra y de silencio".

Efectivamente, al entrar en el templo, un lucernario con forma de pirámide truncada invertida se convierte en un cañón de luz natural que se concentra en el sobrio altar, reforzado por las rendijas laterales que iluminan el resto del templo. Según el cura encargado de la parroquia, en teoría no haría falta encender nunca los reflectores para celebrar la misa.

Construida en 1969, la Parroquia Nuestra Señora de la Luz es la gran obra del arquitecto Del Amo, quien siempre estuvo vinculado a las Bellas Artes: impulsó la creación del Museo de Arte Contemporáneo Español, el mismo que dirigió entre 1952 y 1959, y que más tarde se convirtió en el Museo Reina Sofía. Por ello, siempre estuvo en contacto con los artistas más vanguardistas y eligió para la parroquia las esculturas de Cristo, la Virgen y el sagrario de José Luis Sánchez Fernández.

El complejo religioso se complementa con viviendas para los curas, un auditorio para reuniones de la comunidad y un despacho parroquial que se distribuyen en torno a un jardín cuadrangular donde florecen rosas de diversas tonalidades creando un verdadero remanso de paz.

Siguiendo la declaración de intenciones del arquitecto, el templo evita toda manifestación de monumentalidad tanto en sus volúmenes como en sus fachadas. Es sobrio y austero incluso en las paredes, forradas de arpilleras, que aíslan el edificio y lo convierten en un espacio propicio para el silencio y la reflexión.

Su creador siempre consideró que la arquitectura verdadera era aquella que servía al hombre, aquella que "le protege de la intemperie y le alivia de las fuerzas oscuras que ensombrecen al mundo".

IGLESIA ORTODOXA DE SANTA MARÍA MAGDALENA ②

La pequeña Rusia

Gran Vía de Hortaleza, 48
Visitas guiadas los sábados a las 17 h
68 629 1801
Metro Pinar del Rey

Cinco cúpulas con forma de cebolla y forradas en pan de oro se han convertido en el símbolo más extravagante del distrito de Hortaleza. Representan a Cristo y a los cuatro evangelistas y han transformado el perfil del barrio, no solo por su arquitectura bizantina sino por ser el punto de encuentro multicultural donde convergen rusos, ucranianos, moldavos, georgianos, españoles y todo aquel que desee aprender el idioma y conocer las costumbres rusas.

Abierta en 2013, la iglesia Ortodoxa de Santa María Magdalena, obra del arquitecto ruso Alexei Vorontsov con la colaboración de Jesús San Vicente y Rafael Álvarez, es el segundo templo ruso en España después del de Altea, en Alicante.

El origen del culto en España se remonta a 1761, cuando se estableció la primera iglesia. Poco más de un siglo después el recinto fue cerrado y el mobiliario y los iconos trasladados a Argentina. Desde entonces los ortodoxos tuvieron distintos emplazamientos, algunos cedidos y otros alquilados, pero nunca –hasta ahora– un imponente templo.

Entre las curiosidades de la basílica destaca la imagen de María Magdalena, que también protagonizó la capilla original de 1761 y luego fue localizada y traída desde Argentina para el nuevo templo. También pueden verse piezas de orfebrería, como las espectaculares lámparas que cuelgan del techo, hechas en Rusia en base a un diseño inspirado en las coronas visigóticas.

La liturgia se realiza en eslavo eclesiástico, una lengua originalmente concebida para traducir el griego a los pueblos eslavos y que permite una mayor comprensión por parte de las distintas nacionalidades que se dan cita en la iglesia. Los domingos también se celebran misas en español y en ellas puede apreciarse las diferencias más notorias con respecto al rito católico. La misa, por ejemplo, es una oración cantada, no hay bancos donde sentarse (la duración del ritual es de dos horas) y, durante la mayor parte de la celebración, el sacerdote está de espaldas a los fieles.

En una de las alas del edificio se ubica la Casa Rusia, un centro cultural donde se imparten clases de ruso y se difunden su arte y su cultura.

MUSEO AFRICANO MUNDO NEGRO ③

Viaje al corazón de África

Arturo Soria, 101
Visitas para grupos previa cita: lunes a viernes de 9:30 a 13:30 h
Visitas guiadas sin reserva: domingos a las 11:30 h
Cerrado en julio, agosto y septiembre
91 415 2412
www.museoafricano.es
Metro Arturo Soria

La visita al desconocido Museo Africano Mundo Negro es una inmersión en el continente africano desde la prehistoria hasta la actualidad. A través de una gran colección de piezas, el visitante puede conocer los antiguos reinos e imperios, las lenguas, costumbres y creencias africanas y viajar simbólicamente a tribus remotas. El museo explica, entre otras cosas, por qué decoran con colores vivos las viviendas ndebele (Sudáfrica), cómo es la falda de una mujer soltera pokot (Kenia), la de una casada karimoyón (Uganda) o cómo es el vudú practicado por los ewé (Ghana) o los kabye (Togo).

Pero hay mucho más que ver y aprender en este pequeño museo creado por los misioneros combonianos, la orden religiosa fundada por el sacerdote italiano Daniel Comboni (1831-1881), quien dedicó su vida a luchar contra la esclavitud y evangelizar los pueblos africanos. El museo cuenta con varias reproducciones que escenifican el estilo de vida de distintas tribus. Por ejemplo, en un rincón puede verse una cabaña ugandesa rodeada de utensilios de cocina, un huevo de avestruz como alimento y algunos instrumentos musicales.

Entre los objetos más curiosos están las tabaqueras y las bolas de tabaco para masticar, los juegos de mesa o los platos labiales de la tribu mursi que las mujeres se incrustan desde la infancia y van sustituyendo conforme crecen hasta alcanzar los 22 centímetros o más, según el canon de belleza. También están las máscaras de iniciación (las de los hombres con los ojos abiertos y las de las mujeres, cerrados), así como las esculturas finamente talladas en ébano y marfil. Uno de los objetos más valiosos del museo es uno de los 22 colmillos de marfil que el presidente de Uganda, Milton Obote, le obsequió al papa Pablo VI durante su primera visita a África, en 1969.

El museo abrió sus puertas en 1985 con la intención de familiarizar a los visitantes con la diversidad africana y con el trabajo que realizan los misioneros. Las experiencias de vida relatadas por los misioneros que realizan la visita guiada también representan un magnífico aporte a la visita.

LA PLACA DEL VELÓDROMO DE CIUDAD LINEAL

④

El primer vuelo sobre Madrid

Arturo Soria, 109

Instalados en el interior de las oficinas de AENA (Aeropuertos Españoles y Navegación Aérea), un monolito y una placa recuerdan que el 23 de marzo de 1910 a las 16:45 h un aeroplano surcó por primera vez el cielo de Madrid

El aeroplano histórico fue un Bleriot XI, que contaba con un fuselaje de 7,6 metros hecho de fresno y álamo, asegurado con cuerdas de piano y barniz. Para ponerlo en marcha se emplearon gasolina de automóvil y aceite de ricino. El piloto encargado de la hazaña fue Julien Mamet, alumno de Louis Blériot, pionero de la aviación francesa y primer hombre en cruzar La Mancha a bordo de un avión.

El acontecimiento se llevó a cabo en el desaparecido Velódromo de la Ciudad Lineal, un polideportivo revolucionario para la época cuya pista tenía la suficiente longitud y anchura y, sobre todo, una tribuna adecuada para el gran número de espectadores que congregaría la exhibición.

El día señalado, el Blériot XI se elevó 6 metros y dio un par de vueltas al velódromo. De esta forma quedó inaugurado el campo de vuelo de Ciudad Lineal, considerado el primer aeropuerto de la ciudad, aunque luego se construyeron otros específicamente acondicionados para la aviación. Tres días después del vuelo de prueba, al que asistieron periodistas y un número limitado de personas, se celebró el espectáculo abierto a 15 000 espectadores, incluida la reina Victoria.

El vuelo sobre Madrid no fue el primero que se celebró en España. Un año antes, Juan Olivert voló una aeronave diseñada por el barcelonés Gaspar Brunet en Valencia. El propio Mamet realizó un vuelo anterior en Barcelona, también en un aeródromo improvisado.

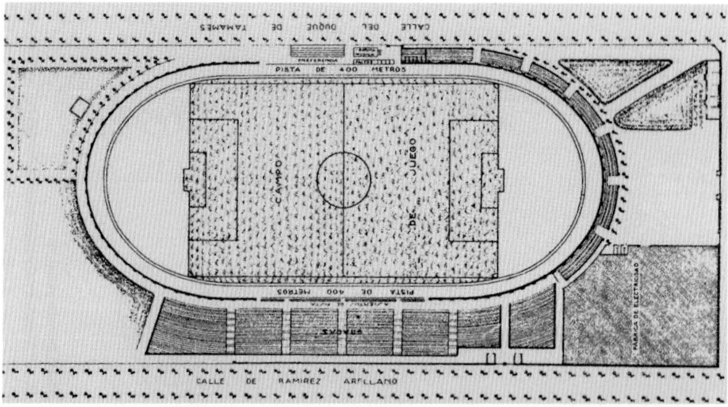

Proyecto urbanístico Ciudad Lineal

El Velódromo de la Ciudad Lineal, inaugurado oficialmente el 3 de julio de 1910, formó parte del gran proyecto urbanístico de Arturo Soria (1844-1920), quien buscaba una solución para los problemas de higiene, hacinamiento y transporte en la ciudad. Bajo el lema "Para cada familia una casa. En cada casa, una huerta y un jardín", Soria quería ruralizar la ciudad y urbanizar el campo. Lamentablemente, solo llegó a construirse un segmento del ambicioso proyecto.

ESCULTURA DE UN HOMBRE SUJETANDO UN EDIFICIO

⑤

Síntesis completa entre arquitectura y escultura

C/ Velazquez, 144 esquina con C/ Joaquín Costa, 34
Metro República Argentina

Entre las calles de Velázquez y de Joaquín Costa, un singular edificio de gruesa textura de ladrillo anaranjado y estructura de hormigón, obra de Miguel Fisac Serna, se ha convertido en uno de los iconos de la arquitectura española del siglo XX. Forma una original esquina cóncava cuya fachada de suave curvatura contrapone una disposición diagonal de las ventanas con la línea visual oblicua que crea la fuente de su base y el balcón de la cornisa.

La fontana de piedra caliza de Colmenar y una escultura de bronce, obra de Carlos Ferreira, se funden con el muro del edificio y cubre la fachada hasta un límite en el que se recorta escalonadamente a ras de la piel de ladrillo. El pilón, en forma de valva de mejillón, es redondeado y vuela en su frente hacia el exterior. Una figura humana de formas muy estilizadas apoya un pie en el suelo, una rodilla en el borde del pilón y la mano derecha en el muro de piedra blanca, como si estuviera sujetando el edificio o taponando un caño, pues debajo de la palma de bronce brota el agua que escurre por el muro hasta alcanzar la pila. Una superficie ajardinada, con algunas piedras naturales y un prado con hiedras, la rodea.

La talla en bronce del hombre enlaza fuente y edificio, haciendo imposible disociar la arquitectura de la escultura, pues lo escultórico soporta pero a la vez se apoya en lo arquitectónico.

Esta premiada construcción, en la actualidad sede de la Secretaría General de Pesca del Ministerio de Agricultura y Pesca, Alimentación y Medioambiente, albergó durante más de 50 años los laboratorios y salas de estabulación de los animales de experimentación del Centro de Investigaciones Biológicas del CSIC (Consejo Superior de Investigaciones Científicas).

COLONIA MADRID MODERNO ⑥

Un viaje arquitectónico en el tiempo

Barrio La Guindalera
Calles Cardenal Beluga, Roma, Avenida Toreros, Cartagena, Francisco Navacerrada, Campañar y Ruiz Perelló
Metro Ventas

Pasear por algunas calles del barrio de La Guindalera es retroceder en el tiempo y encontrarse con un Madrid único. Las casas que componen este barrio destacan por su originalidad. Son viviendas unifamiliares, algunas de estilo neomudéjar, como las que se ubican en las calles Roma y Cardenal Beluga.

Se tardó 25 años, por lo menos, en terminar la construcción de este barrio. La primera fase del proyecto data de 1890. La tercera y última fase es de estilo modernista y fue llevada a cabo en 1905 por el arquitecto Valentín Roca Carbonell. Este proyecto, denominado Madrid Moderno, fue iniciativa del arquitecto Julián Marín, pero sufrió diversos inconvenientes legales que retrasaron las obras muchos años provocando la mezcla de estilos arquitectónicos.

Las casas se agrupan en hileras. Las de la primera fase cuentan con torreones circulares de estilo neomudéjar, con un pequeño jardín y fachadas de ladrillos y azulejos. Para el resto no hay un criterio de homogeneidad, lo cual generó muchas críticas que apuntaron al mal gusto del barrio y a la falta de planificación. Sin embargo, un siglo después, las casas que se han logrado mantener en pie resultan extremadamente curiosas, sobre todo las de la calle Castelar, conocida como la calle “de los hotelitos”. Lamentablemente, muchas de ellas han cedido terreno a la fuerte presión inmobiliaria.

Madrid desde Torres Blancas: el cuadro más caro de un artista español vivo

El edificio Torres Blancas (Avenida de América, 37 - Metro Cartagena) sirvió de inspiración para que Antonio López pintara el cuadro *Madrid desde Torres Blancas*, que lo convirtió en el artista español vivo mejor cotizado. En 2008, este cuadro fue subastado por más de un millón y medio de euros. Años después, Miquel Barceló superaría la cifra.

Otra de las anécdotas de este edificio de color gris es que el plan original era proyectar dos torres de mármol blanco. Sin embargo, el presupuesto no alcanzó y no pudieron darle el toque final al edificio.

Torres Blancas fue una iniciativa de Juan Huarte, empresario y mecenas español dispuesto a romper con las convenciones arquitectónicas de la época. En 1961, el proyecto fue concedido al arquitecto Javier Sáez de Oiza, quien creó este rascacielos de forma orgánica que respira vida, un edificio de 21 plantas que parece un árbol gigante con unas grandes terrazas circulares.

Este singular edificio, de estilo brutalista, fue escenario de la película de Jim Jarmusch *Los límites del control.*

PILA BAUTISMAL REAL

⑦

¿La pila bautismal de Santo Domingo?

Monasterio Santo Domingo el Real
Claudio Coello, 112
91 411 7384
Horario sugerido para no interrumpir la misa: lunes a viernes de 18:45 a 20 h y domingos de 13 a 14 h
Metro Núñez de Balboa

La pila donde se cree fue bautizado Santo Domingo de Guzmán en 1170 es la misma que utiliza la Casa Real para cristianar a los herederos a la corona española. En la actualidad la custodian las monjas dominicas de Santo Domingo el Real, en el barrio de Salamanca. Este sencillo y austero edificio de ladrillo rojo cuenta con un camarín reservado para la pila, a la que se accede por el lateral derecho de la iglesia. Aquí permanece hasta que un bautizo real obliga a su traslado para el acto sacramental.

La tradición del sagrado recipiente se remonta al siglo XVII cuando Felipe III lo trasladó a Valladolid para bautizar a su hijo, Felipe IV. El título de "Real" fue otorgado por Fernando III el Santo quien, al conocer la canonización de Domingo de Guzmán, le concedió este carácter, destinando su uso exclusivamente a los herederos de la realeza. Esta reliquia fue uno de los objetos que sobrevivieron al expolio del original Monasterio de Santo Domingo, levantado en 1218 en la actual plaza de igual nombre en el centro de Madrid. Del derribo forzado por los daños sufridos durante la Guerra de la Independencia, en 1808, y posteriormente durante el sexenio revolucionario (1868-1874), pasó al nuevo edificio situado en la calle de Claudio Coello.

La pieza es románica, de piedra blanca, engastada en plata con dorados y repujada con los emblemas de la orden dominica, además de las armas reales. Este recubrimiento data del año 1771 y fueron necesarias 174 onzas de plata (unos seis kilos aproximadamente).

La costumbre real hizo que la pila no regresara a Caleruega (Burgos), cuna del santo, permaneciendo por orden de Fernando III en Madrid; primero en el antiguo monasterio y después, en el actual, en Santo Domingo el Real. Sólo sale de su camarín para el ritual del sacramento real. Algunos traslados notorios llegaron a Valladolid, Sevilla, La Granja (Segovia), El Pardo, el Palacio Real y el Palacio de la Zarzuela.

Los últimos traslados se llevaron a cabo para el bautizo de la princesa Leonor y la infanta Sofía, hijas de los reyes de España. Toda la documentación relativa a estos traslados queda anotada en el registro del Monasterio.

El rey Juan Carlos I no fue bautizado en esta pila, pues durante su primera infancia la Familia Real estaba exiliada en Roma. Por ello fue bautizado en la Capilla de la Orden de Malta, en la Santa Sede.

IGLESIA DE NUESTRA SEÑORA DEL ROSARIO DE FILIPINAS

⑧

Un espléndido ejemplo de la arquitectura brutalista en Madrid

Conde de Peñalver, 40
Todos los días de 7:30 a 13 h y de 17 a 21 h
Metro Lista

Una iglesia raramente pasa desapercibida pero, a primera vista, la iglesia de Nuestra Señora del Rosario de Filipinas podría ser otra cosa: una vivienda excéntrica o un centro comercial. Hace falta alzar la mirada para comprobar la cruz que dota de identidad a esta construcción, considerada una de las más representativas de la arquitectura brutalista en Madrid.

Construido entre 1967 y 1970 por el arquitecto Cecilio Sánchez-Robles Tarín y reformada por Manuel Mateo Sanz en 1989, el complejo arquitectónico está compuesto por la iglesia, el convento del Rosario (habitado por 10 religiosos) y oficinas.

Seguidor de Le Corbusier, Sánchez-Robles Tarín presenta una fachada que es una gran lámina de hormigón, material brutalista por excelencia. Esta fachada, que presenta tres niveles superiores de menor volumen, es la carta de presentación de un templo caracterizado por su monumentalidad y ausencia de elementos decorativos.

La iglesia, perteneciente a la congregación de los padres dominicos, generó una gran división durante un tiempo entre los vecinos que todavía mantenían fresco el recuerdo de la iglesia de estilo neogótico que existió antes en este solar. El edificio original fue construido en 1918 y derribado en 1967 para dar pie a un edificio más moderno en el distrito.

Otras construcciones brutalistas en Madrid

Monumental y austero, el brutalismo es la corriente arquitectónica que busca la expresión de los materiales en bruto y las geometrías repetitivas. En Madrid cuenta con algunos edificios representativos: el Instituto del Patrimonio Cultural (ver página 76), el edificio Torres Blancas (ver página 27) y el edificio Pirámide, diseñado por Antonio Lamela (Paseo de la Castellana, 31).

MUSEO DE LA BARAJA Y EL TAROT ⑨

Los naipes con truco que usaba el mago Houdini

Hermosilla, 95
91 431 5591
Lunes a viernes de 10 a 14 h y de 16:30 a 20:30 h. Sábados de 10 a 14 h
www.museodelabaraja.blogspot.com.es
Metro Goya

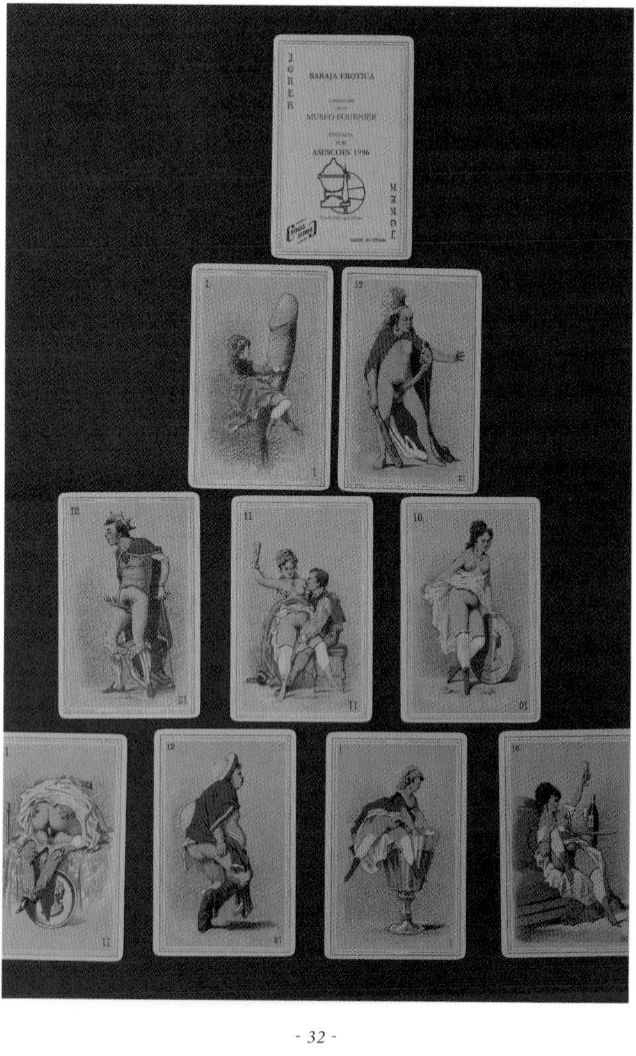

En el sótano de una tienda de objetos esotéricos se esconde un pequeño museo que contiene una sorprendente colección de barajas y tarots. Es el único museo de este tipo en Madrid y uno de los cinco que existen en España. Cuenta con una colección de 5000 juegos de baraja española y 800 tarots distribuidos en vitrinas de diferentes tamaños.

Una de las barajas más sorprendentes es un juego de cartas trucadas que perteneció al mago Houdini. Pero no es la única joya del museo. Los naipes han sido desde siempre un lienzo donde retratar la vida cotidiana y en este museo se pueden ver naipes que recorren el arte, la política, la ciencia, la cultura y la historia de los últimos cuatro siglos. Hay barajas raras, únicas, como la baraja geográfica de las 49 provincias de España, de tamaño más grande que el normal e impresa en 1840 con fines didácticos a propósito de las reformas geográficas y administrativas que ocurrieron en la España de 1833. Entre otras curiosidades está la baraja taurina diseñada por Pedro Maldonado en 1885, que muestra los retratos de los matadores de la época y sus respectivos lances. En el campo de la política se pueden ver barajas satíricas, como la editada por el periódico La Broma en 1875, que representa la situación de España durante la Segunda Guerra Carlista y en la que aparecen sus protagonistas políticos.

Por supuesto, toda la cultura popular del siglo XX está presente en los naipes con rostros conocidos como los de James Bond, Walt Disney, Pelé o Bob Marley. Y también algunas rarezas como las llamadas "invisibles" que a la luz dejan ver a mujeres desnudas.

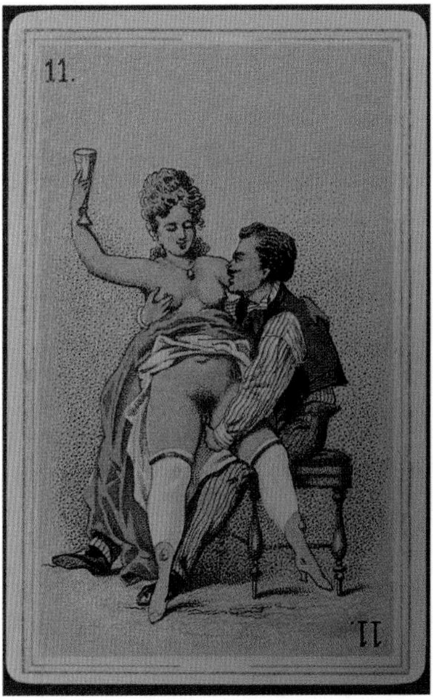

En una de las paredes del local pueden verse grabados del tarot Visconti-Sforza, que fue creado como regalo de bodas y es el primero del que se tienen noticias.

En definitiva, recorrer estas vitrinas es descubrir el universo de los naipes desde sus orígenes, presumiblemente en el siglo XV.

LA CORNISA DESCONCHADA DE LA CALLE CLAUDIO COELLO

(10)

La explosión que hizo volar el coche de Carrero Blanco por encima de un edificio de cinco pisos

Claudio Coello, 104
Metro Rubén Darío

En el número 104 de la calle Claudio Coello una placa conmemora el asesinato del almirante Luis Carrero Blanco, presidente de Gobierno con todas las papeletas para suceder al entonces senil Franco, el 20 de diciembre de 1973.

Esa mañana, Carrero Blanco fue a misa, como todos los días, a la iglesia de los Jesuitas de la calle Serrano. Nada hacía sospechar que la persona que esperaba detrás de él para comulgar era Arriaga, un miembro de ETA que llevaba meses planeando su asesinato.

El coche de Carrero salió de la iglesia rumbo a su domicilio y, al pasar por la calle Claudio Coello, voló por los aires.

Unas grietas en el asfalto recuerdan el socavón producto de la explosión que hizo volar el coche por encima de un edificio de cinco pisos para luego caer en el patio interior. En lo alto del mismo edificio se puede ver la cornisa algo desconchada por el impacto del coche y, al nivel del suelo, la ventana del semisótano desde donde los miembros de ETA excavaron un túnel hasta el centro de la calzada, donde colocaron los 100 kilos de Goma-2 que acabaron con la vida de Carrero Blanco, su guardaespaldas y el chofer. El semisótano fue alquilado por un supuesto escultor. De esta manera justificaron el ruido de la taladradora al excavar el túnel donde colocarían la bomba, y la entrada y salida de sacos de arena sin que los vecinos sospecharan que algo raro estaba ocurriendo. Operación Ogro fue el nombre en clave que ETA utilizó para planear el magnicidio. Por su cercanía a la embajada de Estados Unidos, en un principio se sospechó que la CIA podía haber estado involucrada, pero ETA se atribuyó el atentado que cambió el escenario político español.

EL RUBENS DE LA FUNDACIÓN CARLOS DE AMBERES

⑪

Un Rubens en la Capilla de San Andrés de los Flamencos

Calle Claudio Coello, 99
91 435 2201
Lunes a viernes no festivos, de 10 a 15 h
Metro Núñez de Balboa

El cuadro *El martirio de San Andrés* del pintor barroco Peter Paul Rubens es el gran tesoro desconocido que guarda la Fundación Carlos de Amberes. La historia de esta institución comienza en 1594, cuando Carlos de Amberes cedió varios inmuebles de la calle San Marcos para la creación de un hospicio que albergase a peregrinos y necesitados provenientes de los Países Bajos. Así nació, en 1606, el Hospital de San Andrés de los Flamencos, con su correspondiente capilla. El edificio original fue derribado en 1848, y la nueva sede se construyó en su enclave actual, en 1877. Hoy los dos pabellones del antiguo hospital están destinados a acoger diversas actividades culturales, y también la iglesia, de cruz latina, con una nave abovedada, sirve como sala de exposiciones. Aún se conservan la tribuna o coro alto, y el espacio del antiguo altar mayor. Allí se encuentra la maravillosa obra de arte de Rubens, que mantiene el marco original que fabricaron los ebanistas Abraham Lers y Julien Beymar, criados de Felipe IV. Fruto de un encargo realizado en 1635 por un agente de la Imprenta Platiniana de Amberes, uno de los benefactores de la institución, esta joya pictórica adorna el altar mayor de la iglesia de San Andrés de los Flamencos.

Perteneciente a la última etapa del maestro flamenco, representa con gran dramatismo un fragmento del martirio de San Andrés descrito en la *Leyenda dorada* de Jacobo de la Vorágine. El santo aparece crucificado en la clásica cruz en aspa, en el momento en que está siendo atado por los sayones, mientras dos mujeres imploran a sus pies y un soldado a caballo señala al mártir. Se trata del pasaje en el que San Andrés, según Jacobo, se niega a ser liberado con las siguientes palabras: "¿A qué vienes? Si es para pedir perdón, lo obtendrás, pero si es para desatarme y dejarme libre, no te molestes, ya es tarde…". Los tonos, la iluminación y la expresividad de los rostros conforman una obra de gran belleza.

La fundación, una de las más antiguas instituciones privadas europeas sin ánimo de lucro, fomenta el intercambio cultural con las antiguas provincias de Flandes, y en su sede se llevan a cabo exposiciones de arte, conciertos de música antigua y jazz, seminarios y publicaciones. Desde que Felipe III aceptara su patronazgo a principios del siglo XVII, este cargo ha sido heredado por tradición hasta la actual monarquía española.

VISITA PRIVADA A LA BIBLIOTECA NACIONAL DE ESPAÑA ⑫

Un recorrido excepcional de acceso restringido

Paseo de Recoletos, 20
91 580 7800
www.bne.es
Visitas individuales: martes y viernes a las 17 h (previa inscripción)
Visitas exprés: lunes a viernes a las 12 y sábados a las 11 h (previa inscripción)
Visitas grupales: martes a viernes (concertar cita)
Metro Colón

Previa reserva telefónica o por la web, es posible visitar la Biblioteca Nacional de España, un lugar acostumbrado a recibir únicamente a miembros e investigadores. El recorrido por las instalaciones de este edificio monumental, construido en 1866 por Francisco Jareño, se inicia frente a la emblemática estatua de Alfonso X El Sabio con una explicación sobre los antecedentes del recinto.

Aunque en 1712 Felipe V ya había decretado un privilegio real para garantizar una larga vida a los libros, la Biblioteca Nacional abrió oficialmente sus puertas el 16 de marzo de 1896. Este privilegio, que viene a ser el precedente del depósito legal, consistía en que las imprentas debían depositar un ejemplar de todos los libros impresos en España para que fueran almacenados en la entonces Biblioteca Pública de Palacio, que en 1836 cambió su nombre por el de Biblioteca Nacional.

La visita continúa en el Museo de la Biblioteca Nacional, ubicado en la planta baja. El recorrido dura una hora y media aproximadamente y se explica la historia del libro, desde los primeros años de la imprenta.

Luego se hace un breve resumen de las joyas bibliográficas que conservan, como es el caso del Códice de Metz, un manuscrito del siglo IX que es a la vez un calendario astronómico, un manual de cómputo y un tratado de astronomía. O un ejemplar del Catholicon, de Johannes Balbus, impreso en 1460 probablemente en la imprenta de Gutenberg.

Posteriormente, el visitante, a través de una serie de vídeos, imágenes y objetos, se puede hacer una buena idea de cómo es el trabajo dentro de una biblioteca, de cuáles son los métodos para catalogar y almacenar los más de 20 millones de libros que custodian, y de cómo estos métodos han ido evolucionando con el tiempo.

Las salas especializadas, que conservan manuscritos, incunables, mapas o códices, se pueden visitar pero sólo si se justifica algún tipo de relación con el mundo del libro (profesionales, estudiantes o aficionados).

En torno al 23 de abril se realiza una jornada de puertas abiertas, que incluye un recorrido muy completo por todas las instalaciones.

SÍMBOLOS OCULTOS DE LA FUENTE DE CIBELES

⑬

Del origen de la relación entre Cibeles y el oso del emblema madrileño...

Plaza de Cibeles
Metro Banco de España

Cibeles, Cibele o Cíbele era una diosa originaria de Frigia, también llamada "Madre de Dioses" o "Diosa Madre" y símbolo de la fertilidad de la Naturaleza. Su culto se inició en Asia Menor, difundiéndose por la Grecia Antigua con el nombre de *Potnia Theron*, o "Señora de los Animales", y llegó a Roma aproximadamente en el año 204 a.C. Fue asumida como la divinidad del ciclo vida-muerte-renacimiento debido a la resurrección de Atis, un semidiós y supuesto amante de la diosa, relacionado con el ritual del sangriento sacrificio de un toro, símbolo de la fecundidad en la Naturaleza, algo así como la "Divinidad sacrificada a manos del hombre".

Según los griegos, la diosa era una encarnación de Gea o Mater Rea, la Madre Tierra, la manifestación de la Naturaleza. Frecuentemente representada sobre un muro de relativa altura y subida en un carro tirado por leones, su culto original era una estricta celebración de la fertilidad que, después, se degradó en manifestaciones orgiásticas.

Es así como Cibeles, la diosa de la Tierra, hija del Cielo, esposa de Saturno, madre de Júpiter, de Neptuno (cuya fuente fue construida frente a la de Cibeles para luego ser desmontada y trasladada a la plaza Cánovas del Castillo) y de Plutón es el símbolo de la energía vital concentrada en la Tierra. Engendró a dioses de los cuatro elementos naturales (aire, fuego, agua, tierra), y es la fuente primordial de toda fecundidad.

Su carro es tirado por leones, lo que significa que ella domina, ordena y dirige la potencia vital. Muchas veces aparece coronando un muro (señalando el *genius loci* o "espíritu protector del lugar", culto instituido por los romanos), con una estrella de siete puntas o una luna creciente, señales de su poder sobre la evolución biológica.

El símbolo lunar asocia a Cibeles al astro nocturno, que a su vez está relacionado con el oso, protagonista de la heráldica madrileña que también ocupó un lugar en la plaza hasta 1895, año en que la fuente (construida por Ventura Rodríguez entre 1777 y 1782) sufrió unas reformas profundas que alteraron su aspecto original. Según la mitología griega la divinidad lunar adoptaba comúnmente la forma de un oso o una osa cuando aparecía en los ritos que celebraban la fecundidad de la Madre Tierra, gracias a las sinuosas corrientes telúricas, lo que fue representado en esta misma fuente con la imagen de una serpiente.

La transformación de Cibeles en oso u osa significa que la diosa es la madre soberana de todos los poderes materiales del mundo. Por ello los romanos la adoraban bajo la forma de una piedra negra cuadrada, que más tarde evolucionó en un carro, o cuadrado móvil, es decir con ruedas, lo cual es símbolo de la propia evolución de la Madre Tierra.

En la estatua original de la Cibeles madrileña también aparecía un grifo de piedra. La presencia de este animal fabuloso, con pico y alas de águila y cuerpo de león, expresa la duplicidad de la naturaleza humana y divina de Cibeles, como madre de la Tierra e hija del Cielo. Este animal también conecta el poder terrestre del león con la energía celeste del águila: de este modo, se inscribe en la simbología general de las fuerzas de salvación, que también evocan la doble condición divina de fuerza y sabiduría. En esta fuente se ve representado por el cetro de Cibeles y la llave que lleva en la mano.

También es probable que la piedra negra y, después, el carro solar (el león es símbolo del Sol) de Cibeles guarden alguna relación con la Piedra Negra del Islam (la Kaaba) y la Merkaba (trono-carroza de la tradición judía), e incluso con la Piedra Angular en los templos cristianos.

Las actuales corridas de toros encuentran una raíz profunda en el rito ancestral del sangriento sacrificio de un toro, relacionado con Atis, amante de Cibeles.

LA PIEDRA TALLADA DE LA PLAZA ⑭ DE LA INDEPENDENCIA

La piedra que recuerda el antiguo paso de rebaños

Plaza de la Independencia
Metro Retiro

En plena Plaza de la Independencia, a pocos metros de la entrada a los Jardines del Buen Retiro, se puede ver una piedra tallada que lleva una curiosa inscripción: Cañada 7523 M.

¿Cuál es el significado de esta inscripción? Para buscar su significado es necesario remontarse al reinado de Eurico (año 504), quien dictó las primeras disposiciones con respecto a los desplazamientos de rebaños cuando Madrid y sus alrededores eran todavía un campo abierto. Sin embargo fue en la Edad Media cuando Alfonso X otorgó ciertos privilegios a los pastores, como eximirles del servicio militar o de testificar en los juicios, y reguló los caminos o vías pecuarias que permitían el paso de los rebaños de ovejas trashumantes (ver recuadro). De hecho, antiguamente, los rebaños pasaban por la calle de Alcalá, e incluso por debajo de la Puerta de Alcalá, es por eso por lo que todavía hoy mantiene la categoría de cañada real. De ahí la inscripción en la piedra: Cañada y la cifra 7523 M, que se refiere a la anchura que tenía dicha cañada.

Una de las funciones que cumplían los mojones que marcaban la ruta de la cañada real era la de delimitar el territorio para que ninguna propiedad o construcción pudiera interrumpir el paso de los rebaños por los 75 metros de anchura aproximados. Lamentablemente, con el tiempo la mayoría de cañadas reales fueron quedando en desuso debido al crecimiento de las ciudades y a la sustitución de alimentos naturales por pienso.

La trashumancia se iniciaba después del esquileo, a partir de mayo, prolongándose hasta finales de junio. La distancia recorrida era variable pero solía ser de unos 20 kilómetros diarios. A su paso, los pastores sólo tenían prohibido el paso de sus rebaños por las dehesas, los prados de siega, los viñedos, los trigales y los huertos.

Con el tiempo esta costumbre casi ha desaparecido aunque, afortunadamente, muchas de las cañadas reales han sido rescatadas por los ciclistas de montaña y caminantes para el disfrute de la naturaleza.

Ovejas en la ciudad

Desde 1994, el último domingo del mes de octubre, cerca de un millar de ovejas invaden el centro de Madrid ante la mirada atónita de turistas y vecinos. Las calles de Madrid se cierran al tráfico para que el rebaño pueda recorrer sin problemas el trayecto comprendido entre la Casa de Campo y la Plaza de Cibeles. De esta manera, reproducen en la ciudad lo que ocurre en el campo: la trashumancia, que se realiza desde hace siglos a lo largo de las llamadas cañadas reales.

LAS BISAGRAS DE LA ANTIGUA PUERTA DE ALCALÁ

⑮

Un auténtico portillo que permitía el acceso a la ciudad

Aunque ahora es un monumento, la Puerta de Alcalá fue concebida como una auténtica puerta y funcionó como tal hasta 1869. Antiguamente había una cerca de hierro de la que todavía se pueden ver algunas de las bisagras que permitían abrir y cerrar la puerta. Durante el día se abría para el paso de la gente y al atardecer se cerraba con el fin de mantener el control de la ciudad.

¿Por qué la Puerta de Alcalá tiene dos caras distintas?

La Puerta de Alcalá presenta una particularidad muy poco conocida, incluso entre quienes se detienen a mirarla: la cara este no guarda ninguna relación con la oeste. El motivo está relacionado con un malentendido entre Carlos III y el arquitecto Francesco Sabatini.

En 1769, Carlos III encargó la construcción de una nueva puerta porque la antigua le parecía "poco monumental". Se presentaron a concurso tres arquitectos: Ventura Rodríguez presentó cinco proyectos; José de Hermosilla sólo uno, y Francesco Sabatini, dos, ambos inspirados en la arquitectura barroca romana. Sabatini fue elegido y en 1776 empezó la construcción del monumento que finalizó dos años después. Pero surgió una pequeña confusión. A Sabatini no le quedó claro cuál de las dos propuestas le había gustado más al rey, quien manifestó su predilección por ambos dibujos, así que tomó una decisión salomónica e hizo las dos. Mientras que la cara este tiene diez columnas de granito, la oeste tiene seis (el resto son pilastras). Las esculturas que la coronan también son muy diferentes. En la cara este hay figuras humanas y en la oeste, estandartes. Para labrar los detalles se contrató a los mejores escultores de la época: Francisco Gutiérrez y Roberto Michel. Ellos fueron los encargados de darle forma a los leones (que aluden a la realeza), a las cornucopias (alegoría de la prosperidad y de la abundancia), al escudo de las armas reales sostenido por una Fama y un genio, y a los niños sobre la cornisa (representantes de las cuatro virtudes cardinales: Fortaleza, Templanza, Justicia y Prudencia).

El origen de las "Puertas" de Madrid

La Puerta de Alcalá, la Puerta de Toledo y la Puerta del Sol recuerdan el emplazamiento de los cinco cercados sucesivos que tuvo Madrid, a medida que la villa crecía hacia el este.

Sin embargo, los tres últimos no fueron murallas defensivas como la fortaleza musulmana y la cristiana, sino vallados que servían para el control fiscal y sanitario.

Se las conoce como Cerca de los Arrabales (siglo XIII), Cerca de Felipe II (siglo XVI) y Cerca de Felipe IV (siglos XVII y XVIII). De las 35 puertas de acceso que tuvo la ciudad, muy pocas quedan en pie, pero se han mantenido algunos de sus nombres, como es el caso de la Plaza de Puerta Cerrada o la Plaza de Puerta de Moros.

EL DUENDE DEL RETIRO ⑯

En recuerdo de las flores que cambiaban de color al paso del rey

Parque El Retiro
Plaza de la Independencia, 7
De abril a septiembre, de 6 a 0 h. De octubre a marzo, de 6 a 22 h
Metro Retiro

Sobre la antigua jaula de piedra donde algún día vivió un oso, hoy, algo camuflado entre la vegetación, reposa un duende con una flauta. Este pequeño "duende del Retiro", tal y como se le conoce, debe su existencia a una leyenda protagonizada por Felipe V, cuyo reinado es el más longevo de la monarquía española (entre 1700 y 1746 con un breve paréntesis de ocho meses). Felipe V solía pasear por los jardines del Retiro que en ese entonces no era un parque abierto al público, sino el jardín privado del palacio de recreo y segunda residencia de los reyes.

Según cuenta la leyenda, cada vez que Felipe V caminaba por los jardines, notaba que las flores cambiaban de color sin importar que hubiera transcurrido solamente una hora desde su último paseo. El rey pensaba que podría ser una broma de los jardineros y los mandó llamar. Pero los jardineros juraron no haber cambiado las flores. Dijeron, en cambio, que se trataba de un duende al que más de una vez habían intentado cazar sin éxito.

Para recordar esta leyenda, en 1985, el artista José Noja recibió el encargo de crear un duende que sería colocado en un lugar especial. Eligieron la antigua Casa de Fieras, zoológico madrileño del siglo XVIII que reunió a animales muy exóticos para la época, como ocelotes, guacamayos, llamas peruanas o gacelas africanas.

El capricho del rey Fernando VI

Al entrar por la puerta de O´Donnell, el visitante encontrará una pequeña montaña artificial cuya existencia responde a un capricho del rey Fernando VI, quien buscaba cierta altura para poder mirar los campos de Madrid. A lo largo del tiempo, esta montaña ha sido conocida con diferentes nombres: montaña rusa, montaña tintero y montaña de los gatos por ser refugio de estos animales.

LA NORIA DE LA REAL FÁBRICA DE PORCELANA DEL BUEN RETIRO ⑰

Una enorme rueda de madera de 1760

Parque El Retiro
Plaza de la Independencia, 7
De abril a septiembre, de 6 a 0 h. De octubre a marzo, de 6 a 22 h
La noria se ubica en el paseo Duque de Fernán Núñez, entre la glorieta y la puerta del Ángel Caído
Metro Retiro

En un rincón de El Retiro descansa una vieja noria de madera cuya función actual es recordar la Real Fábrica de Porcelana del Buen Retiro, popularmente conocida como "La China". Este tipo de noria es conocida como noria "de tiro" o "de sangre" pues requería la fuerza de un animal para elevar el agua que surtía a la antigua fábrica. La noria es el único vestigio de la enorme fábrica y fue descubierta durante unas excavaciones arqueológicas, casi 200 años después de que la fábrica cerrara sus puertas o, mejor dicho, quedara prácticamente destruida en la Guerra de la Independencia.

La Real Fábrica de Porcelana fue construida por expresa voluntad de Carlos III en 1760, y siempre operó bajo el secretismo más absoluto para que nadie supiera la fórmula de sus exquisitas piezas. Carlos III importó varias fórmulas de Italia (Capodimonte) pues durante su reinado en Nápoles y Sicilia cultivó una verdadera pasión por la porcelana.

La porcelana se importaba antes de China, donde guardaban celosamente el secreto de su elaboración. A principios del siglo XVIII, Augusto III auspició el establecimiento de la primera fábrica de porcelana en Europa, en Meissen, luego vendrían la de Sèvres en Francia y la de Wedgwood en Inglaterra. Augusto III era suegro de Carlos III y su pasión por la porcelana despertó con un regalo muy especial: una vajilla de desayuno conocida como Grünes Watteau, que contenía los escudos de las Dos Sicilias y de Polonia-Sajonia en cada una de sus piezas de motivos bucólicos. Esto hizo que Carlos III construyera su propia fábrica en 1743, primero en Capodimonte, y luego en Madrid, en el lugar que ahora ocupa la estatua del Ángel Caído (ver siguiente página). En todos esos años, la búsqueda del secreto de la pasta dura, al estilo de la que horneaban en Meissen, se convirtió en su obsesión personal. Durante los cinco primeros años la fábrica produjo una serie de piezas de inspiración chinesca para decorar la sala de porcelana de Aranjuez. Durante los años siguientes, la temática fue variando según el equipo creativo de turno. Buena parte de las piezas fabricadas fueron destinadas al Palacio Real, a la Casita del Príncipe y al Monasterio de El Escorial. Todas, sin excepción, son hoy consideradas unas joyas.

SÍMBOLOS IGNORADOS DEL MONUMENTO AL ÁNGEL CAÍDO

⑱

666: el número de la Bestia del Apocalipsis

Parque El Retiro
Metro Retiro

La estatua que representa a Lucifer en los Jardines del Buen Retiro es la primera del mundo dedicada a este ángel maldito que se rebeló contra la voluntad de Dios y fue condenado por toda la eternidad.

Esta obra, de 1877, es del escultor madrileño Ricardo Bellver (la escultura principal) y de Francisco Jareño (el pedestal). Para su creación, Bellver se inspiró en el Libro I de *El paraíso perdido* de John Milton: "Por su orgullo cae arrojado del cielo con toda su hueste de ángeles rebeldes para no volver a él jamás. Agita en derredor sus miradas, y blasfemo las fija en el empíreo, reflejándose en ellas el dolor más hondo, la consternación más grande, la soberbia más funesta y el odio más obstinado".

Es una coincidencia sorprendente el que la glorieta donde se ubica la estatua de Lucifer esté a 666 metros sobre el nivel del mar. Considerando que el Apocalipsis de Juan afirma que el 666 es el número de la Bestia, ¿por qué la ciudad de Madrid aceptó colocar una estatua con un significado tan negativo?

En realidad, el 666 es también el número de la creación y evolución del hombre en la naturaleza, el mismo que nace después de un ciclo de nueve meses, que es precisamente la suma y reducción de ese número apocalíptico (6 + 6 + 6 = 18, y 1 + 8 = 9).

Asimismo durante mucho tiempo (ver recuadro) se consideró (y algunos todavía lo consideran) que la caída del ángel no tenía necesariamente un significado negativo. No en vano la estatua muestra una serpiente enroscada alrededor del Ángel Caído: algunas veces la serpiente representa la sabiduría, tal como lo afirma el apóstol Mateo (10:16): "Mansos como la paloma y sabios como la serpiente". Es por ello que Lucifer, como lo recuerda la etimología de su nombre (del latín *Lux fero*, "portador de luz"), puede también ser considerado como un ser que ilumina el mundo, a pesar de estar encadenado al destino y a las rocas en la base de la estatua.

¿Lucifer: más que un ángel diabólico, un ángel caído, portador de luz para salvar a los hombres ?

Lucifer representaba para los romanos el lucero del alba (*Stella Matutina*) y el lucero de la tarde (*Stella Vespertina*), que es así como también se conoce al planeta Venus, el último en desaparecer antes del alba y el primero en aparecer después del crepúsculo (Venus es el tercer objeto más brillante en el cielo después del sol y de la luna).

En el Antiguo Testamento (como en la traducción bíblica del padre Antonio Figueiredo), Lucifer aparece sólo en Isaías (14:12): "¿Cómo caíste del cielo, Lucifer, tú que durante el día parecías tan brillante?", a pesar de que para algunos se trata de un error de traducción.

En la *Vulgata* (versión latina de la Biblia), el nombre Lucifer aparece seis veces y siempre para referirse al lucero del alba. Por ejemplo, en Pedro (1:19): "Y tenemos aún más firme la palabra profética a la cual bien hacéis en estar atentos, como una llama que ilumina un lugar oscuro, hasta que el día amanezca y el lucero del alba (Lucifer) surja en vuestros corazones". En el Apocalipsis (22.16) Jesús también aparece como el lucero del alba, pues en los primeros tiempos del cristianismo se le atribuía el nombre Lucifer a Jesús.

Por esta razón el nombre Lucifer es frecuente entre los primeros cristianos. Tal es el caso de San Lucifer (Lucifer Calaritano), obispo de Cerdeña, que murió entre los años 370 y 371 y cuyo culto la Iglesia católica sarda celebra todos los 20 de mayo.

Es el libro de Enoc, un apócrifo del siglo II, el que crea el mito de los ángeles caídos. En él, Lucifer, el más bello y amado de los ángeles de Dios, fue expulsado del Trono de Dios cayendo a la Tierra. Lucifer, o Luzbel, en efecto, rechazó el mandato de Dios de crear un ser material, el propio Hombre, pues consideraba esta creación como un acto indigno y contrario a su elevada y destacada posición divina entre las huestes de Dios. Dios envió entonces al Arcángel Miguel, líder de la legión de los ángeles buenos, a precipitar a Lucifer y a los ángeles malos al abismo, donde las criaturas humanas dependen del pensamiento y del sexo. Poco a poco, por su oposición a la voluntad divina, Lucifer empezó a estar asociado a Satán (del hebreo *Shai´tan*, "Adversario"), vulgarmente llamado el Diablo (calumniador, acusador).

Así fue como se olvidó su sentido último y supremo: el del ángel rebelde que perdió el estatuto divino y luego intentó llevar luz a la humanidad y ayudarla a alcanzar la iluminación espiritual.

PANTEÓN DE HOMBRES ILUSTRES ⑲

Un imponente cementerio para un solo hombre

Julián Gayarre, 3
Lunes a viernes de 9:30 a 18 h. Domingo y festivos de 9 a 15 h
Metro Menéndez Pelayo

El Panteón de Hombres Ilustres es uno de los rincones más atípicos, solitarios y hermosos de Madrid. Alberga siete imponentes monumentos fúnebres (seis en el interior y uno en el exterior) cargados de simbolismos y alegorías, y firmados por escultores de la talla de Mariano Benlliure, Arturo Mélida, Agustín Querol, Federico Aparici o Elías Martín. Durante algún tiempo estuvieron enterrados hombres célebres como Diego Muñoz-Torrero, Eduardo Dato, Cánovas del Castillo, Práxedes Mateo Sagasta, Salustiano Olózaga, entre otros. Actualmente, los únicos restos que aquí reposan son los del político asesinado José Canalejas (1854-1912). En una representación de lo más gráfica, la tumba de mármol blanco presenta a dos hombres y una mujer trasladando el cuerpo de Canalejas a su sepulcro. Los demás personajes ilustres, que fueron enterrados aquí con todos los honores, fueron reclamados en distintos momentos por sus respectivas ciudades de origen.

La construcción del panteón se inició en 1891 y fue un encargo de la reina María Cristina de Austria. El arquitecto Fernando Arbós y Tremanti fue el encargado de realizar las obras, imprimiéndole un carácter neorrenacentista y bizantino al edificio. Para ello se inspiró en el Campanile de Florencia, iniciado por Giotto en 1334.

Las obras de tan suntuoso recinto, del que destacan su claustro gótico y sus cúpulas metálicas, tardaron más de lo previsto por su elevado coste.

La ciudad de los muertos perdidos

Los cadáveres de los escritores Calderón de la Barca, Lope de Vega y Cervantes nunca han podido ser localizados. El autor de El Quijote murió en 1616 y fue enterrado en el Convento de las Trinitarias Descalzas, en la calle Lope de Vega, 18. En la fachada se puede ver una lápida conmemorativa, pero lo cierto es que no existe evidencia material de su tumba.

Los restos de Lope de Vega, enterrado en 1635 en la iglesia de San Sebastián (calle Atocha, 39), también desaparecieron después de la remodelación del cementerio parroquial.

Por último, el cadáver de Calderón de la Barca (1600-1681), trasladado a la iglesia de los Dolores (calle San Bernardo, 103) desde el Panteón de los Hombres Ilustres, se perdió después de que el templo fuera destruido en 1936 durante la Guerra Civil. Se supone que sus restos fueron puestos a resguardo, pero el párroco que decía conocer el lugar donde los habían escondido murió hace años sin desvelar el secreto. Igual suerte corrieron los restos del pintor Velázquez.

ESTATUA DE LA LIBERTAD

⑳

Más antigua que la de Nueva York

Panteón de Hombres Ilustres
Julián Gayarre, 3
De martes a sábado de 10 a 14 h y de 16 a 18:30 h
Domingo y festivos de 10 a 15 h
Metro Atocha-Renfe, Menéndez Pelayo

En un rincón exterior del claustro del Panteón de Hombres Ilustres (ver página 55), coronando el mausoleo conjunto que sirve de enterramiento a varios políticos como Mendizábal o Argüelles, nos encontramos con una preciosa y menuda, por su tamaño, Estatua de la Libertad.

Diminuta por su altura, dos metros, si la comparamos con los cuarenta y seis de la famosa Estatua de la Libertad de Nueva York, sin embargo es algo mayor que ella en lo que a edad se refiere. La madrileña fue esculpida por el español Ponciano Ponzano en 1853, mientras que la neoyorquina es obra del francés Frédéric Auguste Bartholdi entre 1870 y 1884.

La Libertad de Ponzano es una gran desconocida por encontrarse en uno de los museos menos visitados de la ciudad, e incluso su ubicación en el patio seguro que la habrá hecho pasar desapercibida al pasar de largo y no reparar en ella algún que otro visitante despistado.

Está realizada en mármol blanco de Carrara y representa a una mujer gallarda, joven, ligeramente vestida, descansando su peso sobre la pierna izquierda, con el seno derecho al aire, la cabeza cubierta con un gorro frigio y rayos de luz refulgiendo entre su pelo. En la mano izquierda lleva un cetro, mientras que la derecha porta un yugo que ha roto y pisa con el pie derecho y junto a este, un gato difícil de distinguir a simple vista.

Ponzano había esculpido con anterioridad una figura similar en el frontón del Congreso de los Diputados. El altorrelieve representa a España abrazando la Constitución, rodeada de otras figuras alegóricas como la Justicia, la Fortaleza o las Bellas Artes. Una de esas figuras es una mujer con una túnica que deja al descubierto un hombro y de cuya cabeza salen unos rayos de luz similares a los de la Estatua de la Libertad.

Ponciano Ponzano (1813-1877) tiene una calle dedicada con su nombre, situada entre las calles de Santa Engracia y Raimundo Fernández Villaverde. A pesar de ser el autor de obras tan importantes como el frontón y los dos famosos leones de bronce que custodian la entrada del Congreso de los Diputados, se dice que murió falto de recursos económicos.

REAL FÁBRICA DE TAPICES DE SANTA BÁRBARA

(21)

Alfombras y paños con 300 años de tradición

Calle de Fuenterrabía, 2
91 434 0550
Lunes a viernes de 10 a 14 h. Visitas guiadas cada hora
Metro Menéndez Pelayo

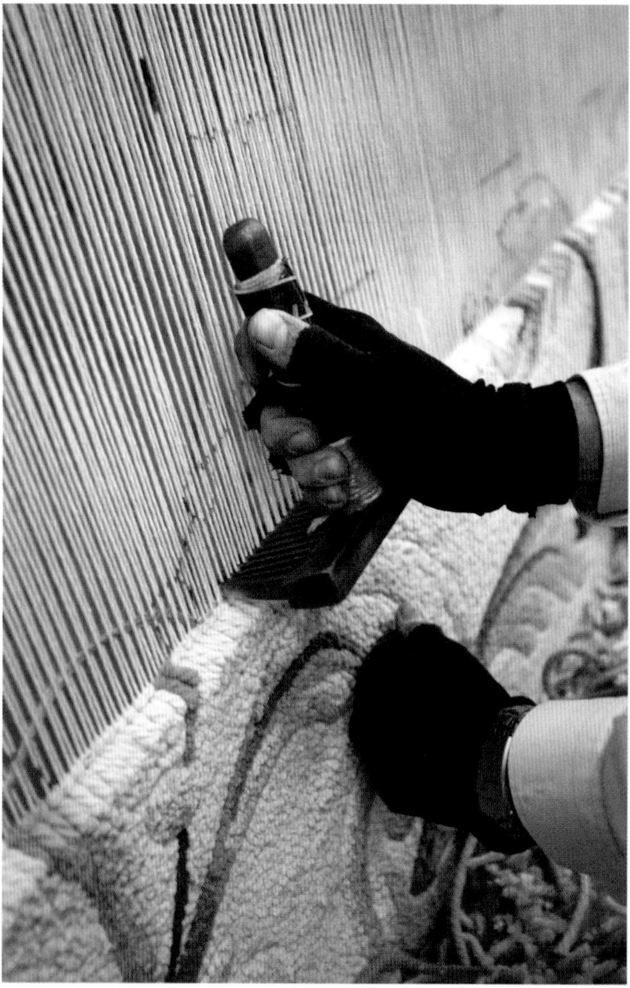

La visita guiada a la Real Fábrica de Tapices (imprescindible hacer una reserva previa por teléfono), ubicada en un edificio neomudéjar de finales del siglo XIX que ha sido declarado Bien de Interés Cultural, permite conocer el método de tejido de alfombras que la familia Vandergoten transmitió a nueve generaciones de maestros tapiceros. Todos ellos han sabido crear verdaderas obras maestras.

El visitante podrá presenciar todas las fases de creación de una alfombra: desde cómo los dibujantes interpretan un cuadro y lo trasladan a una alfombra, hasta la manera en que se calcan los dibujos en los hilos de la urdimbre y, por supuesto, también el proceso de tejido con el llamado nudo turco, que consiste en anudar el lazo abrazando las dos urdimbres y saliendo por el medio de ellas. Resulta muy curioso ver a los artesanos tejer un promedio de 450 nudos por hora.

Otra zona a visitar es la escuela-taller, creada en 1998. Aquí enseñan el oficio a un máximo de 40 alumnos distribuidos en área de tejido y restauración. El objetivo de esta escuela es rescatar la tradición artesanal y crear una cantera de maestros del oficio. Es inmenso el trabajo que tienen por delante. España es uno de los países europeos más ricos en alfombras y tapices y la Real Fábrica es la encargada de mantener en buenas condiciones, o en su defecto restaurar, las alfombras que decoran los edificios que componen el Patrimonio Nacional, además de atender encargos privados.

En la Real Fábrica de Tapices el tiempo parece no transcurrir: las alfombras se tejen y tapices se restauran siguiendo el mismo método desde hace más de 300 años. Al momento de su fundación no existían en España fábricas de objetos suntuarios para decorar los edificios reales. Felipe V, siguiendo el modelo de los talleres reales franceses del siglo XVII, trajo al maestro Jacobo Vandergoten en 1721 y en poco tiempo la Real Fábrica de Tapices empezó a decorar los lugares de mayor prestancia en el reino, como el Palacio Real de El Pardo, San Lorenzo de El Escorial, el Palacio de Madrid o la Capilla de San Antonio de Aranjuez. Los pintores de cámara de la época empezaron a diseñar para la fábrica, por donde también pasó una temporada Francisco de Goya.

ANDÉN O. NAVE DE MOTORES DE PACÍFICO

(22)

La central que transformaba la energía eléctrica para el metro

Calle Valderribas, 49
Jueves de 9 a 13 h y viernes de 9 a 14 h. Sábados y domingos de 11 a 14 h
Para visitas guiadas: 91 392 0693 o: andencero@tritoma.es
Metro Pacífico, Conde de Casal

Como si de la escenografía retrofuturista de la película *Metrópoli* se tratase, la Nave de Motores de Pacífico y sus tres motores gigantescos impresionan al visitante de esta antigua central eléctrica, hoy destinada a difundir la historia de la ingeniería subterránea de Madrid.

Construida entre 1922 y 1923, la Nave de Motores empezó a funcionar a partir de 1924 para asegurar y complementar el suministro eléctrico a la incipiente red de metro, cuya primera línea fue inaugurada en 1919 por el rey Alfonso XIII. El proyecto de la instalación de maquinaria estuvo a cargo de los ingenieros José María y Manuel Otamendi, responsables también de la obra del metro de la ciudad, y el edificio fue obra de Antonio Palacios, quien extendió el uso de azulejos a las instalaciones auxiliares del transporte metropolitano como imagen de la compañía. Este notable arquitecto firma algunas de las construcciones emblemáticas de la capital, como el Palacio de Comunicaciones, actualmente sede del Ayuntamiento de Madrid, el Círculo de Bellas Artes o el antiguo Banco Central, donde hoy se ubica el Instituto Cervantes (ver pág.150).

En su momento, la central transformaba la energía eléctrica para el funcionamiento de los trenes del metro, pero también era capaz de generar su propia energía mediante los tres descomunales motores diesel, con una potencia de 1500 caballos de vapor, importados de Alemania.

Símbolo de la modernización de la urbe, la central, que en su época fue la de mayor potencia instalada en España, también cumplió su papel en los momentos históricos. Así como la red de metro sirvió como almacén y refugio durante la Guerra Civil, la Nave de Motores proporcionó energía eléctrica a la ciudad cuando el conflicto bélico agravó las restricciones de suministro. Pero a medida que las compañías eléctricas consiguieron asegurar y regularizar el abastecimiento de Madrid, la maquinaria quedó desfasada y dejó de funcionar en 1972. La clausura definitiva llegó en 1987.

En la actualidad el edificio ha recuperado, para su exhibición al público, su aspecto exterior e interior original, incluyendo la limpieza y restauración de la maquinaria y otros elementos. Obsoletos pero relucientes, dínamos, alternadores y baterías muestran al visitante su poderoso pasado, y de paso, el de la ciudad.

MONUMENTO A LA ABUELA ROCKERA

(23)

Tus amigos rockeros te dedican este monumento

Calle de Peña Gorbea
Metro Puente de Vallecas

Uno de los monumentos más insólitos que pueden verse en Madrid (y quizás uno de los pocos que tienen como protagonista a un personaje de la cultura popular) tal vez sea el dedicado a Ángeles Rodríguez Hidalgo (1900 – 1993), más conocida en la década de los ochenta como "la abuela rockera".

El busto en bronce de la abuela rockera es obra de la artista Carmen Jorba y fue colocado en la calle de Peña Gorbea en 1998, cinco años después de su muerte y dos después del mítico concierto que cantantes y grupos de la época como Rosendo, Miguel Ríos, Esturión, Asfalto, Sobredosis o Ñu ofrecieron en la sala Canciller con el fin de recolectar fondos para el monumento y así rendirle tributo a la gran amiga del *heavy metal* español. La tienda Madrid Rock y el artista Mario Scasso pusieron el dinero que faltaba para completar el presupuesto.

Ángeles Rodríguez Hidalgo, esta anciana que jamás se quitaba la chaqueta de cuero, argentina de nacimiento y madrileña de adopción era amante de AC/DC por sobre todas las cosas. Empezó a interesarse por el rock y el *heavy metal* ya de mayor y, a lo largo de los ochenta, no dejó de asistir a ningún concierto ni festival. Así fue como se convirtió en un personaje muy popular y respetado entre los jóvenes. Su carisma y manera de vestir la convirtieron en un personaje entrañable de la noche madrileña, y sus conocimientos sobre música la llevaron a tener una columna en la revista *Heavy Rock* llamada "Abuela Consulta" donde resolvía dudas y curiosidades sobre el *heavy* en general.

El momento cumbre de su popularidad llegó cuando el grupo Panzer eligió una foto suya como portada del disco *Toca madera,* donde se le puede ver haciendo los cuernos con la mano. Es en esta actitud y con este gesto que sus amigos rockeros quisieron inmortalizarla, pero lamentablemente la escultura actual se presta a confusiones pues parece que llevara el puño cerrado, actitud más emparentada con el comunismo que con el *heavy metal* : cuando colocaron la escultura, la mano de la abuela sí tenía el dedo índice y el meñique levantados, pero este gesto fue mal interpretado por los vecinos del barrio, quienes vieron en los típicos cuernos metaleros algún tipo de relación con el diablo. Entonces, decidieron cercenárselos.

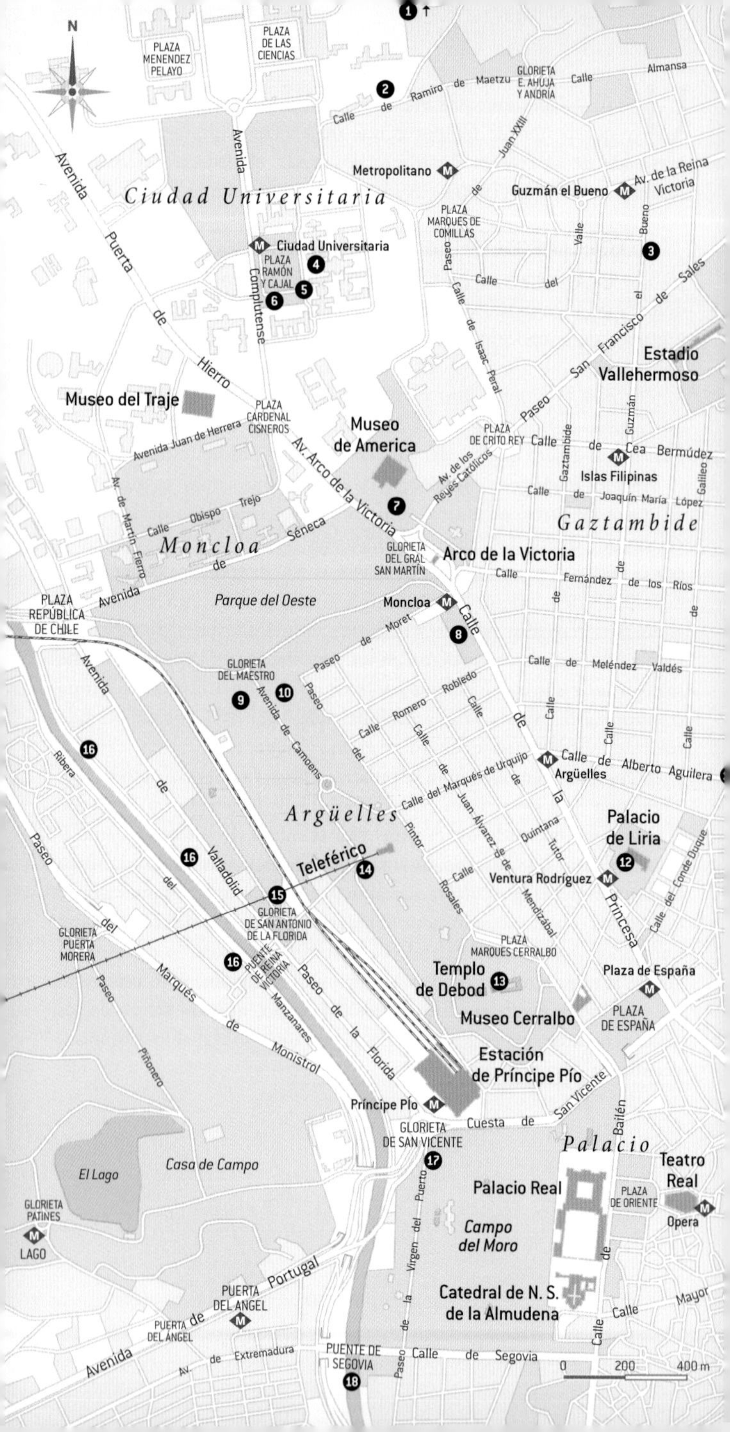
N
PLAZA MENENDEZ PELAYO
PLAZA DE LAS CIENCIAS
Calle de Ramiro de Maeztu
GLORIETA E. AHUJA Y ANDRÍA
Calle Almansa
Avenida Complutense
Metropolitano
Paseo de Juan XXIII
Guzmán el Bueno
Av. de la Reina Victoria
Ciudad Universitaria
PLAZA MARQUES DE COMILLAS
Ciudad Universitaria
PLAZA RAMÓN Y CAJAL
Calle del Valle
Guzmán el Bueno
Avenida Puerta de Hierro
Calle de Isaac Peral
Paseo San Francisco de Sales
Estadio Vallehermoso
Museo del Traje
PLAZA CARDENAL CISNEROS
Museo de America
Avenida Juan de Herrera
PLAZA DE CRITO REY
Av. de los Reyes Católicos
Calle de Cea Bermúdez
Gaztambide
Galileo
Islas Filipinas
Av. Arco de la Victoria
Calle Obispo Trejo
Calle de Joaquín María López
Av. de Martín Fierro
Gaztambide
Moncloa
Avenida de Séneca
GLORIETA DEL GRAL SAN MARTÍN
Arco de la Victoria
Calle Fernández de los Ríos
PLAZA REPÚBLICA DE CHILE
Parque del Oeste
Moncloa
Paseo de Moret
Calle de la Princesa
Calle de Meléndez Valdés
GLORIETA DEL MAESTRO
Avenida de Camoens
Paseo del Pintor Rosales
Calle Romero Robledo
Avenida de Valladolid
Ribera del Manzanares
Calle de Alberto Aguilera
Argüelles
Calle del Marqués de Urquijo
Calle de Juan Álvarez de Mendizábal
Calle de Quintana
Tutor
Argüelles
Palacio de Liria
Teleférico
Ventura Rodríguez
Calle del Conde Duque
Paseo del Marqués de Monistrol
GLORIETA DE SAN ANTONIO DE LA FLORIDA
GLORIETA PUERTA MORERA
PUENTE DE REINA VICTORIA
PLAZA MARQUES CERRALBO
Templo de Debod
Plaza de España
Paseo Pinonero
Paseo de la Florida
Museo Cerralbo
PLAZA DE ESPAÑA
Estación de Príncipe Pío
Príncipe Pío
Cuesta de San Vicente
Bailén
GLORIETA DE SAN VICENTE
Palacio
Teatro Real
El Lago
Casa de Campo
Palacio Real
PLAZA DE ORIENTE
Opera
GLORIETA PATINES
LAGO
Campo del Moro
Paseo de la Virgen del Puerto
Avenida de Portugal
PUERTA DEL ANGEL
Catedral de N. S. de la Almudena
Calle Mayor
PUERTA DEL ÁNGEL
Av. de Extremadura
PUENTE DE SEGOVIA
Calle de Segovia
0 200 400 m
1 2 3 4 5 6 7 8 9 10 12 13 14 15 16 17 18

Oeste

LOS CAPIROTES DE LA DEHESA DE LA VILLA ①

La antigua galería subterránea por donde viajaba el agua a la Casa del Rey

Parque Dehesa de la Villa
Francos Rodríguez, 79
Metro Francos Rodríguez

En la Dehesa de la Villa existen ocho curiosas piedras con forma de pirámide truncada, llamadas capirotes, colocadas en distintos puntos del parque. Estos capirotes son la parte visible del antiguo Viaje de Agua (ver página 110), que transcurría por una serie de galerías subterráneas y abastecía de agua a Madrid desde principios del siglo XVII hasta 1858, año en que fue inaugurado el Canal de Isabel II.

Los capirotes de granito de la Dehesa de la Villa eran las tapas de los pozos de registro y tenían un orificio para la ventilación del agua. Miden unos 70 centímetros de alto por 80 de lado y pertenecen al Viaje de Agua de Amaniel o Viaje de Palacio, construido entre los años 1614 y 1619, durante el reinado de Felipe III y con el objetivo de abastecer de agua al Alcázar. Este viaje nacía en el norte de Madrid para dividirse luego en dos ramales: el que recorría la Dehesa y el que atravesaba la antigua Huerta del Obispo. Luego estos dos ramales se unían para seguir el trayecto hacia la Plaza de Oriente. Su extensión total era de seis kilómetros.

Estos viajes finalizaban su recorrido en las fuentes públicas que había en la ciudad. Hasta allí llegaban los vecinos con sus cántaros y vasijas, y también los llamados aguadores, los encargados de trasladar el agua desde las fuentes hasta los domicilios de las personas dispuestas a pagar el servicio. El sistema estaba muy organizado, pero presentaba algunas deficiencias y, a pesar de que cada vez se construían más viajes, el abastecimiento era insuficiente.

La Villa estaba dividida en distritos y cada distrito tenía un número determinado de fuentes, caños, aguadores y una dotación específica de agua. Con el tiempo se perfeccionó el sistema y se instalaron los llamados "caños de vecindad", destinados al uso exclusivo de una vecindad. La picardía de la época hizo que también surgieran los "ladrones de aguas", que solían abrir minas en determinados puntos del viaje para robar agua. Esto, sumado a la falta de higiene en algunas fuentes, donde también solían beber los animales empleados para el transporte del agua, generó muchos dolores de cabeza en la Junta de Aguas, sobre todo por la rapidez con la que se propagaban las enfermedades y epidemias.

EL CRIADERO DE PECES DE LA ESCUELA DE INGENIEROS DE MONTES

②

Un vivero de truchas en pleno Madrid

Universidad Politécnica de Madrid
Paseo de las Moreras, s/n
91 336 7073
Lunes a viernes, de 9 a 14 h
Para grupos de más de 10 personas enviar correo a fernando.torrent@upm.es
Pedir cita: montes@upm.es
Metro Ciudad Universitaria

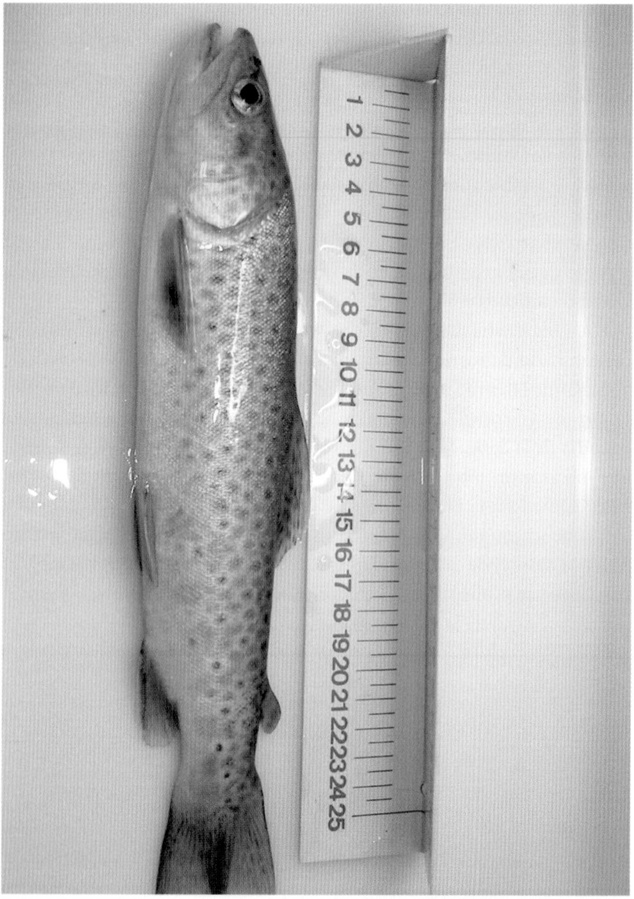

Una de las muchas sorpresas que esconde Madrid es el criadero de peces de la Escuela de Ingenieros de Montes, único en su género situado en un entorno urbano. Llegar hasta la piscifactoría supone un agradable paseo, rodeado de un poblado arboreto en el que los estudiantes realizan sus prácticas entre 400 especies de plantas.

El recinto destinado a la cría de peces en cautividad se puede recorrer libremente, y además de poder observar e interesarse por esta actividad, el visitante también podrá deambular por un entorno apacible en plena ciudad. También es posible contar con las explicaciones de los investigadores, pero para ello hace falta llamar y pedir cita, preferiblemente para más de una persona.

La piscifactoría está organizada en terrazas que permiten un flujo descendente del agua, que se distribuye entre los diversos estanques mediante acequias. Cada uno de los estanques ofrece información sobre las especies que allí crecen. Así sabremos que la estrella del lugar es la trucha autóctona, una especie originaria de los ríos madrileños que está amenazada. El proceso consiste en traer ejemplares salvajes, que una vez desovados son devueltos a sus ríos de origen. Las truchas autóctonas, con manchas rojas y negras, son muy delicadas y presentan algunas dificultades para la cría en cautividad. Los investigadores que aquí trabajan utilizan agua rica en oxígeno y a baja temperatura del acuífero de Madrid, un pozo de 200 metros, para reproducir su hábitat natural. Como provienen de ríos de montaña, necesitan agua de calidad para sobrevivir.

Además del conjunto de albercas, también se puede visitar el edificio, que tiene una sala de acuario de exhibición en su planta baja. En este espacio se muestran especies de interés piscícola, con información sobre las características, el hábitat y las condiciones de vida de cada una.

Las instalaciones están diseñadas para la exhibición y el estudio, no se trata de un establecimiento de producción industrial. Sin embargo, se aclara que algunos de los ejemplares criados en la piscifactoría pueden ser utilizados con fines conservacionistas. En cuanto a las truchas, algunas se reservan para la reproducción, y otras se envían a cotos de pesca sin muerte de la Comunidad de Madrid.

MUSEO DE LA GUARDIA CIVIL ③

El bigote, símbolo de virilidad

Guzmán el Bueno, 110
Metro Guzmán el Bueno
91 533 3400
Lunes a viernes de 9 a 14 h
Los sábados, domingos y festivos el museo permanecerá cerrado
Previa identificación

El Museo de la Guardia Civil recoge una extensa colección de objetos y armas de gran interés que describe la historia del Cuerpo desde su fundación, en 1844.

En la segunda planta de uno de los edificios de la pequeña ciudad policial que es la Dirección General de la Guardia Civil se pueden ver los rifles, pistolas y fusiles, algunos de diseño exclusivo y de colección, con piedras preciosas incrustadas. Además de las armas y de las banderas, ubicadas en la primera sala, se puede hacer un recorrido por los distintos uniformes que han usado los guardias civiles a lo largo del tiempo.

En esta sala, más que los uniformes o la historia del tricornio, sombrero de la Guardia Civil, lo verdaderamente curioso es la Real Orden que obligaba a los guardias a usar bigote para diferenciarse del resto de los ciudadanos. Tenían que llevarlo lo más grueso y abundante posible, para así realzar la virilidad. De ahí que muchos hombres de la época no pudieran superar el proceso de selección y que otros hayan tenido que echar mano de la picaresca para "aumentarse" el bigote.

Una de las reliquias más llamativas es el baúl que todo Guardia Civil debía tener siempre a mano, con artículos de limpieza y un billete de 25 pesetas -el sueldo de tres meses- para garantizar que nunca pedirían dinero prestado. También se puede ver una bicicleta reglamentaria, de 1865, con el máuser y la capa de paño necesarios para salir a patrullar la ciudad, o las máquinas enormes y obsoletas que servían para la comunicación, un sinfín de objetos conmemorativos de todos los tamaños y formas, y maquetas que explican la historia de la Guardia Civil.

El museo no recibe demasiadas visitas al día y siempre hay un guía dispuesto a explicar las anécdotas que guarda esta colección.

MUSEO PROFESOR REVERTE COMA ④ DE ANTROPOLOGÍA FORENSE Y CRIMINALÍSTICA

El lado oscuro del ser humano

Facultad de Medicina, Universidad Complutense de Madrid
91 394 1578
Visitas previa cita: miércoles y jueves por las mañanas. Lunes a viernes por las tardes
Pedir cita: museoafp@med.ucm.es
Metro Ciudad Universitaria

Entrar en el Museo de Antropología Forense supone sumergirse en el lado oscuro del ser humano. Desarrollado con tesón por el profesor Reverte Coma, el museo ofrece una perspectiva amplia y detallada de todo lo relacionado con el mundo del crimen. Dividida en más de veinte secciones, la colección incluye cráneos antiguos, que permiten tener una visión histórica de la muerte violenta, y también material obtenido en casos judiciales más recientes.

Uno de los elementos más curiosos de la extensa colección es un garrote vil, proveniente de la cárcel de Carabanchel. Este instrumento de ejecución consiste en un collar de hierro que, por medio de un tornillo y la fuerza del verdugo, rompía el cuello del reo. El que se puede ver en el museo está instalado en un soporte de madera con banquillo, donde se sentaba el condenado, y fue utilizado en varias ejecuciones a principios del siglo XX. Este sistema de ejecución fue de uso legal en España entre 1820 y 1978, año en que se redactó la Constitución y se abolió la pena capital. Los últimos ejecutados con garrote vil fueron el anarquista catalán Salvador Puig Antich y el misterioso delincuente de origen alemán Heinz Ches, el 2 de marzo de 1974, todavía bajo el régimen de Franco.

Pensado en principio para ofrecer material de investigación y prácticas para los estudiantes de medicina forense y otras ciencias relacionadas con la criminología, el museo también permite la visita del público en general, aunque sólo con cita previa y en días determinados.

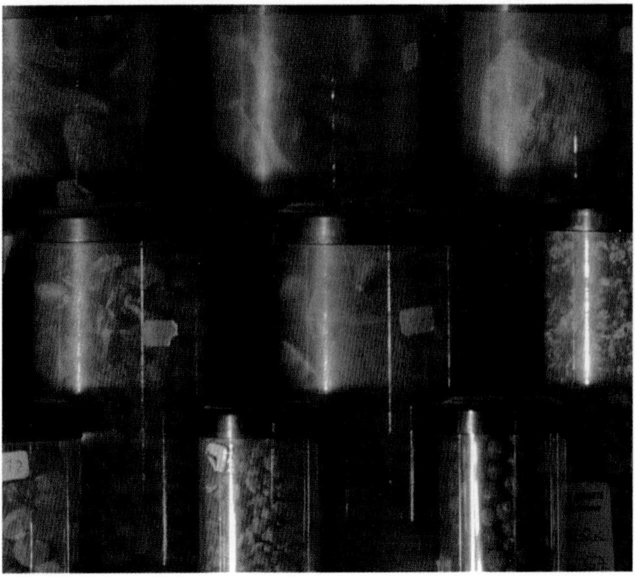

MUSEO DE LA FARMACIA HISPANA ⑤

Cómo se fabricaban los medicamentos hace 200 años

Facultad de Farmacia
Plaza de Ramón y Cajal, s/n
Visita por las mañanas, bajo cita previa
91 394 1797
Pedir cita: museos@rect.ucm.es
Metro Ciudad Universitaria

El museo de la Farmacia Hispana exhibe una gran colección de material utilizado en la elaboración, conservación y dispensación de medicamentos a lo largo de los siglos. Destacan las colecciones de cajas de madera policromadas, botes cerámicos y morteros, y la exposición de boticas históricas completas: una farmacia catalana del siglo XVIII, una farmacia hispano-árabe del siglo XIV con los clásicos instrumentos propios de la alquimia, o el conjunto procedente de la farmacia del Hospital San Juan Bautista de Astorga, entre otras.

Antiguos boticarios en Madrid

Tres singulares establecimientos farmacéuticos permiten aproximarse a la historia de las boticas de Madrid. El primero y más antiguo es la Real Botica de la Reina Madre, situada en el número 59 de la calle Mayor. Fundada en 1578, rinde honor con su nombre a la reina regente María Cristina, que encargaba aquí sus medicinas en el siglo XIX. La actual farmacia conserva una colección de morteros, balanzas y otros instrumentos farmacéuticos, y está ubicada en un edificio de 1913, ejemplo del modernismo madrileño.

Otra botica con encanto es la farmacia Deleuze, en la calle San Bernardo, 39. Una placa del Ayuntamiento recuerda, en la entrada, el año de su fundación: 1780, a finales del reinado de Carlos III. En 1990, esta bella apoteca, cuya minuciosa decoración barroca le otorga un estilo casi palaciego, fue restaurada pieza por pieza por sus actuales propietarios. Pinturas florales en el techo, anaqueles de estilo morisco y rococó, y una gran lámpara de araña reciben al visitante, que además puede asomarse a la rebotica, donde se conserva una colección de tradicionales tarros de porcelana provenientes de la Real Fábrica del Buen Retiro. El espacio de la trastienda fue también lugar de reunión y tertulia de políticos e intelectuales, como Espronceda y Ventura de la Vega, antes de que proliferaran los cafés que hicieron famosas las animadas discusiones públicas del siglo XIX en la capital.

Más reciente, y con un atractivo más popular, es la farmacia Juanse, de 1892, en la esquina de las calles San Andrés y San Vicente Ferrer, que hoy cuelga el cartel de se alquila aunque mantienen los coloridos murales de azulejos de su fachada. En ellos se anuncian los ya desaparecidos productos del "Laboratorio de especialidades Juanse", nombre original del comercio.

Té purgante "Pelletier", emplastos porosos "El elefante" para los males de riñón, o "Lombricina" para los parásitos, son algunas de las pócimas que ofrecía este laboratorio, todas ellas promocionadas con simpáticas y curiosas ilustraciones.

Real Botica de la Reina Madre.
Calle Mayor, 59. Metro Sol u Ópera
Farmacia Deleuze.
San Bernardo, 39. Metro Noviciado
Farmacia Juanse.
Esquina de San Andrés con San Vicente Ferrer. Metro Tribunal

INSTITUTO DEL PATRIMONIO CULTURAL DE ESPAÑA

⑥

Un edificio espectacular conocido como "Corona de Espinas"

Pintor El Greco, 4
91 701 7000
Lunes a viernes de 9:30 a 14 h
Visita previa identificación
Metro Ciudad Universitaria

El edificio que alberga el Instituto de Patrimonio Histórico Español, conocido popularmente como "Corona de Espinas", es sin duda una de las construcciones más espectaculares de la arquitectura española contemporánea. La "Corona de Espinas" se inscribe dentro de un estilo brutalista y es obra de los arquitectos Fernando Higueras y Antonio Miró, quienes en 1965 recibieron el encargo de la Dirección General de Bellas Artes de construir un centro de restauración. Las obras se iniciaron en 1966, pero surgieron algunos contratiempos tres años

después, cuando el entonces director de Bellas Artes propuso convertirlo en el Centro Nacional de las Artes y la Cultura. Las obras se paralizaron y el proyecto tuvo que adaptarse a las nuevas necesidades. El edificio ha sido, en distintos períodos, Centro de Arte Contemporáneo, sede de la Universidad a Distancia, biblioteca de la Universidad Complutense y sede del Tribunal Constitucional hasta que, finalmente, en 1985 pasa a ser el Instituto de Patrimonio Histórico Español.

El edificio, circular, tiene unos 40 metros de radio dividido en 30 gajos principales que se convierten en 60 módulos en la fachada, coronada por una serie de púas de hormigón que le han valido el apodo con el que se le conoce. Cuenta con dos anillos concéntricos y cuatro plantas conectadas por medio de escaleras y ascensores. Un tercer anillo exterior permite el acceso de camiones a los talleres de doble altura donde se restauran obras de gran tamaño.

En el interior, el techo de cristal reforzado por una suerte de telaraña metálica proporciona una gran luminosidad al espacio. Tal vez lo más sorprendente es que el visitante puede disfrutar de la belleza de las instalaciones con sólo identificarse en la entrada. Desde los pasillos se puede ver cómo restauran lienzos históricos o acceder a la biblioteca circular, diseñada por los mismos arquitectos y que reproduce las molduras con forma de púa del exterior.

CAMINOS DE HIERRO DEL TRANVÍA ⑦ A LA CIUDAD UNIVERSITARIA

El único vestigio que se conserva de los muchos kilómetros de vías que surcaban la ciudad a mediados del siglo XX

Avenida de los Reyes Católicos, 6
Metro Moncloa, Ciudad Universitaria

A los pies del Faro de Moncloa, en el actual camino peatonal que conduce desde el Intercambiador de Transportes de Moncloa hasta la Ciudad Universitaria, aún se conservan parte de los viejos raíles por los que circulaba el tranvía que llevaba a estudiantes y docentes a las diferentes facultades. Hoy convertidos en senda pedestre y carril bici, estos escasos 110 metros de vía mantenidos entre adoquines tras pasar el viaducto Eduardo Torroja que vuela sobre la Avenida de los Reyes Católicos, son el único vestigio que se conserva de los muchos kilómetros de caminos de hierro que surcaban la ciudad a mediados del siglo XX para ser recorridos por este romántico medio de transporte público.

Tras la conclusión de la Guerra Civil, la Ciudad Universitaria volvió a llenarse de alumnos al reabrir sus facultades en el curso académico 1943-1944. Varios autobuses de morro alargado alimentados por gasógeno se dispusieron para su transporte. Al año siguiente, en 1945, fueron sustituidos por una línea de tranvías denominada "Servicio Especial" que arrancaba de la Plaza de la Moncloa y, por explanación propia, montada con carriles vignole usados, continuaba por la derecha de las avenidas Principal y Complutense hasta alcanzar el futuro Paraninfo, pasando por delante de las escuelas de Estomatología y de las facultades de Medicina, Farmacia, Química, Ciencias y Filosofía. Posteriormente se le asignó a la línea el número 2 y más tarde el 72. Los viajeros universitarios hacían votar el tranvía a su paso por el puente Torroja al grito de *"¡pepe… pepe... pepe…!"*, hasta que se salía la pértiga del cable aéreo.

En esta línea se estrenaron los primeros ocho coquetos vehículos de color blanquiazul marca FIAT PCC (Presidents Conference Commitee) de la serie 1000 que acababan de llegar de Italia, surcando el pavimento de grava suelta del que sobresalían los rieles. Prestaron servicio ininterrumpidamente hasta 1967, año en que fueron remplazados por las líneas de autobuses urbanos de la recién creada Empresa Municipal de Transporte (EMT). Dos décadas después, en 1987, hasta el campus de la Universitaria llegó el Metro.

La línea de tranvía número 8 era la que utilizaban los típicos castizos y chulapos para ir al baile del Parque de la Bombilla y sobre todo, cada 15 de mayo, a la festividad de San Isidro. Ese día, los vagones del tranvía se llenaban de madrileños vestidos con su traje típico, clavel en la solapa incluido, y las mujeres bien dispuestas con sus inconfundibles mantones. Los peatones, al ver pasar a esos tranvías número ocho repletos de chulapones acuñaron la expresión "es más chulo que un ocho".

LOS OVNIS DE LA BIBLIOTECA DEL CUARTEL GENERAL DEL EJÉRCITO DEL AIRE

⑧

Pregunte en la entrada por los avistamientos de objetos voladores no identificados...

Princesa, 2
91 503 2456
Lunes a jueves de 8 a 14:30 h. Viernes hasta las 14 h
Visitas grupales bajo cita previa
Metro Moncloa

Entrar a una dependencia militar protegida por una gran cantidad de policías y vallas que impiden que un paseante se acerque a menos de 100 metros no es una misión imposible. Aunque parezca raro, sólo tiene que presentar un documento de identidad en la entrada y mostrarse interesado por la ufología.

En la Biblioteca del Cuartel General del Ejército del Aire se pueden consultar 75 expedientes desclasificados entre 1992 y 1997 sobre avistamientos de ovnis en España. Son unas 2.000 páginas sobre 100 casos distintos ocurridos, la mayoría de ellos, entre los años sesenta y setenta. Lo que antes era secreto de Estado hoy está a disposición del curioso aunque, como explica la bibliotecaria, la mayoría de visitantes son personas que aseguran haber sido testigos de fenómenos extraterrestres.

Para llegar a la biblioteca hay que recorrer los largos y desolados pasillos de este edificio inspirado en el monasterio de El Escorial y el Museo del Prado y construido entre 1942 y 1951 por orden de Franco en el solar de la antigua Cárcel Modelo de Madrid. La decoración es de los años setenta y la posibilidad de cruzarse con otra persona vestida de civil es casi nula: estamos en las entrañas de un cuartel militar activo donde se deciden cuestiones de Estado.

Los expedientes impresionan por su procedencia y minuciosidad. La mayoría de ellos fueron redactados por las altas esferas militares y detallan las impresiones de los pilotos al avistar naves con "forma de calamar que presentan dos luces laterales y realizan pequeños movimientos ascendentes". Buena parte de la documentación describe la imposibilidad de conseguir una prueba fehaciente del hecho pues, por algún motivo extraño, las películas se velaban. Otras descripciones apuntan a objetos metálicos de posición estática, naves brillantes que no emiten sonido alguno, puntas de lanza multicolores o luces cegadoras. Entre los informes también se pueden leer las transcripciones de las conversaciones de pilotos de líneas aéreas comerciales con la torre de control al ver surcar en el aire "objetos extraños no identificados".

Extraterrestres en España

Lo más parecido a un avistamiento fue documentado por primera vez en los *Avisos históricos* de 1639 por el cronista José Pellicer de Ossau y Tovar. Aquí se describe el paso de "un globo de fuego o luz como la del sol en día nublado y de más a más calentaba". Los dos casos registrados en el siglo XIX están más asociados a fenómenos meteorológicos o a efectos ópticos. No fue hasta el siglo XX cuando los supuestos ovnis empezaron a ser documentados por las Fuerzas Armadas Españolas de manera confidencial. El caso más singular en España fue el que protagonizó Fernando Sesma, quien en 1954 creó la Sociedad Amigos de los Visitantes del Espacio (BURU) bajo el lema "creérselo todo mientras no se demuestre lo contrario". Los integrantes de esta sociedad solían reunirse en la sala La Ballena Alegre, ubicada en el sótano del desaparecido Café Lyon. Sesma, cartero de profesión, mantuvo en vilo a los aficionados a la ufología, curiosos y periodistas al decir que recibía mensajes de Saliano, un alienígena del planeta Auco. Al final se descubrió que él mismo escribía los mensajes, cosa que Sesma nunca reconoció.

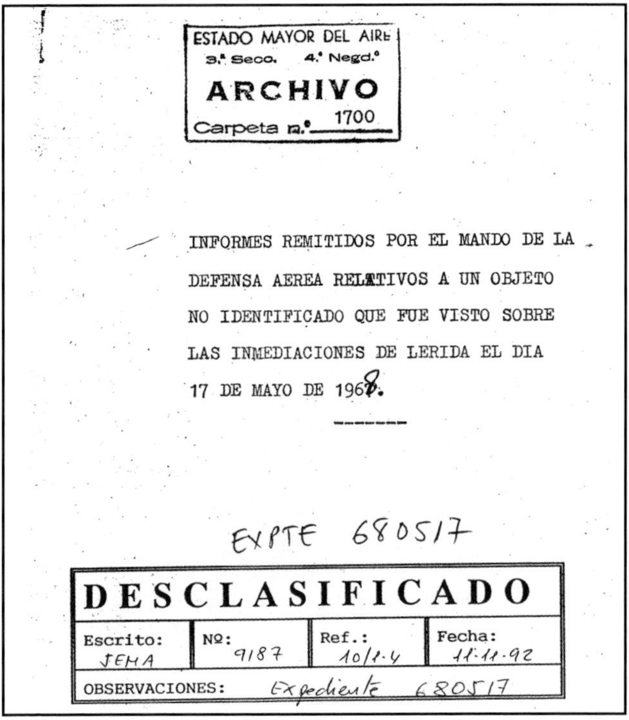

ESTADO MAYOR DEL AIRE
3.ª Secc. 4.ª Negd.º
ARCHIVO
Carpeta n.º 1700

INFORMES REMITIDOS POR EL MANDO DE LA DEFENSA AEREA RELATIVOS A UN OBJETO NO IDENTIFICADO QUE FUE VISTO SOBRE LAS INMEDIACIONES DE LERIDA EL DIA 17 DE MAYO DE 1968.

EXPTE 680517

DESCLASIFICADO

Escrito:	Nº:	Ref.:	Fecha:
JEMA	9187	10/1.4	11.11.92

OBSERVACIONES: Expediente 680517

LA TINAJA

9

Un horno de cerámica gigante que perteneció a la Real Fábrica de La Moncloa

Parque del Oeste
Metro Moncloa

En pleno Parque del Oeste se ubica, agazapada entre la vegetación, una tinaja de barro de más de quince metros de altura con una puerta de acceso clausurada a cal y canto. Este horno de cerámica gigante perteneció a la Real Fábrica de La Moncloa, construida en 1817 por iniciativa de la reina María Isabel de Braganza, esposa de Fernando VII, para sustituir a la Real Fábrica del Buen Retiro, totalmente destruida durante la Guerra de la Independencia (ver página 48).

El horno, considerado una importante pieza de arquitectura industrial, es posterior a la construcción de la fábrica. Se cree que fue construido en 1881 y, aunque actualmente se encuentra bastante deteriorado por el paso del tiempo y la falta de mantenimiento, existe un proyecto que pretende convertirlo en una sala de exposiciones de la escuela de cerámica aledaña.

La Escuela Madrileña de Cerámica de La Moncloa es lo único que queda de la antigua fábrica, que tuvo que cerrar sus puertas a finales del siglo XIX, después de que los hermanos Zuloaga tomaran el mando. A pesar del gran talento de los hermanos, los gastos de la fábrica y el desinterés del público hicieron que se fuera a la ruina.

Para acceder a la tinaja de barro se recomienda entrar al parque por la calle del Pintor Rosales, bajar por el paseo de Jacinto y Francisco Alcántara, seguir hasta la fuente y, luego, ir a la izquierda. La Tinaja se encuentra dentro de una comisaría. Es necesario pedir permiso para entrar y verla de cerca.

MAPA DE ESPAÑA EN RELIEVE ⑩

Desde hace años en la calle enseñando a los niños geografía

Paseo de Camoens, s/n
Metro Moncloa

Un mapa orográfico representando los ríos y las cordilleras más importantes de España, con unas dimensiones de 10 x 12 metros, construido en placas cuadradas de piedra artificial sobre un armazón de hierro y enmarcado por un borde de hormigón abujardado, se asienta en una pequeña glorieta cuadrada a la que se accede subiendo dos pequeñas escaleras de tres peldaños tallados en una de las laderas del Parque del Oeste, junto al lateral derecho del Paseo de Camoens.

Fue concebido como una lámina de agua de la que emergía el territorio nacional y era originariamente policromado, pero las inclemencias meteorológicas disiparon sus colores a los pocos años.

Servía para que los niños que se acercaban a jugar en él aprendiesen la geografía nacional de un modo sencillo y divertido.

Se encuentra algo erosionado y fracturado en las juntas de las diferentes piezas. Sobre su superficie se depositan con facilidad las hojas caídas de los árboles vecinos y otros desechos.

No se dispone de datos exactos sobre este elemento ornamental, pero por el estilo de la cantería que lo rodea se cree que debió ser instalado en este lugar durante la restauración del parque tras la Guerra Civil. Probablemente el mapa podría ser de elaboración anterior y haber sido trasladado posteriormente a su emplazamiento actual, ya que resulta llamativo el hecho de que su Norte esté orientado hacia el Este geográfico.

Pudo ser un encargo del Ayuntamiento de Madrid al Instituto Cartográfico Artístico Hypsos que elaboró otro mapa similar, flamantemente inaugurado por las autoridades en 1929 junto a la Rosaleda del Parque del Retiro y desaparecido entre las décadas de los sesenta y los setenta.

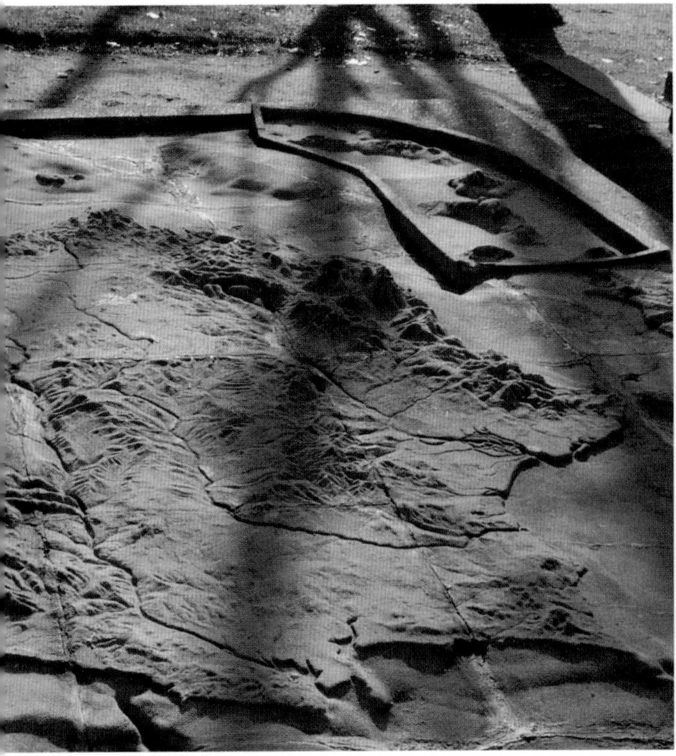

GASOLINERA GESA

⑪

La "falsa" joya de la arquitectura racionalista madrileña

Alberto Aguilera, 18
Metro Argüelles

Muy pocos saben que la Gasolinera Gesa de la calle Alberto Aguilera es en realidad una reconstrucción de 1997. La original, que parecía salida de una película de ciencia ficción por el estilo aeronáutico de su marquesina y una torre que aludía a las chimeneas de los buques, fue demolida por intereses inmobiliarios en 1977.

Tal fue la presión política, y sobre todo ciudadana que, casi 20 años después, fue reconstruida. Afortunadamente, al momento de la demolición algunos elementos estructurales fueron rescatados, como la torre. El arquitecto Carlos Loren Butragueño, que fue encargado de "resucitar" el edificio, tuvo que restringir sus medidas para compartir solar con el edificio de ocho plantas que ahora tiene a sus espaldas.

Por la audacia y originalidad de sus formas, la Gasolinera Gesa, también llamada antigua gasolinera Petróleos Porto Pi, fue durante muchos años considerada futurista.

Este edificio, que representa la esencia de la arquitectura racionalista madrileña, fue construido por primera vez en 1927 por Casto Fernández Shaw, quien también diseñó un proyecto de terminal para el Aeropuerto de Barajas rechazado por "exceso de originalidad".

Fernández Shaw se consideraba a sí mismo "un inventor" y formó parte del grupo de arquitectos conocidos como la Generación del 25 que, inspirados en la Exposición Internacional de Artes Decorativas e Industriales de París, quisieron transformar la fisonomía de la capital proyectando edificios de acuerdo a las tendencias arquitectónicas que florecían en Europa.

Gesa fue también la primera gasolinera de valor artístico y arquitectónico en Madrid e inauguró el concepto de estación de servicio: hasta entonces, las gasolineras eran simples surtidores colocados en las aceras.

VISITA GUIADA AL PALACIO DE LIRIA

⑫

Tesoros de familia

Princesa, 20
91 548 1550
Viernes a las 10, 11 y 12 h
Visita previa inscripción en la web o por teléfono
www.fundacioncasadealba.com
Metro Plaza de España

En el número 20 de la calle de la Princesa (llamada así en honor de la primera hija de la reina Isabel II) se ubica el Palacio de Liria, el domicilio particular más grande de la capital, residencia de los descendientes de la duquesa de Alba, tan conocida en España como en el extranjero por sus títulos nobiliarios y su protagonismo en la prensa rosa.

Una zona del palacio está abierta al público, aunque las visitas guiadas son muy restringidas, siempre hay una larga lista de espera y sólo aceptan un número determinado de personas a la semana. Sin embargo, merece la pena insistir pues el recinto alberga una asombrosa colección artística y privada, que ha sobrevivido al paso del tiempo y no ha sido desmembrada como muchas otras.

Entre los grandes tesoros está la galería de retratos, con cuadros firmados por Goya, Van Loo, Tiziano o Federico de Madrazo. Entre estos retratos destaca por su singularidad uno firmado por Zuloaga, donde la última dueña de la casa y duquesa -cuando todavía era niña- aparece sentada sobre un pony y con un muñeco de Mickey Mouse en la mano. Además, hay obras maestras de Fra Angelico, Francesco Furini, Rembrandt, Durero, Veronese, Van Dyck, Rubens, El Greco, Zurbarán, Ribera... en definitiva, una pinacoteca deslumbrante con piezas excepcionales, como *La imposición del Toisón de Oro al duque de Liria*, que es el único cuadro del pintor francés Ingres en España. A lo largo del tiempo la duquesa enriqueció con nuevas adquisiciones esta colección con obras de Picasso, Miró, Chagall y Renoir, entre otros autores de los siglos XIX y XX. Otro de los grandes tesoros son los documentos históricos de incalculable valor, como las cartas de puño y letra de Cristóbal Colón, o la Biblia de Alba, que fue la primera traducción al castellano de la Biblia Hebrea del siglo XV.

El edificio, considerado "hermano menor del Palacio Real", fue construido a mediados del siglo XVIII en tres fases y en su diseño intervinieron hasta tres arquitectos. Primero el francés Guilbert, posteriormente el español Ventura Rodríguez, y finalmente Sabatini, con algunas intervenciones de otros arquitectos debido a las sucesivas reformas que sufrió, especialmente durante la Guerra Civil pues quedó seriamente dañado. Ni la fachada del palacio, y muchos menos los tesoros que guarda, se pueden intuir desde el exterior. Desde fuera sólo se pueden ver a las extrañas esfinges de piedra que custodian la verja: unas mujeres con la espalda curvada, en posición felina, con garras y mirada inquietante que infunden respeto y ahuyentan a los curiosos.

SIMBOLISMO INICIÁTICO DEL TEMPLO DE DEBOD

13

De Egipto a la masonería

Templo de Debod, Parque del Oeste
Metro Plaza de España

Desmontado en Egipto y reconstruido en España, donde fue inaugurado el 20 de julio de 1972, el templo de Debod es el mayor templo egipcio del mundo fuera de Egipto. Fue durante la construcción de la presa de Asuán en Egipto, cuando se creó en 1960 el *Comité Español* dirigido por el profesor y arqueólogo Martín Almagro Basch con el fin de salvaguardar los templos de Nubia ante la amenaza de quedar sumergidos por las aguas. Este profesor se encargó de la operación de salvamento, y de desmontar y trasladar, en 1961, el templo de Debod a la isla de Elefantina, frente a Asuán, donde permaneció hasta abril de 1970, momento en que fue enviado a Alejandría. El Gobierno egipcio regaló este monumento al Gobierno español en abril de 1968, en compensación por su ayuda en la salvaguarda de los templos de Abu Simbel.

El 6 de junio de 1970, los sillares del templo, embalados en cajas, fueron embarcados en el vapor *Benisa*, llegando a Valencia el 18 de junio y transportados en camión a Madrid, donde fueron almacenados en el edificio del Cuartel de la Montaña y luego trasladados al Parque del Oeste.

El Templo de Debod se inscribe muy claramente en la tradición espiritual e iniciática de Occidente. La masonería española se identificó inmediatamente con las pinturas de la "cadena de unión" de dioses y faraones unidos de la mano: este rito, que forma parte de la herencia de los masones, representa la fraternidad masónica, es decir, el espíritu de ayuda entre masones.

Las cuatro columnas del templo están también asociadas a la simbología de la fuerza y del equilibrio, como en la Gran Logia de España.

Del mismo modo, el Ojo Oudjat (también llamado Ojo de Horus) presente en el santuario del templo, está relacionado con el Ojo de la Divina Providencia del Gran Arquitecto del Universo, mientras que los tres cuerpos del edificio corresponden a los tres grados simbólicos de la masonería: maestro, compañero y aprendiz.

La masonería considera que su origen histórico se encuentra en el Egipto de antes y después del diluvio universal. La fecha de su fundación se remonta al año 1370 antes de Cristo, fecha en la que el faraón Amenhotep IV habría fundado junto con la reina Nefertiti el culto solar del dios Amon-Ra, en el interior de la gran pirámide de Keops, según la tradición iniciática. Para algunos masones el origen etimológico de la palabra masonería, que significaría luminoso, vendría en efecto de *Maha-Sun*, luz grande.

En Madrid, el Templo de Debod también está rodeado de un lago artificial, en coherencia con su origen: todos los templos egipcios tenían un estanque sagrado, normalmente alimentado por las aguas del Nilo que se infiltraban por las capas freáticas. Este estanque representaba la existencia de aguas primordiales antes de la creación del mundo.

LA LÁPIDA QUE RECUERDA LOS FUSILAMIENTOS DEL 3 DE MAYO DE 1808

⑭

Los protagonistas del famoso cuadro de Goya están enterrados aquí

Cementerio de la Florida
Parque del Oeste
Calle de Francisco y Jacinto Alcántara, 4
Visitas sólo durante las mañanas de los sábados y domingos de los meses de mayo y junio o bajo cita: 91 365 2777
cementerioflorida@hotmail.com
Metro Príncipe Pío

El cementerio de La Florida, el más desconocido entre los camposantos de Madrid, es una pequeña joya en pleno centro de la capital. Protegido por la calma y el verdor del Parque del Oeste, este lugar mantiene la memoria de uno de los hechos más emblemáticos de la historia de la ciudad.

En este modesto recinto, construido en 1796, se encuentran enterrados los cuarenta y tres madrileños que fueron fusilados por los soldados del general francés Murat a los pies de la montaña de Príncipe Pío, en la madrugada del 3 de mayo de 1808. En aquella trágica jornada, y tras el levantamiento popular contra la ocupación napoleónica, fueron fusilados más de doscientos ciudadanos de Madrid.

El destino de quienes reposan en este cementerio quedó sellado cuando fueron elegidos por sorteo entre los muchos detenidos por las revueltas del 2 de mayo, y después de ser torturados, fueron fusilados y abandonados en una fosa común. Los hermanos de la Congregación de la Buena Dicha rescataron los cuerpos varios días después, y los enterraron en secreto en el pequeño cementerio, que dependía de la Ermita de San Antonio de la Florida y estaba destinado a los empleados del cercano Palacio Real.

Los desgarros de esa violenta noche fueron retratados con extraordinaria expresividad en el cuadro de Goya *Los fusilamientos del 3 de mayo*, reproducido en una lápida de azulejos a la entrada del camposanto.

Hasta hace muy poco, sólo se conocían la identidad de 19 de ellas, pero otras diez fueron identificadas en los últimos años. Sus nombres son recordados en una lápida conmemorativa. Los demás, aún sin identificar, descansan en el anonimato.

Desde 1917 la Sociedad Filantrópica de Milicianos se encarga del mantenimiento del lugar, que durante muchos años no se pudo visitar. En 1931 se cerró al público, y tras ser restaurado fue reabierto el 2 de mayo de 1981, pero a causa de algunos actos vandálicos, lo volvieron a cerrar. A partir de las celebraciones del Bicentenario del 2 de Mayo, en 2008, se decidió que se permitirían las visitas sólo durante las mañanas de los sábados y domingos de los meses de mayo y junio. Pero es posible, y merece la pena, solicitar un permiso especial contactando con el Ayuntamiento o la Sociedad Filantrópica de Milicianos para visitar el cementerio en otro momento.

La misteriosa historia del cráneo de Goya

En la pequeña ermita de San Antonio de la Florida está enterrado el cuerpo del pintor Francisco de Goya. Sólo el cuerpo, pues la cabeza nunca fue encontrada. Mucho se ha especulado sobre el paradero del cráneo de Goya, y son dos las teorías, cada cual más extraña, que se consideran más probables. La primera es la que involucra al pintor asturiano Dionisio Fierros (1827 – 1894). Según la biógrafa de Goya, Antonina Vallentin, hacia mediados del siglo XIX existió un cuadro pintado por Fierros que llevaba la siguiente inscripción: "El cráneo de Goya pintado por Fierros en 1849". Las investigaciones de Vallentin la condujeron hasta la viuda y el nieto de Fierros, quienes le aseguraron que en el taller de su abuelo había un cráneo y que éste bien podría haber pertenecido a Goya. Lamentablemente el cuadro desapareció sin dejar rastro. Pero, según el libro de Vicente Muñoz Puelles, *El cráneo de Goya*, la calavera permaneció allí, en el estudio de Fierros, hasta que un sobrino suyo, estudiante de medicina, decidió experimentar el alcance de la fuerza expansiva de los gases introduciendo garbanzos en remojo en el supuesto cráneo de Goya. El cráneo se fragmentó y el sobrino, al no saber qué hacer con los restos, decidió dárselos de merienda a un perro.

La otra teoría tiene como personaje principal a un doctor y amigo personal del artista, a quien Goya pudo autorizar para que le cortara la cabeza al morir con el fin de que realizara los estudios frenológicos* correspondientes, tan en boga en aquella época. El cráneo podría haber sido enviado desde Burdeos a París para luego perderse.

Ninguna de estas dos teorías podría haberse desarrollado si no fuera por Joaquín Pereyra, cónsul español en Burdeos desde 1880. Él descubrió la tumba de Francisco de Goya y Lucientes en el cementerio de Chartreuse y grande fue su sorpresa cuando tras la exhumación se encontró un cuerpo sin cabeza. De esta teoría se desprende una versión más romántica: supuestamente, Goya le pidió a sus albaceas que tras su muerte le cortaran la cabeza y la enterraran en Madrid, junto al pie derecho de la duquesa de Alba, de quien estuvo enamorado buena parte de su vida.

Los restos de Goya sin cabeza tuvieron que esperar casi 19 años para encontrar su lugar en el mundo. Pereyra hizo hasta lo imposible para que esto ocurriera pero las administraciones de turno no querían aportar el suficiente dinero ni para la repatriación ni para un funeral a la altura del genio.
Ermita de San Antonio de la Florida. Glorieta San Antonio de la Florida, 5. Metro Príncipe Pío. Horario: de martes a viernes de 9:30 a 20 h. Sábado y domingo de 10 a 14 h. Lunes cerrado.

** Frenología: doctrina que sostenía que el carácter y los rasgos de la personalidad podían deducirse por la forma del cráneo y la cabeza.*

CURSOS DE HUERTO ECOLÓGICO URBANO ⑮

Una escuela de hortelanos

Albergue Juvenil Richard Schirrmann
Casa de Campo s/n
Cursos gratuitos
www.asociaciongrama.org
Metro Lago, Batán

Desde 2004, esta pequeña escuela de hortelanos enseña todos los detalles relacionados con la preparación del terreno y el cultivo de la tierra sin plaguicidas ni abonos químicos. Desde la eliminación de los vegetales de la superficie y el correcto abono del terreno hasta algunos consejos prácticos para construir un sistema de riego por goteo casero. Una vez que el alumno se ha familiarizado con las claves para estimular la fertilidad del terreno y el uso de las herramientas básicas de todo horticultor ya está en condiciones de sembrar las semillas.

La tercera parte del curso es más técnica y consiste en consejos prácticos sobre cómo rotar las hortalizas para prevenir plagas y no agotar el suelo.

El curso de Huerto Urbano Ecológico es totalmente gratuito y se divide en clases teóricas y prácticas, donde los alumnos, además de aprender el oficio de hortelano, tienen la oportunidad de pasar un día entero en contacto con la naturaleza.

La iniciativa es un proyecto del Grupo de Acción para el Medio Ambiente (GRAMA), cuyo principal objetivo es la protección del ecosistema. Además de los huertos urbanos, GRAMA se dedica a la gestión de residuos urbanos, a informar a la sociedad sobre la riqueza de los espacios naturales en España y a promover la protección y recuperación de la naturaleza dañada por el hombre. En su página web se puede consultar el calendario de actividades de GRAMA, que también organiza unas caminatas muy especiales por los alrededores de Madrid.

Convertirse en acróbata o malabarista...

A pocos metros del Huerto Ecológico Urbano se encuentra la escuela de circo Carampa, un espacio de encuentro para los amantes de las prácticas circenses que ofrece un curso de formación profesional de dos años de duración. También imparten cursos monográficos de acrobacia, clown, soportes acrobáticos, equilibrio de manos, pantomima, danza y técnicas aéreas, entre otros. Además programan espectáculos que mantienen vivo el verdadero espíritu del circo, en un ambiente modesto pero con unos artistas de primer nivel. Para más información: 91 479 2602.

COLUMNAS GRIEGAS JUNTO A LA M-30

⑯

Los respiraderos de los conductos de canalización del río Manzanares

M-30, km. 12, sentido sur
Camino de Perales, 10
Metro Almendrales
Ribera del Manzanares frente a Aniceto Marinas, 60 y siguientes
Metro y Cercanías Príncipe Pío

Circulando en automóvil por la carretera de circunvalación más importante de la ciudad, la M-30, a la altura del kilómetro 12 en sentido sur, en el margen izquierdo según se sale del túnel en dirección a Méndez Álvaro, se encuentra un elemento arquitectónico desconocido por la mayoría de los conductores que por allí transitan todos los días y que probablemente ni siquiera hayan reparado en él.

Se trata de una hermosa y esbelta columna griega de seis metros de altura de orden jónico, reconocible por las dos volutas o espirales que adornan su capitel. Se levanta imponente en un terreno baldío, contemplando solemne e impasible el fluir de los vehículos. A pesar de exhibir en su fuste acanalado claras muestras del paso del tiempo, sigue siendo bella. A pie, o en bicicleta también, se puede llegar cerca de él para contemplarlo, recorriendo el escaso hectómetro del tramo del anillo verde ciclista de circunvalación de la ciudad al que se accede frente al número 10 del Camino de Perales.

La presencia de este pilar clásico no es una excepción. Existen seis columnas más, algunas sin capitel, hermanas gemelas de la anterior, repartidas por la Ribera del Manzanares y la calle Aniceto Marinas enfrentadas dos a dos en ambas márgenes, desde el Puente de los Franceses hasta la ermita de San Antonio de la Florida. No es casualidad su ubicación junto a los bordes del torrente que atraviesa la capital de norte a sur por su flanco oeste, y delata su verdadero origen.

Lejos de pensar en restos arqueológicos de pretéritos pueblos asentados a orillas de su cauce, estas columnas jónicas fueron montadas hace casi cien años, en la segunda década del siglo XX y, aunque tienen forma de pilastra, en realidad son respiraderos de los conductos de canalización del río Manzanares.

En 1906, el Ayuntamiento impulsó un concurso para construir el colector general de Madrid y regularizar y sanear la rambla del modesto río madrileño. Estos respiraderos se colocaron en 1926 distanciados entre sí 300 metros, de forma artística para camuflar su secreta funcionalidad. Muchas fueron retiradas a lo largo de los años posteriores en los sucesivos planes de mejora.

Un grupo de cinco capiteles de orden dórico se alinean entre las dos calzadas del Paseo del Prado a la altura del número 38. Dos independientes y el resto agrupados en un trío. Un pequeño resto de fuste liso se entierra en el terreno, sobre él un capitel circular de mayor tamaño con su collarino decorado por cuatro tondos, un equino muy elaborado y el ábaco de planta cuadrada. Formaban parte de un conjunto arquitectónico perdido cuya localización y autoría se desconoce. Terminaron aquí en 1985, tras desmontarse el paso elevado popularmente conocido como *Scalextric* de Atocha.

TÚNEL DE BONAPARTE

⑰

Un eje que conecta el Palacio Real con la Casa de Campo

Paseo de la Virgen del Puerto s/n
Metro Príncipe Pío

El Túnel de Bonaparte, con una longitud de 55 metros, es un gran desconocido para la mayoría de los madrileños ya que ha permanecido taponado y en desuso durante buena parte de sus más de dos siglos de existencia.

Fue construido durante la Guerra de la Independencia, en 1811, por el arquitecto Juan de Villanueva por mandato de José Bonaparte, como una vía de escape desde el Palacio Real hacia la Casa de Campo. Conectaba el Campo del Moro con la residencia real de los Vargas. Un puente provisional de madera cruzaba el río Manzanares, que posteriormente sería sustituido en tiempos de Fernando VII por el actual Puente del Rey.

José I, hermano mayor de Napoleón, reinó en España entre 1808 y 1813. Preocupado por su seguridad, ordenó excavar esta galería para huir en caso de emergencia ante un posible ataque. Empleaba este pasadizo para dormir a menudo en el palacete de los Vargas, donde se encontraba más seguro, hasta que terminó fijando allí su residencia.

Abierto brevemente al público durante la II República, fue empleado como fuerte y depósito de munición republicano durante la Guerra Civil. Tras la finalización de la contienda, cerró definitivamente. La construcción de la M-30 lo obstruyó, y quedó abandonado.

En la actualidad, tras las obras de soterramiento de la M-30 en 2011, el túnel conserva buena parte de su estructura original y está listo para una futura e hipotética reapertura. La puerta de entrada situada en el extremo de los jardines del Campo del Moro, de estilo neoclásico con paredes de ladrillo visto y suelo empedrado, ofrecen la panorámica más hermosa del Palacio Real. En el extremo opuesto, el de su salida a Madrid Río, una lápida metálica de grandes dimensiones marca la embocadura del pasadizo, actualmente clausurada, que cuenta con una apariencia renovada y moderna, con suelo y paredes de hormigón, una claraboya, escaleras y un ascensor. Una porción del plano de 1874 de Carlos Ibáñez e Ibáñez de Ibero indica los puntos más relevantes del eje que conecta el Palacio Real con la Casa de Campo, incluido el propio Túnel de Bonaparte.

LA CUBIERTA DE LA NAVE DE MODELOS DEL CENTRO DE ESTUDIOS HIDROGRÁFICOS

⑱

Una joya arquitectónica de los años sesenta

Paseo de la Virgen del Puerto, 3
Visitas únicamente previa cita
91 335 7944
www.cedex.es
Metro Puerta del Ángel

Escondido tras unos viejos y frondosos sauces, en plena ribera del Manzanares, se ubica el singular edificio del Centro de Estudios Hidrográficos, construido en 1963 por el arquitecto Miguel Fisac.

Previa cita, se puede realizar la visita guiada y recorrer uno de los primeros edificios en España en utilizar el hormigón armado visto y un gran referente de la arquitectura española de los años 60.

A lo largo del recorrido, el visitante podrá descubrir el mobiliario que diseñó el propio Fisac: mesas, sillas, sillones e incluso picaportes. Algunas de estas piezas se encuentran actualmente en el Museo de Arte Contemporáneo de Barcelona. También pueden verse sillas de Harry Bertola y Mies van de Rohe, y detalles muy curiosos, como las formas de la escayola de los techos diseñadas para darle mayor confort acústico a los espacios.

Sin embargo, lo realmente sorprendente del complejo es la Nave de Modelos donde se reproducen presas y sistemas de regadío a escala para el estudio del agua. La cubierta de esta nave está compuesta de unas vigas especialmente diseñadas para cumplir las exigentes condiciones que imponía la construcción: una suerte de bóveda celeste que dejara pasar la luz natural al mismo tiempo. Para ello, Fisac diseñó las vigas-hueso, llamadas así por parecerse a las estructuras óseas de los animales. Debido al extraordinario aprovechamiento de la luz natural, estas vigas tuvieron una gran acogida en su momento y fueron patentadas y luego comercializadas con éxito.

Al haber mantenido el mobiliario original y no haber sufrido prácticamente ningún deterioro por el paso del tiempo, ingresar al Centro de Estudios Hidrográficos es como dar un paseo por los años sesenta.

Además, las espectaculares vistas desde el edificio de oficinas y despachos, especialmente desde el Salón de Directorio que cuenta con una mesa ovalada de diez metros firmada también por Fisac, permiten disfrutar de un ángulo privilegiado del río Manzanares y del Puente de Segovia, el puente más antiguo de la ciudad, construido entre 1582 y 1584 (para conocer más sobre el arquitecto Miguel Fisac ver página 25).

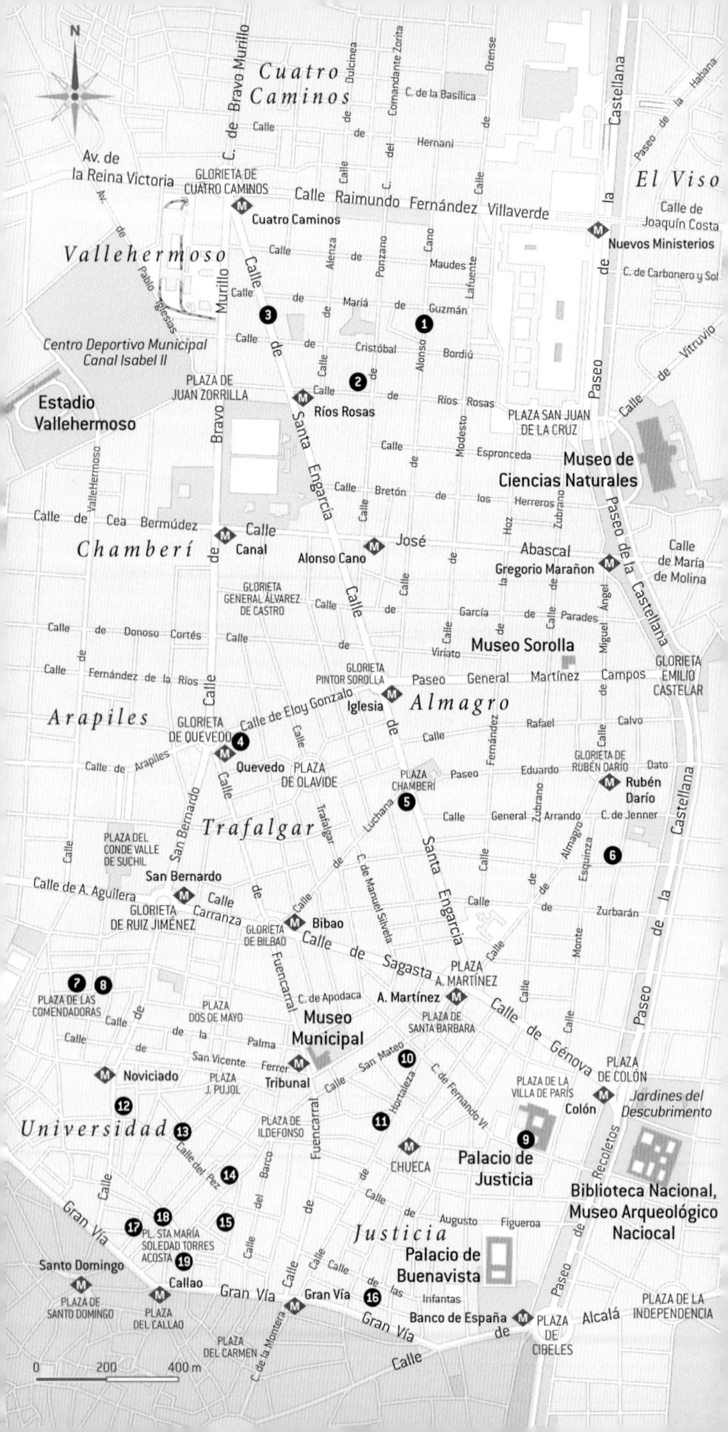

N
Cuatro Caminos
C. de la Basílica
Hernani
Castellana
Paseo de la Habana
Av. de la Reina Victoria
GLORIETA DE CUATRO CAMINOS
Calle Raimundo Fernández Villaverde
El Viso
Calle de Joaquín Costa
Cuatro Caminos
Nuevos Ministerios
Vallehermoso
Av. de Pablo Iglesias
C. de Bravo Murillo
Calle de Santa Engarcia
Calle de Maudes
C. de Carbonero y Sol
Calle de María de Guzmán
Centro Deportivo Municipal Canal Isabel II
Calle de Cristóbal Bordiú
Calle de Vitruvio
PLAZA DE JUAN ZORRILLA
Calle de Ríos Rosas
Estadio Vallehermoso
Ríos Rosas
PLAZA SAN JUAN DE LA CRUZ
Calle Espronceda
Museo de Ciencias Naturales
Calle Bretón de los Herreros
Calle de Cea Bermúdez
Calle José Abascal
Chamberí
Canal
Alonso Cano
Gregorio Marañon
Calle de María de Molina
GLORIETA GENERAL ÁLVAREZ DE CASTRO
Calle de García de Paredes
Calle de Donoso Cortés
Calle de Viriato
Museo Sorolla
Calle de Fernández de la Ríos
GLORIETA PINTOR SOROLLA
Paseo General Martínez Campos
GLORIETA EMILIO CASTELAR
Arapiles
Calle de Eloy Gonzalo
Iglesia
Almagro
GLORIETA DE QUEVEDO
Calle Rafael Calvo
Calle de Arapiles
Quevedo
PLAZA DE OLAVIDE
PLAZA CHAMBERÍ
Paseo Eduardo Dato
GLORIETA DE RUBÉN DARÍO
Rubén Darío
Calle General Arrando
C. de Jenner
Trafalgar
Calle de Luchana
PLAZA DEL CONDE VALLE DE SUCHIL
C. de Manuel Silvela
Castellana
Calle de Almagro
San Bernardo
Calle de A. Aguilera
Calle Carranza
GLORIETA DE RUIZ JIMÉNEZ
GLORIETA DE BILBAO
Bibao
Calle de Zurbarán
Calle de Fuencarral
Calle de Sagasta
PLAZA A. MARTÍNEZ
Calle de Monte Esquinza
Paseo de la Castellana
PLAZA DE LAS COMENDADORAS
PLAZA DOS DE MAYO
C. de Apodaca
A. Martínez
Museo Municipal
PLAZA DE SANTA BARBARA
Calle de Génova
Calle de la Palma
Calle de San Vicente Ferrer
Tribunal
Calle San Mateo
PLAZA DE COLÓN
Noviciado
PLAZA J. PUJOL
C. de Fernando VI
PLAZA DE LA VILLA DE PARÍS
Colón
Jardines del Descubrimento
Hortaleza
Universidad
PLAZA DE ILDEFONSO
Calle del Pez
CHUECA
Palacio de Justicia
Recoletos
Biblioteca Nacional, Museo Arqueológico Naciocal
Calle del Barco
Calle de Augusto Figueroa
Gran Vía
PL. STA MARÍA SOLEDAD TORRES ACOSTA
Justicia
Palacio de Buenavista
Santo Domingo
Callao
Calle de las Infantas
Gran Vía
PLAZA DE SANTO DOMINGO
PLAZA DEL CALLAO
Banco de España
PLAZA DE CIBELES
Calle de Alcalá
PLAZA DE LA INDEPENDENCIA
PLAZA DEL CARMEN
C. de la Montera
0
200
400 m
1
2
3
4
5
6
7
8
9
10
11
12
13
14
15
16
17
18
19

Norte

MUSEO DE LA HERMANDAD NACIONAL DE LA DIVISIÓN AZUL

①

La unidad militar que luchó junto al ejército nazi

Alonso Cano, 66 – bajos
Miércoles de 18 a 21 h
Cita previa: 91 544 7956/57
Metro Ríos Rosas

El Museo de la Hermandad Nacional de la División Azul es el único museo en Europa dedicado a una unidad militar efímera. Se trata de la 250º División de Infantería (la División Azul), una unidad de voluntarios españoles que acudieron a luchar contra la Unión Soviética para colaborar con la Alemania nazi.

Los recuerdos del paso de esta unidad por la Segunda Guerra Mundial pueden visitarse en el pequeño pero bien surtido museo-homenaje a los cerca de 45 000 voluntarios que rindieron fidelidad a Hitler. La mayor particularidad del museo es que cuenta con un gran número de objetos personales y cotidianos de los voluntarios, como ungüentos, preservativos, cuchillas de afeitar o tabaco. Por supuesto, también hay una sección dedicada a las armas empleadas durante la guerra, como una caja de granadas M24, ametralladoras como la Maschinegeweh 42 o pistolas Star 1919, entre una gran cantidad de armamento.

Para que el visitante pueda hacerse una mejor idea de la época, el museo ha implementado una reproducción de una habitación del Hospital de Könisberg, destino de los soldados españoles heridos en combate, donde pueden verse las medicinas (hoy totalmente obsoletas) que empleaban las 150 enfermeras españolas que también viajaron a Alemania. En otra sala se puede ver una reproducción de un cuarto de transmisiones con el equipo de aquellos tiempos, como los teléfonos de campaña. Resulta curioso ver, sobre la mesa donde trabaja el soldado, un paquete de tabaco marca *Das Reich.* Entre otros objetos también se puede ver la cocina de campaña del Ejército alemán llamada Kleine Feldküche Hf14, que fue adquirida a un coleccionista y restaurada para su incorporación al museo.

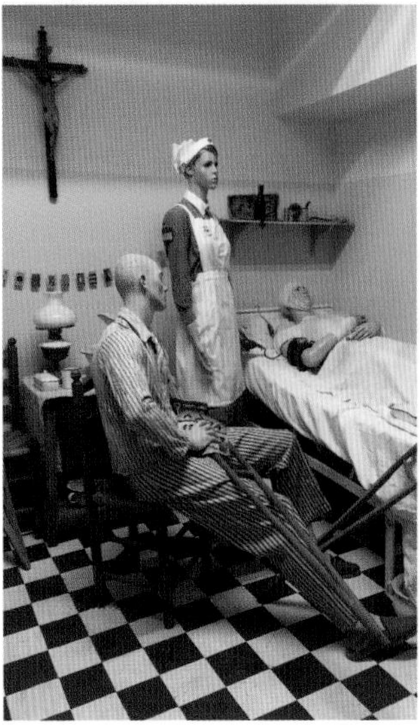

Gracias a la sección de uniformes, el visitante puede comprender la historia de la División Azul. Al no ser una unidad regular del Ejército español no podía usar el uniforme oficial. Por tal motivo se creó un uniforme especial, similar al de la Legión Española: pantalón y chaqueta caqui y una camisa azul con el emblema de la Falange. Este uniforme solo sirvió para el viaje hasta Alemania, donde se les proporcionó el uniforme habitual de la Wehrmacht con un excepcional escudo con la bandera española.

MINA SUBTERRÁNEA MARCELO JORISSEN ②

Una mina en el centro de Madrid

Calle Ríos Rosas, 21
91 336 7000
Visitas grupales: sec.secretario.minasyenergia@upm.es
Visitas individuales: primeros domingos del mes de 10 a 14 h
www.museominas.es
Metro Ríos Rosas

En el patio de la Escuela Superior de Ingenieros de Minas, en plena calle Ríos Rosas y no muy lejos del Paseo de la Castellana, se encuentra la entrada de una mina peculiar. De sus entrañas nunca se han extraído minerales, pero sirvió en su tiempo para las prácticas de los estudiantes. La mina experimental Marcelo Jorissen, que recibe su nombre de quien fue director de la escuela en 1967 y que ordenó su construcción ese mismo año, se mantiene en la actualidad como un sencillo y original museo en el que se pueden apreciar algunas de las técnicas clásicas del trabajo minero.

Está compuesta por un pozo vertical de 15 metros de profundidad, e incluye un castillete de hierro forjado, por donde descendían los jaulones con los hombres y los materiales, y una galería que llega hasta la calle Ríos Rosas. Se accede por una amplia boca desde la que se desciende bajando setenta y cinco escalones, y a medida que uno se sumerge en su interior se puede percibir la humedad del espacio bajo tierra. Al llegar al fondo, se abre una galería atravesada por unos raíles sobre los que descansan las vagonetas de carga. El recorrido permite observar distintas formas de entibación, como se denomina en minería el apuntalamiento de las galerías, y aros de hierro, vigas y encofrados muestran las opciones de excavación vigentes en la época en que se construyó. El visitante aprende, por ejemplo, que se preferían las vigas de eucalipto antes que las de cualquier otro material porque antes de partirse, el eucalipto crujía dando a los mineros la valiosísima oportunidad de ponerse a salvo en caso de derrumbe. Lo que más contribuye al encanto del lugar es la autenticidad de sus elementos, ya que el castillete, las vagonetas, los raíles y los mampuestos, que sujetan el camino subterráneo, provienen de verdaderas explotaciones mineras. Eso sí, el filón carbonífero al fondo de la galería es ficticio y está constituido por tierra pintada, pues se supone que se trata de una explotación de carbón. Sin embargo, el ambiente logrado ofrece el curioso privilegio de imaginar con verdadero realismo las condiciones de trabajo en las profundidades de la tierra.

El Museo Histórico Minero Don Felipe de Borbón y Grecia

El edificio de la Escuela de Ingenieros de Minas, considerado monumento histórico-artístico, también alberga el Museo Histórico Minero Don Felipe de Borbón y Grecia, que acoge un variado testimonio de la riqueza minera de España y Europa desde el siglo XVIII. La entrada es libre, pero para visitar la mina es necesario pedir cita previa.

TAPA DE LA ALCANTARILLA DEL NÚMERO 141 DE LA CALLE SANTA ENGRACIA

③

Antiguos viajes de agua

Santa Engracia, 141
Metro Iglesia

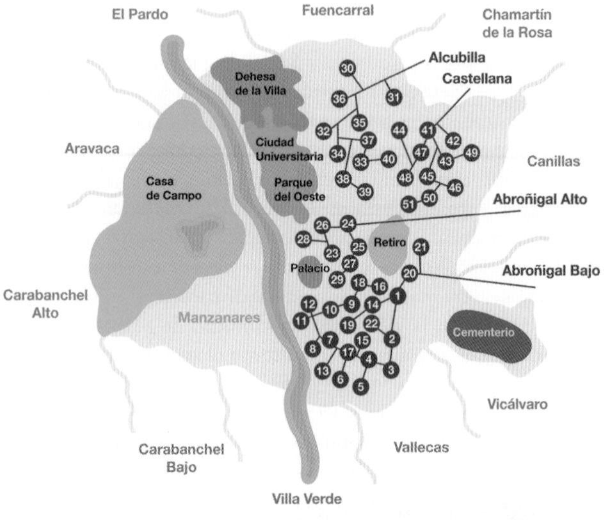

Viajes de Agua - Madrid 1847

Abroñigal Bajo
1. Cibeles
2. San Juan
3. Santa Isabel
4. Ave María
5. Lavapiés
6. Cabestreros
7. Cerrillo del Rastro
8. Toledo
9. Puerta Cerrada
10. Puerta Moros
11. Águila
12. Rosario
13. Embajadores
14. Alcalá. *Caño de vecindad*
15. Plaza de Jesús. *Caño de vecindad*
16. El Sordo. *Caño de vecindad*
17. Plaza del Rastro. *Caño de vecindad*
18. C. de la Paloma. *Caño de vecindad*
19. C. de la Segovia. *Caño de vecindad*
20. San Bruno. *Caño de vecindad*
21. San Blas. *Caño de vecindad*
22. Apolo. *Caño de vecindad*

Abroñigal Alto
23. Celenque
24. Aduana
25. Relatores
26. Plaza de La Villa
27. Cebada
28. C. de los Magros. *Caño de vecindad*
29. Lavapiés. *Caño de vecindad*

Castellana
30. San Fernando
31. San Antón
32. Valverde
33. Red de San Luis
34. Santo Domingo
35. Mostenses
36. Afligidos
37. Chamberí. *Caño de vecindad*
38. Plaza del Gato. *Caño de vecindad*
39. Tudescos. *Caño de vecindad*
40. Hospicio. *Caño de vecindad*

Alcubilla
41. Galápagos
42. Del Soldado
43. Plaza de Bilbao
44. Descalzas
45. Santa Ana
46. Antón Martín
47. Santa Cruz
48. Preciados. *Caño de vecindad*
49. Regueros. *Caño de vecindad*
50. San Gregorio. *Caño de vecindad*
51. De los Gitanos. *Caño de vecindad*

Sobre la acera, justo en la esquina de Santa Engracia con Cristóbal Bordiú, se puede ver una tapa de alcantarilla muy distinta a las que existen en el resto de la ciudad. En ella se lee la inscripción: "Viaje antiguo de agua". Antiguamente, la distribución del agua era totalmente distinta a la que conocemos hoy. Antes de que el Canal de Isabel II fuera inaugurado, a mediados del siglo XIX, existieron distintos puntos de captación de agua en las afueras de Madrid y una red subterránea de galerías y pozos heredada de los árabes que, con el progresivo crecimiento de la ciudad (en esos momentos Madrid ya alcanzaba los 200 000 habitantes) fue quedando obsoleta.

Los principales lugares de captación de agua potable (Abroñigal Alto, Abroñigal Bajo, Alcubilla y Castellana) pertenecían a la Villa de Madrid, es decir, eran públicos. En ese tiempo también existieron lugares de abastecimiento privados, como la Fuente del Berro, propiedad de la Corona.

Con el paso del tiempo, estos canales subterráneos fueron poco a poco dejando de cumplir la función de transportar agua y muchos de ellos fueron demolidos con el fin de construir aparcamientos o túneles. Sin embargo, todavía existen algunos tramos que, o están vacíos, o se utilizan para distintos tipos de cableados. De momento no se pueden visitar, pero no se pierde la esperanza de que en un futuro cercano se abran al público interesado en descubrir las entrañas de Madrid.

La alcantarilla de la calle Santa Engracia es un testigo del Viaje de la Alcubilla: era una vía por donde accedían al antiguo viaje los técnicos especializados.

El Viaje de la Alcubilla data de 1399 y nace en la Dehesa de Chamartín, en el valle de la Alcubilla, a 18 metros de profundidad. El conducto seguía la ruta hacia Bravo Murillo y la actual Glorieta de Cuatro Caminos para luego dividirse en dos ramales, el de la calle Santa Engracia y el que iba hacia la glorieta de Quevedo. La tapa de la alcantarilla de la calle Santa Engracia es uno de los pocos vestigios a la vista de los antiguos viajes de agua.

Para ver otros restos del antiguo viaje del agua se puede visitar el parque Dehesa de la Villa.

MUSEO DE LA HOMEOPATÍA ④

La única farmacia homeopática del país

Instituto Homeopático y Hospital de San José
Calle de Eloy Gonzalo 3 y 5
Lunes a jueves por la mañana previa cita
contacto@hospitalhomeopatico.es
91 446 6076
Metro Quevedo

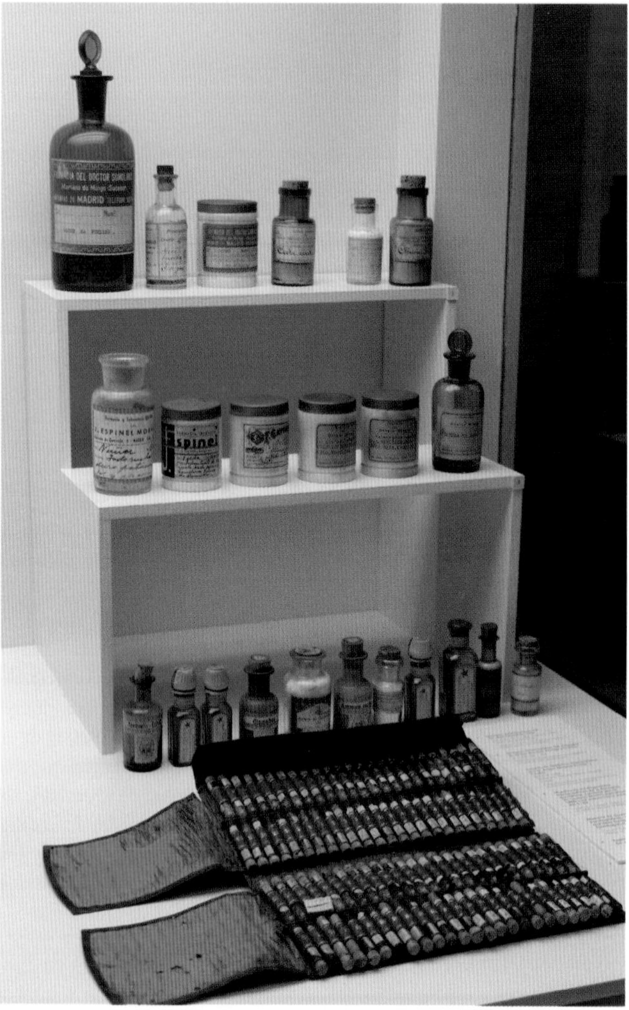

El singular museo de la Homeopatía alberga la única farmacia homeopática del país, donde se puede contemplar, entre otras curiosidades, el primer medicamento homeopático creado con veneno de tarántula. La sustancia fue elaborada por el marqués de Núñez, fundador de la Sociedad Hahnemanniana Matritense y del Hospital Homeopático. El doctor José Núñez Pernía obtuvo el título nobiliario de marqués gracias a su paciente más célebre: la reina Isabel II.

Pero hay muchas más cosas que descubrir en este oasis en pleno centro de Chamberí: una gran cantidad de objetos, medicinas, fotografías y recuerdos dan cuenta de más de 175 años de la homeopatía en España en un edificio considerado Bien de Interés Cultural.

El hospital fue construido entre 1872 y 1877 por José Segundo de Lema. La original fachada, con ventanales y columnas, junto con el patio frontal, donde se ubica la estatua del patrono del hospital, San José, y la tumba del marqués de Núñez, son una invitación a conocer uno de los tesoros arquitectónicos e históricos más inadvertidos de la ciudad. El recorrido empieza en la antigua capilla del hospital, que conserva las vidrieras originales. En general, todos los espacios fueron acondicionados para sacar el máximo provecho de la luz natural por considerarla, los homeópatas, una fuente de salud y calor. La sala de recuperación de los enfermos, por ejemplo, cuenta con 12 ventanales. En el lugar que ocupaba la sacristía se encuentra instalada la farmacia homeopática y la inmensa galería de botes y mejunjes que pretendían curar a los enfermos basándose en la doctrina de *similia similibus curentur* (lo similar cura lo similar), del alemán Samuel Hahnemann, fundador de la homeopatía a finales del siglo XVIII.

Adjunto al edificio principal se erige el Palacete del Marqués de los Salados de estilo neomudéjar. Originalmente, el palacete fue concebido por el arquitecto Emilio Rodríguez Ayuso como residencia del marqués. Dentro de este edificio sobresale el patio central y el lucernario de estructura metálica y el museo homeopático. Todo el mobiliario es original y está perfectamente conservado. Da la sensación de que el marqués de Núñez podría descender por las escaleras en cualquier momento con uno de los maletines de homeópata que pueden verse en el museo. En dichos maletines, los homeópatas transportaban en decenas de frascos las medicinas naturales. Resultan muy curiosos también los aparatos y libros sobre la electro-homeopatía. Su creador, Cesare Mattei, decía que podía curar el cáncer activando energías eléctricas provenientes de las plantas. Sus "remedios" venían en botellas con inscripciones de colores, aunque nunca se llegó a conocer su verdadero contenido.

El instituto también ofrece tratamientos a distintos problemas de salud y, ocasionalmente, se dictan conferencias.

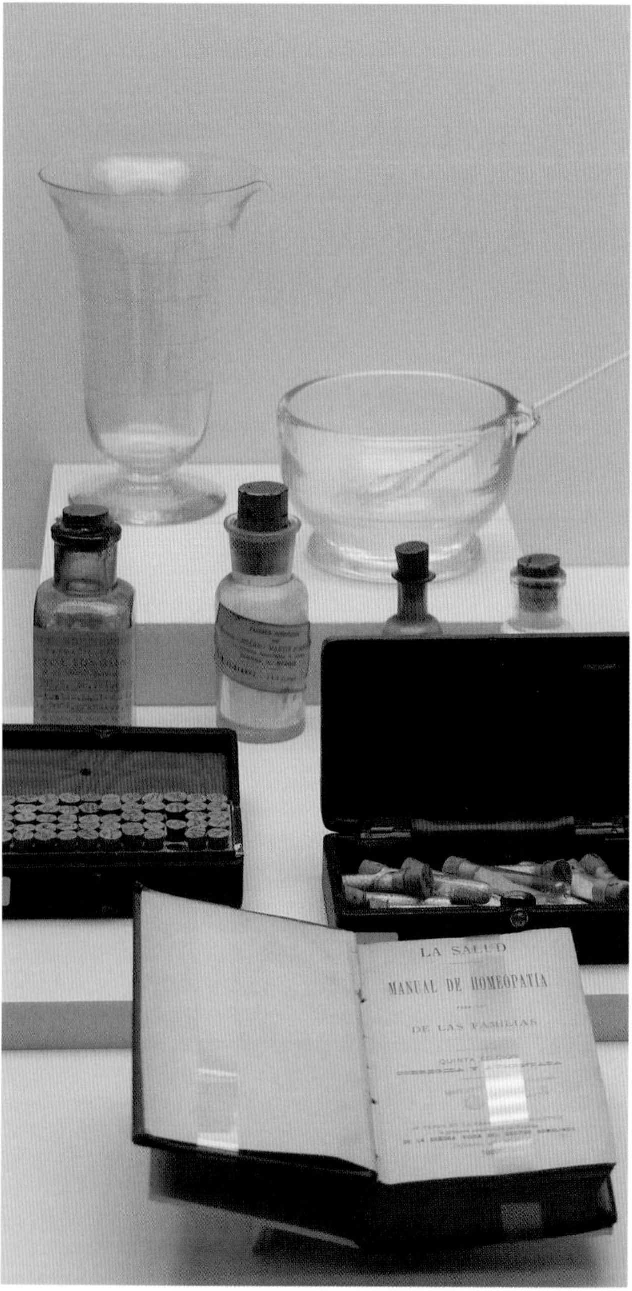
LA SALUD
MANUAL DE HOMEOPATIA
DE LAS FAMILIAS

ESTACIÓN FANTASMA DE METRO ⑤

Desde las ventanas, los viajeros podían vislumbrar en la oscuridad las instalaciones de esta parada olvidada

Andén 0
Plaza de Chamberí, s/n
Jueves de 10 a 13 h, viernes de 11 a 19 h, sábados y domingos de 11 a 15 h
Festivos, solo los que coinciden con los días de apertura y en horario del día semanal correspondiente
Navidad y Año Nuevo, cerrado
Metro Iglesia, Bilbao, Alonso Martínez

En la plaza de Chamberí, una moderna puerta de entrada invita a bajar al subsuelo de la ciudad para recorrer los pasillos y túneles olvidados de la antigua estación de metro de Chamberí.

Paredes con unos acabados brillantes, coloristas y luminosos. Vestíbulos y túneles de paso recubiertos por paños de azulejos cerámicos de color blanco y azul cobalto, con juegos ornamentales que conducen hasta el andén en donde, desde el 22 de mayo de 1966, no se detiene ningún tren. La bóveda de la estación está recubierta de azulejo blanco biselado y sus estribos decorados por grandes recuadros de azulejos sevillanos que limitan el contorno para la colocación de carteles publicitarios. Estos letreros anunciadores también son de cerámica, en encintado ocre y azul. Constituyen uno de los grandes atractivos de la estación, ya que se conservan tal y como fueron creados en los años 20.

La antigua estación de Chamberí pertenece a la primera línea de metro inaugurada en Madrid en 1919, que contaba con ocho estaciones por aquel entonces. Fue diseñada por el arquitecto Antonio Palacios, inspirada en el aspecto de las estaciones parisinas de la época, respondiendo a los criterios de funcionalidad, sencillez y economía propios del momento.

Durante la Guerra Civil, al igual que otras muchas estaciones, sirvió de improvisado refugio antiaéreo para los ciudadanos durante los bombardeos.

En la década de los 60, debido al incremento del tráfico de viajeros, Metro decidió alargar las vetustas estaciones de la Línea 1 para poder poner en servicio nuevos trenes de mayor capacidad y comodidad, con hasta seis coches de longitud. Los andenes se ampliaron desde los 60 metros originales hasta los 90 que tendrían a partir de entonces. Sin embargo, la estación de Chamberí por su situación en curva resultó técnicamente imposible de ampliar, lo que unido a su proximidad con las vecinas estaciones de Bilbao e Iglesia llevaron a tomar la decisión de cerrarla para siempre.

La estación permaneció inutilizada durante más de cuarenta años, reduciendo los trenes su velocidad al circular por ella. Desde las ventanas, los viajeros podían vislumbrar en la oscuridad las instalaciones de esta parada olvidada.

Reabierta en 2008 como centro de interpretación del Metro de Madrid, conserva muchos de los objetos cotidianos de la época.

VESTIGIOS DEL FRONTÓN BETI-JAI

⑥

La última cancha de pelota vasca en Madrid

Marqués de Riscal, 7
Metro Rubén Darío

Desde una esquina de la fachada del edificio en ruinas, envuelto en redes de protección, de Marqués de Riscal 7, se pueden ver los restos del Frontón Beti-Jai, el último de los frontones "industriales" (construidos en el siglo XIX, durante el período de auge y explotación comercial de la pelota vasca, con el fin de satisfacer la gran demanda del público) en el mundo. El Beti-Jai es también el único frontón de pelota vasca en Madrid y el único ejemplo de arquitectura deportiva del siglo XIX en la ciudad.

El Frontón Beti-Jai era lujoso, con zócalos de cerámica de estilo andaluz, detalles neomudéjares, dotado de una gradería de hierro con capacidad para cuatro mil personas y una cancha de 67 metros donde se podían jugar todas las variedades de pelota vasca, un juego que, en España, llegó a ser más célebre que el fútbol, por lo menos durante el siglo XIX y buena parte del XX.

El Frontón Beti-Jai, que en euskera significa "siempre fiesta", empezó a construirse en 1893 por encargo del empresario José Arana. Él quería un frontón a imagen del Beti-Jai de San Sebastián, pero mejorado, más grande y construido con los materiales más modernos de la época. El encargo recayó en el arquitecto Joaquín Rucoba, también autor del Teatro Arriaga y el Ayuntamiento de Bilbao, y fue inaugurado el 29 de abril de 1894 con todos los honores. Entre otras dependencias contaba con salones de descanso, vestíbulo principal, contadurías, taquilla, cafetería, enfermería, habitaciones para los deportistas y despachos para la administración. En su momento se convirtió en un lugar de encuentro para la burguesía madrileña.

El Frontón Beti-Jai cerró sus puertas en 1919 y, a partir de entonces, fue utilizado para fines diversos. Fue comisaría, taller de coches e incluso local de ensayo para una banda falangista. Ahora, el frontón (4000 metros cuadrados ubicados en una de las zonas más exclusivas de Madrid) espera su turno para ser rehabilitado.

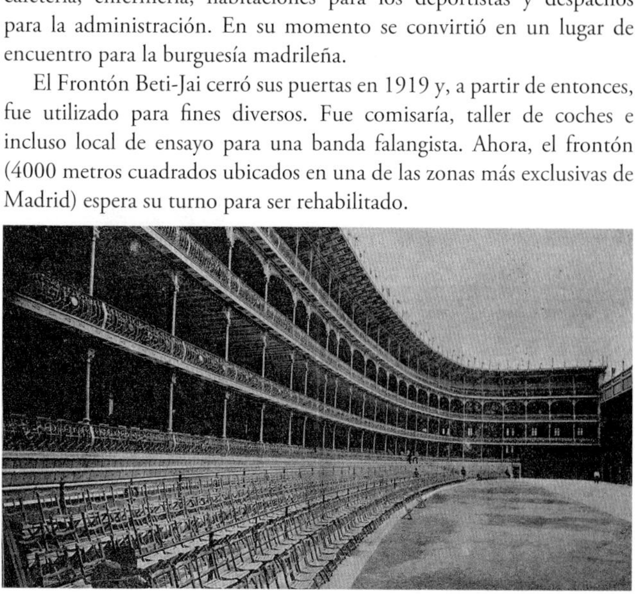

SACRISTÍA DE LOS CABALLEROS ⑦

Donde se nombraba a los miembros de la Orden de Santiago

Convento de las Comendadoras de Santiago
Acuerdo, 19
91 548 1842
Visitas: primeros lunes y miércoles de cada mes previa reserva telefónica
16 h
Metro Noviciado

Ubicada dentro del Convento de las Comendadoras de Santiago, construido entre 1584 y 1697, la Sacristía de los Caballeros es un lugar fascinante e inesperado pues no presenta ningún tipo de fachada que delate su interior. Era aquí, en la sacristía, donde antiguamente los hombres se preparaban para el nombramiento de Caballeros de la Orden de Santiago, ceremonia que luego se celebraba en la iglesia contigua.

Este amplio salón barroco fue pintado con los tres colores de las Comendadoras: el verde, que representa los laureles; el amarillo, la tierra conquistada; y el rojo, la sangre derramada por los mártires. Pero para redescubrir los tres colores originales hubo que raspar con bisturí durante meses. El lugar era totalmente blanco y gris, primero por el capricho de un arquitecto que veía al demonio en el color y segundo por culpa de la peste: en una de las capas que tuvieron que raspar encontraron una inscripción con la siguiente frase: "Yo, pintor cordobés, en 1914 pinté a la cal para desinfectarlo de la peste".

La Sacristía de los Caballeros es obra de Francisco de Moradillo y fue construida entre 1746 y 1753, durante el reinado de Fernando VI. Dentro de la sacristía, todo es deslumbrante: cada detalle pictórico o escultórico, cada pequeña pieza, cuenta una maravillosa historia. Los dibujos en las paredes narran ciertos secretos de la época: se dice que las rosas de los floreros son las llamadas Rosas Luis XVI, cultivadas por primera vez el mismo año que empezaron a decorar la sacristía.

En una esquina de la sacristía se ubica también la hermosa Fuente de los Tritones, donde los futuros caballeros se lavaban antes de ser llamados por la campana que invitaba a pasar al siguiente salón, donde las monjas ofrecían un refrigerio a través de un torno para no ser vistas. La campana y el torno también han sido restaurados.

LA CAPILLA DE LAS NIÑAS

8

Otra joya desconocida

Acuerdo, 19
91 548 1842
Visitas: primeros lunes y miércoles de cada mes previa reserva telefónica
16 h
Metro Noviciado

La visita guiada a la Sacristía de los Caballeros (ver página anterior) incluye un recorrido por la preciosa Capilla de las Niñas, que también ha recuperado el esplendor de antaño tras un minucioso proceso de restauración. Decorada en tonos rosas y rojos, la capilla toma su nombre de los tiempos en que los caballeros partían a proteger a los peregrinos del Camino de Santiago, o a hacer retroceder a los musulmanes, y dejaban a sus hijas y mujeres al cuidado de las monjas.

El escudo del techo de la capilla es el primer escudo de los Borbones del que se tiene noticias en Madrid. Su diseño es raro pues está totalmente al revés: las imágenes que deberían estar a la derecha están a la izquierda, y viceversa. Esta anomalía heráldica se debe sencillamente a una equivocación del artista en el momento de pintar el escudo.

En la pared derecha de la capilla, un cuadro colgado retrata a una monja de la Orden de las Comendadoras de Santiago vistiendo el hábito original, que lleva la cruz de Santiago en el pecho y que muy rara vez ha sido visto por tratarse del hábito de una monja de clausura. El retrato es de la fundadora de la Orden, Mariana Vélez Ladrón de Guevara, cuyos restos también descansan en la capilla. Curiosamente, los huesos fueron hallados en Valladolid y traídos a Madrid después de una serie de complicaciones, y casi al mismo tiempo, el cuadro fue adquirido en Alemania sin saber que la monja retratada era la propia fundadora de la Orden. En la zona del pequeño altar se ha colocado el féretro sobre el que descansa un hermoso manto tejido a mano y una fecha que simboliza el periplo que realizó el cuerpo hasta encontrar su última morada: Mariana Vélez Ladrón de Guevara (1681-2009).

Durante la visita también puede verse un cuadro de Luca Giordano, recientemente restaurado, que data de 1695. En él, con trazo magistral, Giordano escenifica a Santiago en la Batalla de Clavijo, que tuvo lugar el 23 de mayo del año 844 y que es considerada una batalla legendaria debido a la intervención milagrosa del santo.

TUMBA REAL DE AMOR VERDADERO

⑨

Fernando VI no quiso ser separado de su esposa ni después de muerto

Iglesia de Santa Bárbara, antiguo Convento de las Salesas Reales
C/ Bárbara de Braganza, 1
Lunes a viernes de 9 a 13 h y de 18 a 21 h. Sábados y vísperas de festivo de 10 a 13 h y de 18 a 21 h. Domingos y festivos de 10 a 14 h y de 18 a 21 h
Metro Alonso Martínez, Chueca, Colón
Cercanías Madrid-Recoletos

En el interior de la Parroquia de Santa Bárbara, diseñada por el francés François Carlier y posteriormente modificada por Francisco Moradillo, se encuentra la tumba real del monarca Fernando VI y su esposa la reina Bárbara de Braganza. Su matrimonio constituye uno de los episodios más hermosos de amor verdadero de cuantos se recuerdan en la Corona española.

Originariamente, el edificio pertenecía al desaparecido Convento de las Salesas Reales, religiosas venidas desde Annecy (Saboya). En 1748, la reina Bárbara de Braganza lo fundó para ser empleado como monasterio, como primer colegio exclusivamente femenino para la educación de las jóvenes de la nobleza y como su futura residencia a la que retirarse en caso de que enviudara, para asegurarse un lugar tranquilo alejado de la corte donde poder residir.

Finalmente, la reina murió en el Palacio de Aranjuez antes que el rey. Al no tener descendencia, no podía ser enterrada, como los demás reyes y reinas madres de reyes, en el Monasterio de El Escorial. Fue inhumada en la Capilla del Santísimo del Convento de las Salesas Reales dentro de un mausoleo diseñado por Sabatini y realizado por Juan León. En la parte inferior, dos ángeles lloran junto al catafalco sobre el cual se observa una calavera cubierta por una corona real. En la parte superior, otros dos ángeles sujetan un medallón con el retrato de la reina.

Tras la muerte de su amada, Fernando VI perdió la razón. Sumido en la locura, vivió sus últimos días inmerso en la melancolía y el desconsuelo. Un año después que su mujer, falleció el rey. En lugar de ser enterrado en el Panteón Real de El Escorial, dejó ordenado que fuese dado cristiana sepultura junto a su querida esposa en el Convento de las Salesas. El monumento funerario del monarca, que al igual que el de la soberana fue mandado construir por su sucesor en el trono, su hermano el rey Carlos III, también diseñado por Sabatini pero ejecutado por Francisco Gutiérrez, está ubicado en el brazo derecho del crucero de la iglesia y adosado a la tumba de la reina. Allí reposan sus restos juntos, eternamente. Realizado en mármol y bronce, en la parte superior destaca un anciano alado sosteniendo un medallón con la efigie del rey, que representa la figura del Tiempo. En la parte inferior, a ambos lados, las alegorías de la Justicia, identificada por la balanza, y de la Abundancia que sostiene un cuerno repleto de frutas y flores. La urna se apoya sobre leones de bronce, adornada por un relieve que representa la Arquitectura, la Pintura y la Escultura, artes protegidas por la monarquía.

Posteriormente, en 1870, las hermanas Salesas fueron exclaustradas y el convento se destinó a Palacio de Justicia (actual sede del Tribunal Supremo), aunque la iglesia continuó abierta al culto bajo la advocación de Santa Bárbara. Las monjas fueron amparadas por el marqués de Cubas y reubicadas en un nuevo convento en la calle de Santa Engracia.

> Desde Carlos I, todos los reyes de España de las dinastías de los Austrias y de los Borbones se encuentran enterrados en el Panteón Real del Monasterio del Escorial, excepto Felipe V en el Palacio Real de La Granja de San Ildefonso, y Fernando VI en la iglesia de Santa Bárbara.

> En el brazo izquierdo del crucero de la iglesia se encuentra la tumba de Leopoldo O´Donnell, célebre político y militar que da nombre a una de las más importantes calles de la capital.

> El Puente de San Fernando, que cruza el río Manzanares al borde del antiguo camino de El Pardo y de la carretera de La Coruña, situado junto a la salida 23B de la M-30, luce las estatuas en piedra caliza de Fernando III el Santo y de Santa Bárbara, enfrentadas y encaramadas a sendos pedestales. Ambas son un homenaje contemporáneo de la romántica historia de amor del rey Fernando VI y su esposa la reina Bárbara de Braganza, que continuarán contemplándose uno al otro para siempre.

LA CASA DE LOS LAGARTOS

⑩

En la selva madrileña

Mejía Lequerica, 1
Metro Alonso Martínez

La Casa de los Lagartos debe su nombre a unos grandes lagartos que sostienen la cornisa del edificio. Este inmueble, proyectado en 1911 por Benito González del Valle con el objetivo de construir viviendas de alquiler, tiene la particularidad de tener una fachada once veces más larga que ancha.

Así, podemos observar que sus esquinas, en las calles de San Mateo y Fernando VI, no alcanzan los cinco metros de profundidad. La Junta de Salubridad del Ayuntamiento, que consideraba que el edificio debía contar con espacio para patios interiores, estuvo a punto de impedir el levantamiento de la obra pero el arquitecto solventó esta dificultad colocando la escalera en la mitad del edificio y haciendo dos viviendas por planta con todas sus estancias, incluidos los baños, dando al exterior. Una estructura metálica interior permitía la proliferación de vanos que aseguraran la entrada de luz natural.

Otra de sus particularidades reside en el hecho de ser uno de los pocos ejemplos madrileños del movimiento prerracionalista vienés, cuya característica principal es la sencillez geométrica y la simetría de sus elementos decorativos.

Su reciente restauración ha recuperado la magnífica decoración que sigue las directrices de la escuela de Viena, encabezada por Otto Wagner, pero ha sustituido el blanco original por un tono amarillento, más resistente a la contaminación.

LA BENDICIÓN DE LOS ANIMALES ⑪ EN LA IGLESIA DE SAN ANTÓN

Dónde bendecir a su mascota

Hortaleza, 72
Día de la bendición: 17 de enero
Metro Alonso Martínez, Chueca

Cada 17 de enero la iglesia de San Antón acoge a centenares de mascotas. Se trata de la celebración en honor a San Antonio Abad, patrón de los animales según la leyenda que cuenta cómo el santo de origen egipcio, a quien siempre le acompañaba un cerdo, curaba a los animales heridos que encontraba a su paso.

El día de la celebración llegan a la iglesia muchos loros, gatos, perros, peces, tortugas e incluso boas a la espera de que el cura los bendiga con las siguientes palabras: "Reciba, Señor, tu bendición este animal y, por intercesión de San Antón, se vea libre su cuerpo de todo mal". Una vez que esto sucede los dueños reciben un pan dulce, elaborado de una manera especial que supuestamente impide que se ponga duro. Según dicta la tradición, este pan no es para comer sino para guardarlo dentro de un armario junto a una moneda y así evitar que la bendición pierda vigencia. Posteriormente tanto los dueños como las mascotas suelen emprender un recorrido por el barrio con algunos animales del Zoo de Madrid, la policía a caballo, palomas mensajeras del Ejército y los perros de salvamento de los bomberos.

Esta fiesta fue prohibida entre los años 1619 y 1725 y se restauró durante el reinado de Fernando VII. Luego se suspendió dos veces, pero desde 1985 se celebra de manera ininterrumpida.

San Antonio Abad y los animales

San Antonio Abad nació en el actual Egipto, en el siglo III, y se cree que alcanzó a vivir más de 100 años. A una edad muy temprana vendió todo lo que tenía y se entregó a una vida ascética y dedicada a la oración. Se convirtió en ermitaño y emprendió un largo viaje por el desierto. Aquí fue tentado en repetidas ocasiones por el demonio pero no se dejó vencer. Tanto por su estilo de vida como por su devoción, San Antonio tuvo muchos seguidores. Su relación con los animales proviene de la leyenda que cuenta que en una ocasión se le acercó una jabalina con sus jabatos ciegos. El santo les curó la ceguera y, a modo de agradecimiento, la jabalina no se separó nunca más de él, anteponiéndose a cualquier peligro. Luego, muchos otros animales se sumaron a su manto protector y, en términos cristianos, este hecho se interpretó como un don supremo, pues si dominaba a los animales supuestamente también dominaba la creación.

ESCULTURA *TRAS JULIA* ⑫

La leyenda de una joven que acudía disfrazada de chico a las clases

Calle del Pez, 42, semiesquina con San Bernardo, 45
Metro Noviciado

Escasos metros antes de desembocar en la calle de San Bernardo, a la altura del Palacio Bauer, queda en la calle del Pez, a altura del numero 42, la estudiante más famosa del barrio de Malasaña.

Descalza, reclinada sobre el muro de piedra de la sede de la Escuela Superior de Canto que actualmente ocupa el edificio, se halla desde 2003 la escultura en bronce a tamaño natural de una joven esbelta, atractiva, ataviada con blusa y falda que sostiene en su mano derecha unos libros, con la pierna izquierda cruzada por detrás apoyando la puntera del zapato en el suelo.

La presencia de esta misteriosa joven está basada en una leyenda de mediados del siglo XIX, cuando en aquella época el acceso a las aulas de la universidad solo estaba permitido a los hombres. Se cuenta que, alrededor de 1848, una chica (que bien podría tratarse de Concepción Arenal) acudía disfrazada de chico a las clases de la antigua Universidad Central, ubicada en San Bernardo, en la que también estudiaron alumnos ilustres como Benito Pérez Galdós, Antonio Cánovas del Castillo y Miguel de Unamuno. *Tras Julia* es el nombre que le dio su autor, Antonio Santín, a la escultura que se inspiró en esta preciosa historia de lucha y superación.

Una mañana de octubre de 2010, Julia amaneció tirada sobre el frío suelo de Malasaña. Afortunadamente, fue reparada en un taller de Barajas y continúa en el lugar que le corresponde, cautivando las miradas de quienes pasan a su lado.

En el lomo de uno de los libros podemos leer labrada la firma del autor, y en la fachada hay una placa rectangular en bronce con una inscripción que reza: “Homenaje a la antigua Universidad de Madrid”.

La escultura *Tras Julia* inspiró un cortometraje documental dirigido por Marián S. Miranda que nos acerca a una mujer que se convirtió en leyenda e inspiró a muchos a pelear por sus sueños.

Madrid está plagada de estatuas en bronce de personajes anónimos que se camuflan entre los peatones y se diluyen en el decorado de aceras y ladrillos. El Barrendero, el Niño, el Farolero Madrileño, el Vecino Curioso, el Lector, la Paseante… Tal vez escapen de la fama y el boato al vivir a ras de suelo, pero cada una tiene su propia historia que contar.

ESCULTURA DE UN PEZ

⑬

La leyenda de la calle del Pez

Calle del Pez esquina Jesús del Valle
Metro Noviciado

El pequeño pez esculpido en el edificio de la esquina de la calle Pez con Jesús del Valle mantiene vivo el origen del nombre de la calle, cuya existencia se remonta al siglo XVII. En ese entonces, el tramo comprendido entre la calle Pozas y San Bernardo se llamaba calle de la Fuente del Cura pues allí vivía, en una hermosa hacienda, Diego Henríquez, un sacerdote de ascendencia noble. En casa, Henríquez tenía cinco pozas, una fuente y un estanque lleno de peces de colores que enseñaba a los vecinos y fieles cada 24 de junio, fiesta de San Juan.

Al morir el cura, Felipe II, que ya había trasladado la Corte a Madrid, adquiere la hacienda y la divide para la construcción de viviendas. Juan Coronel adquiere el área donde se encontraba el estanque y los peces de colores, los cuales se convirtieron en los protegidos de su hija, Blanca. Lamentablemente los peces fueron muriendo uno tras otro debido a los trabajos de albañilería y rehabilitación. Blanca rescató el último pececito y lo metió en una pecera pero, a pesar de sus esmerados cuidados, no sobrevivió. Para intentar calmar el sufrimiento de su hija, Juan Coronel mandó labrar en la puerta de la casa un pez de piedra y un letrero que decía: Casa del Pez. Más tarde, Blanca tomó los hábitos en el vecino Convento de San Plácido. Este convento cayó pronto en desgracia pues 26 de las 30 monjas que allí residían fueron poseídas por el demonio, el cual se manifestaba con los gritos de arrebato y ataques de histeria de las monjas. La Casa del Pez, que luego dio su nombre a toda la calle, fue testigo de éste y otros tantos sucesos del barrio. Con el tiempo la casa de la familia Coronel fue derruida y el pez fue recolocado en el nuevo edificio.

El Cristo de Velázquez: el recuerdo de un rey enamorado de una monja...

Después del suceso de las monjas poseídas (ver arriba), el Convento de San Plácido (San Roque, 9) vivió otro escándalo. El rey Felipe IV se enamoró de una monja y mandó construir un túnel desde la vecina casa hasta el aposento de la religiosa. La noche del encuentro la priora hizo que la bella sor Margarita se vistiera de negro y se mostrara rígida, como muerta, y con un crucifijo en la cabecera. En recuerdo de su amor, supuestamente fallecida, Felipe IV regaló al convento un reloj que marcaba las horas con un sonido digno de un funeral. También en relación con este hecho, el rey le encargó a Velázquez que pintara el Cristo que hoy se encuentra en el Museo del Prado y que es conocido como el Cristo de Velázquez.

LA BÓVEDA DE LA IGLESIA SAN ANTONIO DE LOS ALEMANES

⑭

Una cúpula deslumbrante y desconocida

Corredera Baja de San Pablo, 16
91 522 3774
Lunes a sábado, de 10:30 a 14 h
Metro Gran Vía

No existe en Madrid una iglesia como la de San Antonio de los Alemanes, una obra de arte escondida tras unos muros austeros y alejada del circuito turístico a pesar de estar en pleno centro de la ciudad. Lo más llamativo del recinto es el espacio elipsoidal, cubierto en su totalidad de pinturas al fresco, con imágenes dedicadas a la vida de San Antonio de Padua (1195 – 1231), patrón de los viajeros, los pobres, los albañiles, los panaderos, los papeleros y las mujeres estériles.

Las escenas representadas son absolutamente teatrales, como era costumbre en aquella época en que los principales dramaturgos y escritores (Lope de Vega, Tirso de Molina o Calderón de la Barca) estaban muy ligados a la religión. Por ello, contagiados por el espíritu teatral en boga, las iglesias también buscaban crear espacios con un ambiente religioso que motivara a los fieles.

El tema central de la bóveda, llamada *La Apoteosis celestial de San Antonio* es obra de Francisco Carreño de Miranda. Aquí se puede ver al santo portugués ascendiendo hacia la Virgen, que le espera sobre una nube, acompañada de numerosos ángeles. Los cuadros del primer retablo pertenecen a Vicente Carducho, contemporáneo de Velázquez, y el soberbio retablo mayor a Miguel Fernández, con esculturas de Francisco Gutiérrez.

La iglesia fue fundada en 1606 por Felipe III con la intención de ofrecer una iglesia y un hospital a los portugueses que vivían en Madrid. Por ello, al principio se la conocía como San Antonio de los Portugueses. Una vez que Portugal se independizó de España, Mariana de Austria la cedió a los alemanes católicos que llegaron a Madrid con Mariana de Neoburgo, futura esposa de Carlos II. Desde 1702 la iglesia pertenece a la Hermandad del Refugio, de la que forman parte los actuales reyes de España.

La Ronda de Pan y Huevo

La Hermandad del Refugio fue popularmente conocida por su labor caritativa, conocida como "la ronda de pan y huevo". El objetivo de esta ronda era ofrecer un huevo duro, un poco de pan y asilo por una noche a las personas sin hogar. En la iglesia todavía conservan la plantilla de madera cuyo agujero servía para medir el tamaño de los huevos que adquirían para los pobres. Los huevos demasiado pequeños eran desestimados por ir en contra del prestigio de la hermandad.

EL CUERPO INCORRUPTO DE LA BEATA MARIANA DE JESÚS

⑮

El cadáver que huele a manzana

Colegio y Monasterio de las Madres Mercedarias de Don Juan de Alarcón
Valverde, 15 con Puebla, 1
Miércoles de 10 a 13 h. Domingos de misa y el 17 de abril
Cuerpo incorrupto de la Beata Mariana de Jesús expuesto al público el 17 de abril
Para las visitas guiadas: 91 522 4615 / 91 521 9993
Metro Gran Vía

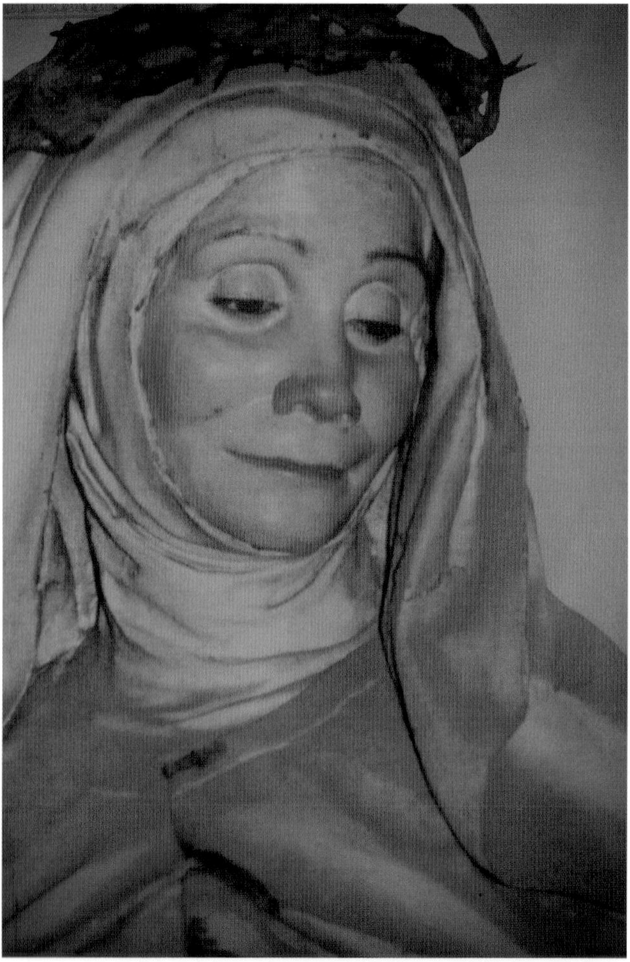

Para acceder a la iglesia del Monasterio de las Madres Mercedarias de Don Juan de Alarcón es necesario tocar el timbre del colegio y atravesar una zona donde los visitantes probablemente se toparán con una gran cantidad de niños. Sin embargo, conforme uno se va aproximando a la iglesia, el silencio se vuelve sepulcral. Es un recinto sagrado donde reposa una futura santa. Se accede por la zona del altar. Una vez dentro, llama la atención, por su belleza y luminosidad, el inmenso cuadro de Juan de Toledo (1611-1665), pintor y militar español mucho más vinculado al arte con temática bélica que religiosa. El inmenso cuadro que corona el altar muestra una representación de la apoteosis de la Inmaculada, que aparece rodeada de ángeles. El gran interés religioso de esta iglesia es el cuerpo incorrupto de la Beata Mariana de Jesús, que se expone al público el 17 de abril. El resto del tiempo la caja donde reposa (un regalo de Isabel II) permanece cerrada. La particularidad del cadáver de la beata es que, según las monjas y los feligreses, desprende un aroma a manzana.

Este convento, que originalmente se llamó Nuestra Señora de la Concepción, fue fundado en 1609 por el sacerdote Don Juan Pacheco de Alarcón. Poco se sabe del origen y de la construcción de este edificio de estilo barroco, sólo que la iglesia se terminó en 1655 y que en 1671 fue reformado por el arquitecto Gaspar de la Peña.

La mujer que se desfiguró la cara para no casarse

La vida de Mariana estuvo marcada por la fe, la autoflagelación, la renuncia y la oposición de su familia a que tomara los hábitos. De ella se dice que tuvo muchos pretendientes, entre ellos, Lope de Vega. A pesar de que llegó a comprometerse con un joven de la alta sociedad, Mariana no quiso contraer matrimonio, e incluso llegó a desfigurarse la cara cortándose las comisuras de la boca para convencer a su padre de que el único hombre de su vida era Dios. Mariana ingresó en el convento mercedario en 1606. Allí tuvo muchas alucinaciones (más de una vez sostuvo que habló con la Virgen y que jugó con el Niño Jesús), visiones y momentos de éxtasis. Falleció el 17 de abril de 1624 y muchas personas acudieron a besar sus manos y sus pies, incluso un ferviente devoto intentó arrancarle un dedo para llevárselo de recuerdo. Tres años después se exhumó el cadáver y grande fue la sorpresa de los doctores de la Casa Real al encontrar el cuerpo incorrupto, los miembros flexibles y desprendiendo olor a manzana.

LA GALERÍA DE ARTE DEL APARCAMIENTO DE VÁZQUEZ DE MELLA

⑯

Un parking un tanto particular

Plaza Pedro Zerolo, antes Vázquez de Mella
Metro Chueca

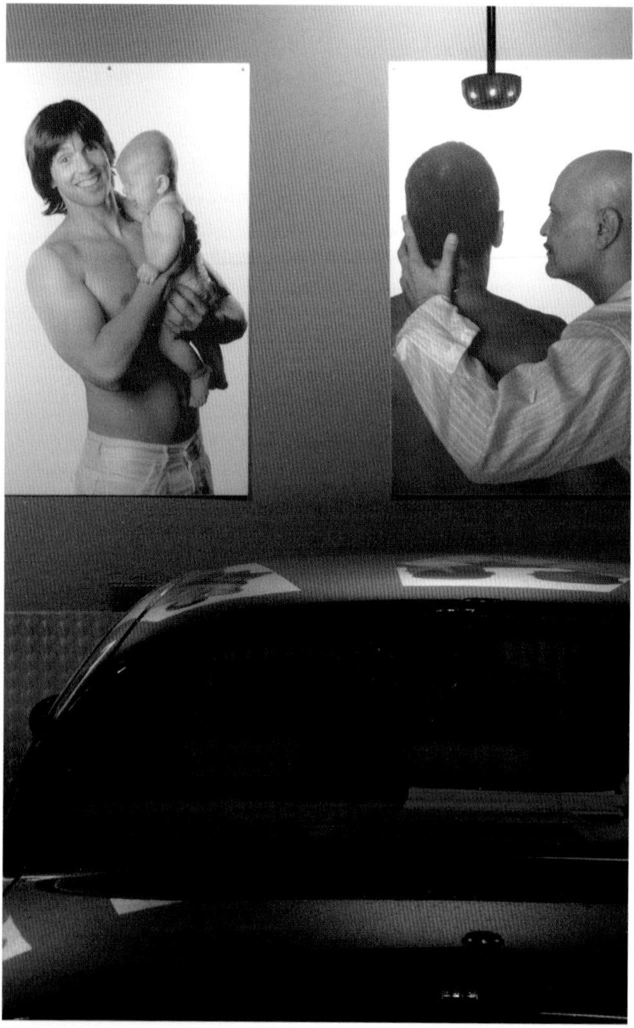

El aparcamiento público Vázquez de Mella es un poco especial: a lo largo de sus paredes, se pueden leer, en rótulos de neón rojos, frases extraídas de *La Divina Comedia*.

Chueca An–Dante es el nombre que eligió la creadora de este proyecto, la arquitecta italiana Teresa Sapey, quien se inspiró en el Canto V de Dante Alighieri para rehabilitar este aparcamiento. En este canto Dante ingresa al segundo círculo del Infierno, donde se encuentra con el horrible Minos, el juez de los condenados por lujuria, que asigna el tipo de castigo de acuerdo al número de vueltas que da su cola. Una de las frases de este hermoso canto es la gran protagonista de este aparcamiento: "Amor, que amar obliga al que es amado, me ató a sus brazos, con placer tan fuerte que, como ves, ni aun muerto me abandona".

El aparcamiento en realidad funciona también como una gigantesca galería de arte, pues de sus paredes cuelgan fotos de hombres, mujeres y niños en actitudes que expresan amor.

Además del esmerado diseño, el aparcamiento cuenta con las últimas novedades tecnológicas, como un lector óptico de matrículas y luces que indican cuántas de las 108 plazas disponibles quedan libres. En la puerta de entrada, específicamente en la rampa de acceso, se puede ver la escultura de un gigante lazo rojo, particular homenaje de la ciudad a la lucha contra el Sida.

Comer dentro de un aparcamiento...

Lo curioso del restaurante chino del Parking Plaza de España es que está situado en un sótano y dentro de un aparcamiento. Es un local muy pequeño y nadie sabe con exactitud su verdadero nombre porque el cartel está escrito en letras chinas. Sencillamente es conocido como "el chino del parking". Cuenta con siete mesas y una barra, se come bien y a un precio bastante módico. Otra de las cualidades de este lugar es que, al estar ubicado en un subterráneo, se encuentra totalmente aislado y los móviles no suenan por falta de cobertura.

IGLESIA DE LA BUENA DICHA

⑰

Un santuario gótico, mudéjar y nazarí

Silva, 25
Misa: todos los días a las 12 y a las 19 h
Metro Callao

En una calle estrecha, y apretujada entre edificios de mayor altura, se ubica la extraña iglesia de la Buena Dicha, un tesoro de la arquitectura madrileña que pasa casi desapercibida para el paseante.

Esta iglesia fue construida entre 1916 y 1917 por Francisco García Nava y por encargo de los Marqueses de Hinojales. García Nava optó por un estilo de lo más ecléctico para el diseño. En la fachada se mezclan estilos gótico, mudéjar y nazarí, aunque el uso del ladrillo y la estructura, compuesta de distintos volúmenes y líneas curvas, imprimen un inequívoco carácter modernista al edificio. El interior de la iglesia sorprende por las fabulosas vidrieras que dotan al espacio de una gran luminosidad y por la capilla de la Virgen de la Misericordia, rodeada de un conjunto escultórico que data del siglo XVII.

La historia de esta iglesia empieza realmente en 1594, año en que Fray Sebastián Villoslada funda en este mismo terreno el Hospital de la Buena Dicha e instituye una hermandad dirigida por 12 sacerdotes y 62 seglares. Bajo la advocación a Nuestra Señora de la Concepción o de la Buena Dicha, la hermandad se dedicó a atender a los pobres de la parroquia de San Martín, de la que dependía. La entrada principal de esta hermandad daba a la calle Libreros y en la parte trasera había un pequeño cementerio, conocido como el Cementerio de la Buena Dicha.

Esta hermandad prestó invalorables servicios de asistencia médica durante el Levantamiento del 2 de mayo de 1808 y en el cementerio fueron enterradas heroínas de aquellos tiempos, como Clara del Rey o Manuela Malasaña. A finales del siglo XIX, tanto el hospital como el cementerio fueron derribados y en su lugar se construyó la actual iglesia de la Buena Dicha, que se encuentra bajo la administración de los Padres Mercedarios.

El duelo de la calle Desengaño

Muy cerca de la iglesia de la Buena Dicha se ubica la calle del Desengaño. Es una de las calles más antiguas de Madrid y recibe este particular nombre por la historia que encierra. Supuestamente, dos caballeros enamorados de la misma mujer decidieron batirse en duelo para resolver quién se quedaba con ella, pero una misteriosa sombra negra vino a interrumpir el duelo. Los caballeros salieron tras la sombra y al alcanzarla le descubrieron el rostro. Lo que vieron no fue una persona sino un cadáver, ante el que exclamaron: "¡Qué desengaño!", pues, en vez de un muerto, los caballeros tenían la esperanza de encontrarse con la mujer en disputa.

EL ATAÚD DE ALEXIA GONZÁLEZ BARROS ⑱

La niña santa

Iglesia de San Martín de Tours
Desengaño, 26
Todos los días de 18 a 20:30 h
Metro Gran Vía

Alexia, conocida como "La Sierva de Dios", fue una niña ejemplar, entregada a la devoción y vinculada –al igual que el resto de su familia- al Opus Dei. A los trece años sufrió un tumor maligno y posteriores complicaciones de las que no se recuperó nunca. Sobre ella se han escrito al menos ocho libros, traducidos a diversos idiomas, y se ha hecho una película basada en su vida (*Camino*, de Javier Fesser).

Sus restos descansan en un pequeño ataúd dorado, donado por los propios fieles, en el templo de San Martín de Tours, en pleno centro de Madrid. El templo, que empezó a construirse en 1725, presenta una sobria fachada de ladrillo con dos torres en los extremos. En el Altar Mayor se puede ver una imagen de San Martín a caballo, obra de Ricardo Bellver.

Alexia González Barros

Alexia González Barros es considerada por muchos devotos de la religión católica una niña santa aunque todavía está a la espera de que el Vaticano la canonice. De hecho, hay una asociación llamada "Causa Beatificación Alexia" que recibe los agradecimientos de las personas que consideran que Alexia ha intercedido favorablemente en sus vidas con acciones milagrosas.

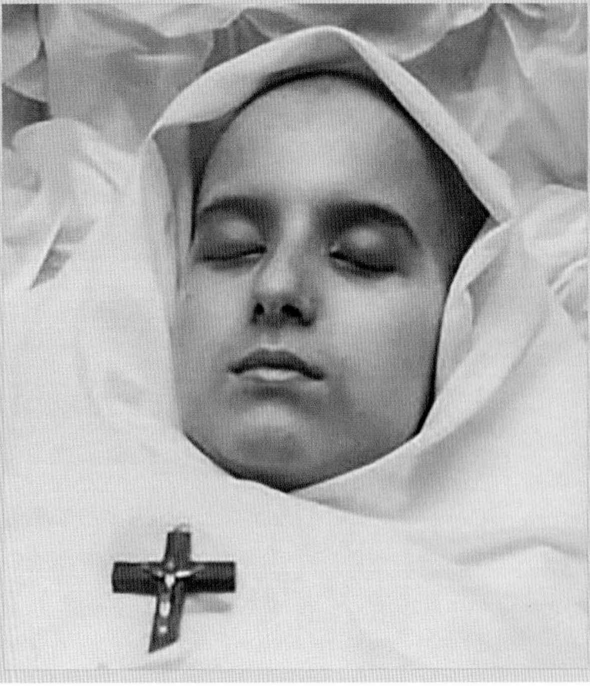

PUERTA DE ENTRADA A LA *UMBRAESFERA*

Una misteriosa placa en el suelo que nos abre a lo desconocido

Plaza de Santa María Soledad Torres Acosta esquina con C/ Tudescos
Metro Callao

Puede parecer una simple tapa de alcantarilla más, como las muchas otras que pueblan la popularmente conocida como 'Plaza de la Luna' (por la calle de la Luna que la atraviesa) aunque su verdadero nombre es el de Plaza de Santa María Soledad Torres Acosta (fundadora de la congregación de las Hermanas Siervas de María Ministras de los Enfermos).

En este pequeño reducto del centro de Madrid, a tan solo unos pasos de la bulliciosa Plaza del Callao, nada es lo que parece, ni el nombre

del emplazamiento ni la verdadera función que esconde esa hermosa cubierta fabricada en bronce y profusamente grabada que se asienta en el suelo de Madrid. Nos encontramos ante una oculta "conexión entre todas las sombras y la oscuridad del planeta", como así la denomina su propio autor. Merece la pena detenerse unos minutos ante esta placa y leer su sugerente, inquietante y enrevesada historia.

La placa es obra de Eames Demetrios, artista autoproclamado geógrafo interdimensional, y forma parte de su proyecto *The project's Geographer-at-Large*, una novela cuyos capítulos se encuentran dispersos en las más de 100 placas que hay ya colocadas por todo el mundo. Las expectativas del autor son de alcanzar, al menos, las 1000.

Quién sabe, tal vez si logramos atravesarla viajemos a Kcymaerxthaere, el universo paralelo de Eames.

Además de la de la Plaza de la Luna, hay otras tres más en España: en Pedraza (Segovia), Losana (Soria) y Comillas (Cantabria)

N
Centro
Justicia
Cortes
Embajadores
Palacio de Buenavista
Banco de España
PLAZA DE LA CIBELES
Círculo de Bellas Artes
Real Academia de Bellas Artes
Museo Thyssen-Bornemisza
Presidencia
San Sebastián
Convento de Santa Isabel
Centro de Arte Reina Sofía
Circo Price
PLAZA VÁZQUEZ DE MELLA
PLAZA DEL REY
PLAZA DEL CARMEN
PUERTA DEL SOL
PLAZA DE CANALEJAS
PLAZA PONTEJOS
PLAZA DE LAS CORTES
PLAZA CÁNOVAS DEL CASTILLO
PLAZA SANTA ANA
PLAZA DE JACINTO BENAVENTE
PLAZA DEL ÁNGEL
PLAZA DE JESÚS
PLAZA TIRSO DE MOLINA
PLAZA ANTÓN MARTÍN
PLAZA SAN JUAN
PLAZA PLATERA MARTÍNEZ
PLAZA DE LAPAVIÉS
GLORIETA DE EMBAJADORES
Gran vía
Sevilla
Sol
Tirso de Molina
Antón Martín
Lapaviés
Embajadores
Gran Vía
Calle de Alcalá
Calle de Fuencarral
Calle de Hortaleza
Calle de las Infantas
Libertad
Calle Barquillo
Calle del Marqués de Cubas
Calle Caballero de Gracia
C.V. de los Peligros
Calle de Jardines
Calle de la Aduana
Calle de la Montera
Calle Abada
Calle de Preciados
Calle de Tetuán
Calle de Sevilla
Calle Cedaceros
Calle de los Madrazo
Calle de Zorrilla
Carrera de San Jerónimo
C. Mayor
Calle Carretas
Calle de la Cruz
Calle del Príncipe
Calle de Echegaray
Calle del Prado
Calle de León
Calle San Agustín
Calle de Cervantes
Calle de Lope de Vega
Calle de las Huertas
Calle Santa María
Paseo del Prado
C. de la Bolsa
Calle de Atocha
C. del Conde de Romanones
Calle Relatores
C. Cañizares
Calle de la Magdalena
Costanilla los Desamparados
San Pedro
Calle Gobernador
Cenicero
Calle de Jesús y María
Calle Calvario
Calle del Olivar
Calle del Ave María
C. de la Torrecilla de Leal
C. San Eugenio
Calle de Zurita
C. Esperanza
C. de Santa Inés
Calle de Santa Isabel
Calle del Hospital
Calle de la Fé
Calle Argumosa
Calle del Lapaviés
Calle del Mesón de Paredes
Calle del Tribulete
Calle del Doctor Fourquet
Calle Miguel Servet
Calle Amparo
Calle Valencia
Calle de Embajadores
Ronda de Atocha
Ronda de Valencia
Ronda de Toledo
Paseo de la Acacias
Calle de B. Obregón
Calle Fray Luis de León
Calle de Sebastián Elcano
Paseo Santa María de la Cabeza
Paseo de la Delicias
0
100
200 m
1
2
3
4
5
6
7
8
9
10
11
12
13
14
15
16
17
18
19
20
21
22
23
24
25

Centro-Este

LOS PAVIMENTOS DE TARUGOS ①

Suelos de madera para el paso de carruajes

San Marcos, 41
Metro Chueca

A la altura del número 41 de la calle de San Marcos, el acceso al inmueble se realiza a través de una preciosa entrada de carruajes que concluye en un patio interior donde se ubicaban las cocheras.

Lo realmente singular de este edificio es que el pavimento que posee está adoquinado con tarugos de madera. Ese tipo de firme era muy corriente en casas donde entraban los carromatos. El suelo leñoso silenciaba el ruido de las ruedas de los carros y de los cascos de los caballos en su paso por el vestíbulo hacia las caballerizas, en comparación con los adoquines de pedernal, además permitía una mejor nivelación del terreno. Construido en 1891 por los arquitectos Luis Aladrén Mendívil y Eugenio Jiménez Corera, el edificio era la residencia de unos marqueses. La hermosa fachada combina ladrillo con adornos pétreos, junto a ornamentos cerámicos intercalados y un elegante forjado en la balconada.

El entarugado de la calle Arenal

En mayo de 1888, el Ayuntamiento de Madrid procedió al entarugado de la calle Arenal, a la que siguieron la calle del Príncipe, unos tramos de la carrera de San Jerónimo y la calle del Barquillo. Se realizaba sobre una solera de hormigón en la que se ponían las maderas pegadas con brea. En noviembre del mismo año, la lluvia provocó el caos circulatorio al propiciar que los carros resbalaran, motivo por el cual se tuvo que echar arena sobre el entarugado. Además, las maderas absorbían la humedad y la suciedad, desprendiendo malos olores en verano.

La polémica generada provocó la mofa en la opinión pública y desde aquel momento, para designar a una persona de corto entendimiento se comenzó a usar coloquialmente el término de 'tarugo'.

Diez años después, en 1898, se retiró para siempre el entarugado de la calle Arenal, a pesar de que hacía tan solo tres meses que había sido reparado.

EL FANTASMA DE LA CASA DE LAS SIETE CHIMENEAS

②

Un espíritu en el tejado

Plaza del Rey, 1
Metro Banco de España

La Casa de las Siete Chimeneas es una de las pocas casonas del siglo XVI que todavía permanece en pie. Actualmente es la sede del Ministerio de Cultura, pero hasta hace poco menos de un siglo una leyenda negra planeaba sobre este edificio. Se dice que allí vivió una hija ilegítima de Felipe II. Supuestamente, la joven contrajo matrimonio con un capitán que a las pocas semanas de la boda falleció en la batalla de San Quintín. Meses después, la viuda murió de pena o tal vez asesinada (nunca se esclarecieron las causas de su fallecimiento). La parte escabrosa de la historia es que, al parecer, la viuda fue emparedada en una de las habitaciones de la casona y que los siguientes habitantes nunca dejaron de oír los pasos de la difunta. Poco tiempo después, los vecinos aseguraron ver a una mujer ataviada con ropajes blancos y vaporosos con una antorcha en la mano.

La Casa de las Siete Chimeneas fue construida entre 1574 y 1577 por el arquitecto Antonio Sillero para Pedro de Ledesma. En 1583 fue adquirida por el comerciante genovés Baltasar Cattaneo, quien realizó las primeras modificaciones y ampliaciones, como el tejado a cuatro aguas y las curiosas siete chimeneas, una por cada habitación. Hasta 1716 perteneció al doctor Francisco Sansi y Mesa y al mayorazgo de la familia de los Colmenares. Luego pasó a manos de los condes de Polentinos.

Debido a su condición de "vivienda para nobles"–en su día, también perteneció al marqués de Esquilache–, la casona sufrió diversas remodelaciones. Durante el siglo pasado fue la sede de distintas entidades bancarias, pero ni las remodelaciones ni los cambios de dueño han borrado la leyenda del espíritu de una mujer que merodea por las siete chimeneas.

Una explicación para las apariciones fantasmagóricas...

La iglesia de San José y la Casa de las Siete Chimeneas no están muy lejos de la plaza de Cibeles, lugar encantado por excelencia, y del edificio que un día fue hospital de la Corte e iglesia del Buen Suceso, en cuya torre del reloj Lucifer escondió a un oficial francés de las derrotadas tropas napoleónicas para que pudiera escapar de la furia de la multitud. Esta iglesia era la única de la ciudad donde se oficiaba misa a altas horas de la noche. Este dato servirá para explicar en parte el misterio de las apariciones de los fantasmas madrileños.

La parroquia de San José y la plaza de Cibeles son zonas por donde fluyen tres corrientes de aguas subterráneas, donde el telurismo y la energía electromagnética pueden ser más intensas y susceptibles de provocar fenómenos paranormales o sobrenaturales por la alteración de los sentidos humanos. Sin embargo, otra explicación a estos fenómenos es la celebración de la Adoración Nocturna, instituida por las cofradías del Santísimo Sacramento, y fundada por siete católicos distinguidos que, la noche del 3 de noviembre de 1877, celebraron la primera vigilia en la iglesia del desaparecido Convento de los Capuchinos del Prado, justo enfrente del actual edificio del Congreso de Diputados. La institución de Adoración Nocturna surgió poco después de que el Tribunal del Santo Oficio en España fuera abolido (5 de julio de 1834) y las libertades intelectuales, artísticas y religiosas fueron liberadas, dejando sueltos a los fantasmas del pasado. Las leyendas urbanas sobre espíritus de otro mundo pudieron surgir de la extrañeza general frente a las vigilias religiosas en horas muertas donde los cuerpos suelen reposar y las almas andan sueltas.

EN LOS ALREDEDORES

Una escultura mitad hombre, mitad pez ③

Calle del Barquillo, 8

En la fachada del número 8 de la calle del Barquillo se pueden ver unos monstruos, mitad hombre y mitad pez, que parecen soportar sobre sus espaldas el peso de los balcones. El edificio es obra de José Urioste y Velada, quien en 1904 recibió el encargo de construir un palacio para Adolfo Rúspoli y Godoy, duque de Sueca y de Alcudia. Seis años después, Urioste – quien también realizó el ensanche de la Gran Vía- terminó esta casa palacio de planta cuadrada, con dos viviendas independientes que daban a un patio central rectangular.

CÁMARA ACORAZADA DEL INSTITUTO CERVANTES

④

Donde duermen los futuros recuerdos de grandes maestros

Alcalá, 49
91 436 7600
Visitas únicamente en jornadas de puertas abiertas
Informes: informa@cervantes.es
Metro Banco de España

En el sótano del edificio del Instituto Cervantes, la llamada "Caja de las Letras" alberga la espectacular y desconocida cámara acorazada diseñada por el arquitecto Manuel Cabanyes en 1944 con el objetivo de alojar las cajas de seguridad del antiguo banco.

Se accede por una gran puerta circular y maciza de casi 50 centímetros de espesor, tecnología punta de la época al servicio de la seguridad. El ambiente consta de dos plantas, 1800 cajas de seguridad y 6 pequeñas habitaciones donde los banqueros mostraban el contenido de las cajas a sus dueños, cada vez que ellos lo requerían. En 2007, la función de esta antigua bóveda cambió drásticamente convirtiéndose en un espacio sentimental pensado para sobrevivir al paso del tiempo. Aquí, grandes personajes de la cultura hispánica depositan un legado secreto en una de las cajas de seguridad que sólo podrán abrirse cuando los escritores, músicos, artistas, científicos, arquitectos o músicos invitados a participar así lo decidan o lo dejen suscrito. El escritor Francisco de Ayala fue el primero en depositar varios libros y una carta manuscrita que no podrán ver la luz hasta el año 2057. Entre otros autores que ya tienen una caja de seguridad a su nombre están Juan Gelman, Luis García Berlanga, José Emilio Pacheco, Ana María Matute o Antoni Tàpies.

La sede del Instituto Cervantes, institución pública creada en 1991 para la promoción y enseñanza de la lengua española y para la difusión internacional de la cultura hispánica, no deja indiferente al visitante. El antiguo Banco Español del Río de la Plata y, posteriormente, Banco Central Hispano, construido por Antonio Palacios y Joaquín Otamendi en 1918 y ampliado en 1947, fue remodelado para adaptarse a las necesidades de una de las instituciones culturales más prestigiosas de España. Sin embargo, como testigos de otra época, algunos espacios han permanecido intactos pasando a cumplir una función distinta. Tal es el caso de las antiguas ventanillas del banco que hoy habita el equipo técnico del canal de televisión por Internet de la institución. Las ventanillas están en el vestíbulo y forman parte de un área destinada a exposiciones siempre relacionadas con la cultura.

En la zona del vestíbulo se pueden ver unas fotografías a gran escala de la antigua cámara acorazada y actual Caja de las Letras.

EL JARDÍN ENIGMÁTICO DE CASA RIERA

⑤

La leyenda negra del jardín de Casa Riera

Marqués de Casa Riera, 1
Metro Sevilla

Tras la verja de acceso al edificio de oficinas situado en la calle Marqués de Casa Riera, 1 se adivina el jardín de Casa Riera. En teoría, sólo pueden entrar quienes van a las oficinas, pero el patio alberga una cafetería con terraza abierta al público que permite disfrutar de las vistas de este jardín que guarda una leyenda trágica.

Se dice que un antepasado del marqués de Casa Riera sufrió un terrible desengaño amoroso. En su jardín se encontraron sin vida el cuerpo de un hombre atravesado por un estoque y el de una mujer vestida de blanco. Nadie supo jamás quién los asesinó. Sólo se supo que en el lugar donde se cometió el crimen se mandó plantar un ciprés. El palacio quedó abandonado y el marqués ordenó que éste permaneciera deshabitado hasta que el ciprés muriera, algo que en cierta forma se cumplió pues, hasta su demolición, ninguno de los siguientes dueños pasó mucho tiempo en la vivienda.

El marqués de Casa Riera obtuvo este título en 1834 por los servicios prestados a la Corona. Aproximadamente por esa época compró este palacio para su mujer, doña Raimunda Gibert y Abril, pero apenas vivieron en él pues pasaron la mayor parte del tiempo que les quedó de vida en París. A finales del siglo XIX, debido a la desamortización, la zona fue remodelada por completo pues muchos edificios religiosos aledaños fueron expropiados. El convento vecino fue demolido así como el palacete, el jardín y el ciprés maldito que mantuvo alejados a los propietarios del lugar. Un descendiente del marqués, Alejandro Mora y Riera, construyó en el mismo solar un nuevo edificio, en el que tampoco habitó mucho tiempo. En los años 30 el arquitecto Rodríguez Avial construyó otro edificio que fue, hasta 1977, una de las sedes principales de los franquistas. Durante muchos años el jardín simplemente no existió, hasta que, en los años 90, las paisajistas Carmen Añón y Myriam Silber crearon, en el mismo lugar donde se ubicaba el jardín, un nuevo espacio acorde con el estilo del nuevo edificio y el Madrid de los tiempos del ciprés y de la pareja asesinada. El jardín, que dibuja formas geométricas, está rodeado por un paseo con arcos, recubierto de plantas y flores, lo que genera un ambiente húmedo, donde apenas entra la luz. Un lugar tan romántico como inquietante.

1912 MUSEO BAR

⑥

Cuando Lorca y Dalí pidieron dinero prestado para Buñuel

Hotel The Westin Palace
Plaza de las Cortes, 7
91 360 8000
Metro Sevilla

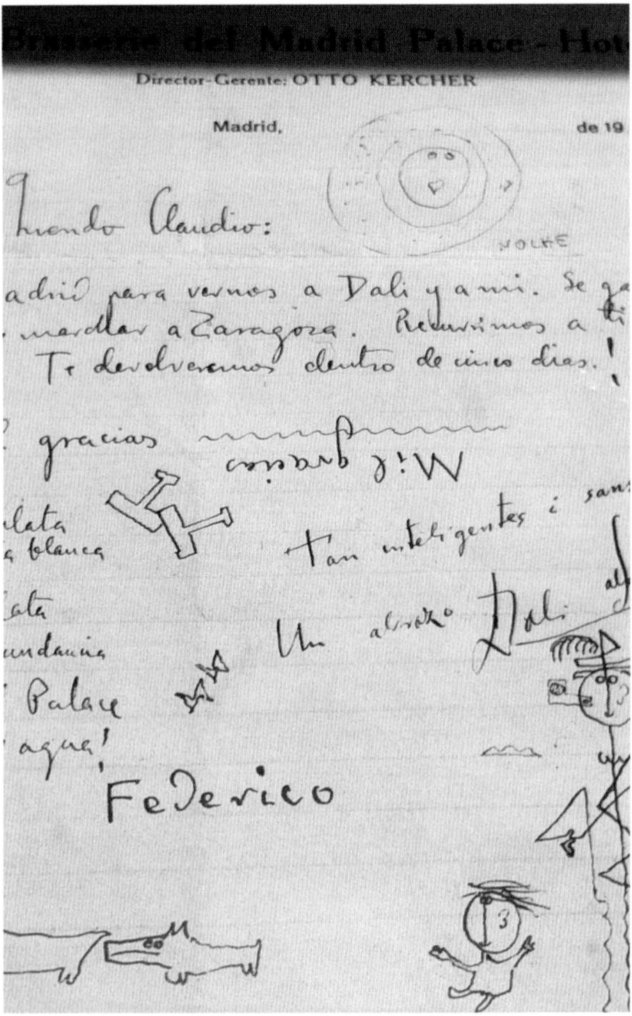

Brasserie del Madrid Palace - Hot
Director-Gerente: OTTO KERCHER

Madrid, de 19

Querido Claudio:

...adrid para vernos a Dalí y a mí. Se ga...
... mandar a Zaragoza. Recurrimos a ti
Te devolveremos dentro de cinco días!

... gracias
Mil gracias

...lata
...a blanca
...lata
...undancia
... Palace
... agua!
Federico

Tan inteligentes i san...

Un abrazo Dalí

Uno de los detalles más curiosos del mítico hotel The Westin Palace se esconde en el 1912 Museo Bar, ubicado junto a la cúpula de cristal. En este bar de estilo inglés se muestra una colección de objetos entre los que destaca una carta muy especial.

La carta tiene el membrete de la Brasserie del Madrid Palace-Hotel, la espléndida cervecería con 55 mesas de billar que frecuentaban los artistas de la época, y está dirigida a Claudio de la Torre, novelista, poeta, dramaturgo y director de cine canario. En ella, Salvador Dalí y Federico García Lorca le piden 125 pesetas para que Luis Buñuel, que "se gastó todo el dinero", pueda marchar a Zaragoza. Entre algunos dibujos de Dalí se pueden leer unos versos de Lorca: "Alfonso Doce de plata/ vuela en la moneda blanca./ De corcho y hoja de lata/ mi cuerno de la abundancia./ ¡Me gasté en el bar del Palace/ mis monedillas de agua!"

Junto con la carta de Dalí y Lorca hay otros objetos curiosos, como es el caso de una prensa de cocina para extraer el jugo del pato, una de las especialidades del restaurante principal durante muchos años, así como algunas fotografías de la inauguración por Alfonso XIII. También las primeras llaves, los primeros registros de huéspedes, felicitaciones navideñas, cafeteras de plata, candiles y portavelas, entre otros detalles que hablan de otros tiempos y que han sido testigos de visitas ilustres, desde Marlon Brando o el Dalai Lama hasta Buster Keaton, Hemingway o la propia Mata Hari.

Una cúpula que permitió realizar intervenciones quirúrgicas durante la Guerra Civil

Durante la Guerra Civil el hotel se convirtió en hospital republicano y el salón de baile (actual restaurante La Rotonda) fue el lugar donde se realizaban intervenciones quirúrgicas debido a la cúpula que iluminaba el espacio.

Muchos años después, cuando la calma volvió al Palace, el escritor argentino Jorge Luis Borges eligió este lugar como uno de sus rincones preferidos, precisamente porque la cúpula le permitía ver algunos rayos de luz, a pesar de su ceguera.

EL MUSEO DE RELOJES DE LA JOYERÍA GRASSY

⑦

La colección personal de Alejandro Grassy

Gran Vía, 1
Jueves a las 17:30 h y viernes a las 11:45 h
Visitas únicamente previa cita: 91 532 1007
Metro Gran Vía, Banco de España

Es posible visitar, con cita previa, el pequeño y desconocido museo de relojes antiguos ubicado en el sótano de la joyeria Grassy. Este pequeño museo, tan discreto como singular, se inauguró en 1953 y muestra la colección personal de Alejandro Grassy, fundador de la tienda. Hay relojes de todo tipo: de mesa, de pie, de péndulo, de cuerda o de estilo Imperio, y la mayoría son franceses, ingleses y alemanes, aunque también hay una pequeña y bellísima colección de relojes japoneses del siglo XVIII. Prácticamente todos, además de cumplir la función de dar la hora, tienen un carácter ornamental, lo que resulta un buen indicio para hacerse una idea del estilo de vida del siglo XV en adelante. La particularidad de estos relojes es que están "vivos", es decir, en pleno funcionamiento o en condiciones de funcionar.

En el Museo Grassy no aceptan visitas de grupos demasiado grandes pues el recinto es pequeño; tampoco ofrecen una amplia información sobre las piezas expuestas más allá de los carteles que explican el año, origen y tipo de reloj en cuestión.

Grassy se ubica en un edificio emblemático. Construido en 1916 por Eladio Laredo, el edificio Grassy presenta un estilo absolutamente ecléctico que le da un carácter muy especial a la Gran Vía.

EN LOS ALREDEDORES

Un hotel con vistas (8)

La quinta planta del hotel Petit Palace Alcalá (Virgen de los Peligros, 2) alberga el restaurante "El Bilbaíno". El gran secreto de este restaurante son las espectaculares vistas de la calle Alcalá y de sus más emblemáticos edificios. Desde aquí se puede observar con detenimiento la cúpula del Teatro Alcázar (Alcalá, 20), las cuadrigas del antiguo Banco de Bilbao y el antiguo Palacio de La Equitativa (Alcalá, 14 y Sevilla, 3), que presenta una gran cantidad de detalles ornamentales, como las dos figuras femeninas que simbolizan la Viudez y la Orfandad.

CASINO MILITAR - CENTRO CULTURAL DE LOS EJÉRCITOS

⑨

El Madrid de hace un siglo

Cuartel General de los Ejércitos
Gran Vía, 13
91 522 2409
Metro Gran Vía

Aunque el acceso al Casino Militar, conocido también como Centro Cultural de los Ejércitos, está restringido a militares y socios, el restaurante de la segunda planta está abierto al público y permite explorar parte de las instalaciones.

El Casino Militar fue construido por Eduardo Sánchez Eznarriaga entre 1916 y 1918 con el fin de crear un lugar de esparcimiento y deporte para uso exclusivo de los militares. Antiguamente estaba en la plaza de Santa Ana, donde luego se construiría el Hotel Reina Victoria. Si bien el objetivo es ofrecer un servicio exclusivo a los socios, con el tiempo algunas de sus instalaciones han sido abiertas al público, como es el caso del restaurante (que cuenta con unas magníficas vistas a la Gran Vía), del gimnasio y de la escuela de esgrima. El gimnasio, ubicado en el sótano, parece haberse detenido en el tiempo pues cuenta con una bicicleta estática de principios del siglo XX que funciona de maravilla. La sala de esgrima es espectacular e histórica: es la más antigua de Europa todavía en funcionamiento. Tiene cien metros cuadrados y presenta una colección de espadas y floretes antiguos que bien merece detenerse a contemplar.

Dos de sus plantas funcionan como hotel, sólo para militares y familiares de militares, a precios muy reducidos. También cuenta con servicio de peluquería y una biblioteca que presenta un sistema de calefacción antiguo que consiste en una barra de metal justo a la altura de los pies del lector. Esta sala alberga una colección de miniaturas con los diferentes uniformes de la Armada Española a lo largo del tiempo.

El amplio vestíbulo de la entrada desemboca en una espaciosa sala de baile revestida en mármol, cuyo techo está cubierto por un espléndido cristal modernista. En un lugar así no podía faltar un piano de cola que, cuando se celebran bailes o audiciones de música, se convierte en protagonista de la velada. En general, todo en este edificio, incluida la amplia escalera de madera y la gran cantidad de parafernalia militar colgada de las paredes, da una clara imagen de lo que fue el estilo de vida a principios del siglo XX, cuando la Gran Vía empezó a construirse y Madrid fue poco a poco transformándose en una gran ciudad.

ESCUDO DE LA CASA DE CORDERO

⑩

La lotería que permitió la construcción de un edificio emblemático

Esquina calle Esparteros con calle Mayor
Metro Sol

En la esquina de las calles Esparteros y Mayor se alza un escudo sostenido por dos osos. Dicen que se trata del escudo de armas del promotor Santiago Alonso Cordero, pero el blasón del apellido Cordero contiene en realidad dos corderos y un castillo de oro. Es más probable que el escudo esté relacionado con el lugar de origen del promotor, un pequeño pueblo de la provincia de León llamado Santiago Millas. La rueda en el centro podría representar el estilo de vida de los maragatos (nombre por el que se conoce a los nacidos en la provincia de León). Fueron unos grandes viajeros que solían recorrer el oeste y centro de España en sus carromatos vendiendo productos artesanales. De hecho, la Casa de Cordero fue también conocida como la Casa del Maragato, y Alonso Cordero, un tipo muy peculiar que llegó incluso a protagonizar algunas páginas de los episodios nacionales de Benito Pérez Galdós, siempre iba vestido con el traje típico del maragato. También es probable que se trate de una rueca, símbolo de la creación de la materia, de la constancia para alcanzar la prosperidad. Mahatma Gandhi, por ejemplo, la utilizó como símbolo contra el imperialismo británico.

Casa de Cordero es un edificio emblemático de la Puerta del Sol que guarda una historia muy curiosa y desconocida para la mayoría de los madrileños. Cuentan que su construcción fue posible gracias a que Cordero fue premiado con varios premios de lotería a la vez. Incluso se llegó a decir que el premio era tan elevado para la época que el Departamento del Tesoro le cedió el terreno al no tener el dinero suficiente para pagarle. También hay quienes sostienen que en realidad el señor Cordero no ganó ningún premio, pero que tenía muy buenos contactos en la Administración Pública, lo que le permitió comprar un terreno muy deseado por su ubicación en una época, mediados del siglo XIX, en que las construcciones madrileñas todavía no alcanzaban grandes proporciones. La historia de la lotería podría haber sido también una invención para justificar la adquisición del terreno.

Casa de Cordero, obra del arquitecto Juan José Sánchez Pescador, ocupa una manzana entera y fue tomado como modelo arquitectónico por su simpleza y funcionalidad: las viviendas se ajustaban a distintos perfiles económicos y sociales. Por ello se le considera el primer bloque de viviendas de la ciudad. El edificio también albergó una casa de huéspedes mítica llamada La Vizcaína en honor a la dueña, una mujer nacida en Vizcaya. El edificio se construyó en el terreno donde antes se alzaba el Monasterio de San Felipe el Real, construido en 1546.

VISITA GUIADA AL ATENEO DE MADRID

⑪

El lugar donde se llegó a la conclusión de que Dios no existía

Calle del Prado, 21
www.ateneodemadrid.com
Para pedir cita: 91 429 1750
Visitas organizadas: de lunes a viernes de 10 a 13 h (previa solicitud)
Duración de la visita: 45 minutos
Metro Antón Martín o Sevilla

El Ateneo de Madrid, creado en 1835, es la institución cultural más antigua de España y, además, un lugar verdaderamente especial y atractivo. Se puede realizar una visita guiada, con cita previa, muy interesante que dura aproximadamente una hora. En ella se relatan anécdotas, se explican los numerosos símbolos masónicos y teosóficos (ver página siguiente) y se cuenta la historia del edificio y de cada una de sus estancias: el Salón de Actos, el vestíbulo, la Galería de Retratos, la Sala de La Cacharrería y el despacho de Manuel Azaña. El recorrido por la biblioteca no está incluido en la visita guiada, aunque sí es posible acceder a ella de otra manera (ver página 168).

El Salón de Actos (ver página 166) es un lugar espectacular por su decoración que, además de basarse en la simbología masónica, es una de las primeras intervenciones modernistas en Madrid. Fue en este salón donde en 1932, y en una España absolutamente católica, se llegó a la conclusión de que Dios no existía, causando un gran escándalo internacional. También aquí se defendieron las libertades con discursos memorables, como el de Ortega y Gasset tras volver del exilio, o las visitas de Einstein, Madame Curie y Teresa de Calcuta, entre otros.

La Galería de Retratos reúne una excepcional colección de los principales artistas de la pintura española de los dos últimos siglos y un gran repertorio iconográfico de la vida cultural y política de los siglos XIX y XX.

En una de las paredes se puede ver una puerta secreta (hoy clausurada) que antaño conducía al Congreso de los Diputados a través de un túnel subterráneo. Se dice que los temas que no podían tratarse en el Congreso siempre eran bienvenidos en el Ateneo, especialmente en La Cacharrería, su mítica sala de tertulias. Colindante a la Galería de Retratos se encuentra el despacho de Manuel Azaña, donde en la madrugada del 17 de julio de 1936 fracasó la negociación que condujo a España a la Guerra Civil.

Tras la modesta sede que ocupó en la calle de la Montera, Luis Landecho y Enrique Fort (y Arturo Mélida como decorador) levantaron, en 1884, el actual edificio en la calle del Prado, que fue inaugurado por Cánovas del Castillo y el rey Alfonso XII. Desde sus orígenes, el Ateneo ha mantenido vigente su interés por la cultura y la libertad de pensamiento a través de sus tertulias, debates, cátedras y conferencias. Además, ha sido protagonista de grandes acontecimientos históricos y anécdotas de la vida madrileña, pues ha contado entre sus socios con presidentes de Gobierno, del Consejo de Ministros, Premios Nobel y grandes figuras del mundo de la cultura, como Valle Inclán, Emilia Pardo Bazán o Miguel de Unamuno.

Ateneo: cultura y esoterismo

El Ateneo Científico, Literario y Artístico de Madrid fue creado con el fin de establecer un movimiento liberal en España y así defender la libertad de pensamiento y expresión. Estas pretensiones estaban relacionadas con la ideología de la teosofía y la masonería, a la que pertenecían la mayoría de los fundadores. Las pruebas de su filiación están por todo el edificio. Antes de la Guerra Civil (1936-1939), el Ateneo exhibía en sus paredes cuadros y pinturas con alegorías alusivas a la teosofía y la masonería. La mayor parte fue eliminada durante la guerra debido a la aversión del régimen franquista por todo lo que estuviera relacionado con la masonería. Algunas fueron camufladas, como luego se descubrió en los trabajos de restauración, saliendo así a la luz muchas de esas alegorías y símbolos, especialmente en la zona de la Galería de Retratos. Entre ellos destacan la singular pintura que muestra la paleta del pintor con instrumentos masónicos como la escuadra y la maza y también los dibujos compuestos por tres figuras: una columna (símbolo de la unión entre el cielo y la tierra), una lechuza (símbolo de la sabiduría) y una lámpara (símbolo del Ateneo), que representan el Germen, Desarrollo y Finalidad en el mundo masónico.

También se camuflaron puertas secretas del edificio que a primera vista parecen parte de la decoración pero en realidad llevan a corredores secretos. La puerta en la Galería de Retratos daba al Congreso, aunque hoy se encuentra clausurada. Dicen que hay otras puertas que desembocan en puntos dentro del Ateneo de lo más impredecibles. Uno de esos pasillos conduce a la estatua de la Victoria, junto a la escalera, obra de Agustín Querol, y que representa al dios Mercurio (o Hermes) con una espada rota en la mano izquierda (símbolo de la razón imponiéndose a la coacción física) y en la derecha la diosa Minerva (o Atenea), patrona de la sabiduría.

Menos suerte corrieron las estrellas de cinco puntas masónicas de la mesa donde se celebran los actos más relevantes, las de la escaleras, y de la lámpara más significativa del edificio, entre otras, que reproducían en su forma ojival el logo del Ateneo y que fueron destruidas, en su mayoría, en los años sesenta, tras una denuncia del diario ABC. Además de las pinturas de Mélida y de Karen Petrus Cornelius de Basel (1869-1923), masones y miembros de la Sociedad Teosófica holandesa, en el Salón de Actos se pueden ver las estrellas de cinco puntas en los respaldos de las sillas, que recuerdan la filiación masónica de sus fundadores. En la fachada del edificio estaba la lámpara de la Sabiduría y las estrellas que posteriormente fueron retalladas para convertirlas en flores.

Además de la labor de los masones y teósofos Manuel Azaña y Mario Roso de Luna, la institución también contó con un destacado círculo de teósofos, algunos masones de tendencias progresistas, como Augusto Barcia, Fernando de los Ríos, Viriato Díaz Pérez, Tomás Doreste o el pintor Rafael Monleón Moret, que realizó algunas de las pinturas que decoran el recinto. También figura el famoso masón Simorra, médico alienista, de quien se dice daba de alta a sus pacientes para ingresarlos en el Ateneo, rumor que originó muchas historias curiosas y coloridas sobre la fauna ateneísta. Entre otras figuras destacaba el bibliotecario Rafael Urbano, especialista en el demonio, a quien Rafael Cansinos en *La novela de un literato* describe como "minúsculo, cetrino como un indio y con traza de faquir". Su velorio se llevó a cabo en el Ateneo.

EL SALÓN DE ACTOS DEL ATENEO DE MADRID ⑫

Uno de los primeros ejemplos del Modernismo en la ciudad

Calle del Prado, 21
www.ateneodemadrid.com
Para pedir cita: 91 429 1750
Visitas organizadas: de lunes a viernes de 10 a 13 h (previa solicitud)
Duración de la visita: 45 minutos
Metro Antón Martín o Sevilla

El Salón de Actos es la parte más interesante de la visita guiada al Ateneo de Madrid (ver p.162), la obra cumbre de Arturo Mélida y uno de los primeros ejemplos del Modernismo en Madrid. La soberbia ornamentación plasma en imágenes la razón de ser y la función del Ateneo. Con una superficie de 220 metros cuadrados de techo como lienzo, Arturo Mélida centralizó la composición en un templete griego que alberga tres figuras mitológicas conectadas con la sabiduría: Hermes, Atenea y Apolo.

El telón, que está a punto de caer tras Apolo, deja entrever al astro rey, representado por el propio Carro Solar de Apolo, encargado de recorrer el firmamento con el carruaje para expulsar a la noche y situar al Sol en lo más alto del cielo, en una escena en la que la luz simboliza al hombre «iluminado». Alrededor de estos personajes se ubican doce pinturas o alegorías, que representan tanto los doce trabajos de Hércules como los doce signos del zodíaco. La pintura es muy armónica en cuanto a colores y trazos y muestra la unión de la doctrina teosófica con la simbología masónica.

En la base del templo, una abigarrada decoración pone en contacto con el mundo oriental y, concretamente, con aquel Japón que tanto fascinó al siglo XIX: dragones, el sol naciente y el ibis (símbolo de la eternidad).

Los tondos que encuadran el motivo central muestran las 12 secciones que componían aquel Ateneo de 1884 (Literatura, Matemáticas, Elocuencia…) representadas por figuras femeninas muy evocadoras y de rotundos volúmenes.

Dando relevancia a la cátedra se sitúan tres grandes paneles en alusión a los epítetos del Ateneo: Ciencia (asociada a la civilización árabe), Literatura (asociada a la civilización romana) y Arte (asociada a la civilización cristiana).

Si quiere saber más sobre los símbolos masónicos y teosóficos del Ateneo, ver doble página anterior.

BIBLIOTECA LA PECERA

13

El lugar donde «nació Donoso Cortés, perdió la vista Cánovas, Castelar se quedaba calvo y Moreno Nieto se moría»

Ateneo de Madrid
Calle del Prado, 21
www.ateneodemadrid.com
Metro Antón Martín o Sevilla
Reservas: 91 531 4018 / 65 784 7685 correo@carpetaniamadrid.com
Para ser socio: enviar una carta que exponga los motivos personales para ser miembro del Ateneo, además de un breve currículo. Se necesita el aval de tres socios y pagar 110 € de inscripción

Una vez al mes, Carpetania Madrid organiza un paseo nocturno por el Barrio de Las Letras que incluye una visita al Ateneo y permite el acceso a su biblioteca, conocida como La Pecera. Es la única manera de visitar esta magnífica biblioteca sin ser socio.

El impresionante espacio donde se ubica la biblioteca llama la atención por su belleza y singularidad, con sus pupitres, sus luminarias, el sabor de las maderas y los antiguos libros. Originalmente, la biblioteca sólo ocupaba la sala conocida como La Pecera –prototipo de la arquitectura del hierro–, que cuenta con un inmenso lucernario y dos plantas de vitrinas y estantes colmados de libros, unidos por estrechas escaleras de caracol y pasarelas. Es un ambiente mágico, por el que todos los intelectuales españoles han pasado y de donde han salido la mayoría de Nobel españoles.

En 1910 se reformó y se tomaron las salas colindantes para ampliarla, creando así la llamada Sala General –generoso espacio que aúna su estética con La Pecera– y que antiguamente servía como sala de lectura y para custodiar el desaparecido Monetario del Ateneo. De esta biblioteca, alguien dijo que fue donde «nació Donoso Cortés, perdió la vista Cánovas, Castelar se quedaba calvo y Moreno Nieto se moría», claro ejemplo de los ilustres personajes que han pasado horas y horas consultando sus fondos.

La colección abarca desde el siglo XVI hasta la actualidad y sus fondos provienen, además de los donativos de los socios, de la Real Orden firmada en 1838 con el Gobierno para incrementar ejemplares por medio de las donaciones que provenían de la Imprenta Nacional, la Biblioteca de las Cortes, la Biblioteca Nacional y los conventos suprimidos.

Así fue como se creó un fondo bibliográfico excepcional por su variedad y calidad, sobre todo en lo referente al siglo XIX. Una de las curiosidades de esta biblioteca está compuesta por los libros de la URSS y el Tercer Reich, producto de un intercambio con el régimen franquista entre 1932 y 1936.

LA IMPRENTA DE LA SOCIEDAD CERVANTINA

⑭

Donde se imprimió El Quijote

Atocha, 87
91 420 3437
Lunes a jueves de 9:30 a 13:30 h y de 15 a 19 h. Viernes de 9:30 a 13:30 h
Reservas: imprenta@sociedadcervantina.es
Metro Atocha

En el número 87 de la calle Atocha una placa recuerda el lugar donde se imprimió por primera vez la obra cumbre de Miguel de Cervantes Saavedra.

Actualmente este edificio (declarado monumento nacional de carácter histórico-artístico en 1981) es la sede de la Sociedad Cervantina, creada en 1953. Desde sus orígenes, la sociedad puso mucho énfasis en conseguir un local emblemático y en 1955 se hicieron con el antiguo local de Juan de la Cuesta. Aquí, además de fondos bibliográficos especializados en la obra de Cervantes, cuentan con una réplica en madera de la imprenta que empleó el propio Juan de la Cuesta para la primera tirada del *Quijote,* y que los visitantes pueden manipular para ver cómo funciona un antiguo sistema de impresión artesanal. También se celebran ciclos de conferencias, y cuentan con un teatro de cámara donde escenifican obras del Siglo de Oro.

En 1604, Francisco de Robles, un librero muy reputado de la época, adquirió el manuscrito sobre el loco que se creía caballero andante y para su publicación contrató la imprenta de Pedro Madrigal, que por entonces regentaba su yerno, Juan de la Cuesta. La primera parte de la novela: *El ingenioso hidalgo Don Quijote de la Mancha* fue publicada en 1605 con numerosas erratas debido a la premura estipulada en el contrato de edición. Además, la edición fue bastante pobre, el papel –proveniente del monasterio El Paular- era de mala calidad, y la tipografía tosca. En total, Robles invirtió 8000 reales en el libro, de los que Cervantes recibió 1500. Ese mismo año se publicó una segunda edición, corregida, que también estuvo a cargo de Juan de la Cuesta. Además del *Quijote,* De la Cuesta imprimió otros trabajos de Cervantes y muchas obras del Siglo de Oro, como *Las almenas de Toro* o *Los amantes sin amor,* ambas de Lope de Vega. Su imprenta llegó a tener seis prensas y veinte trabajadores que la mayor parte del tiempo se dedicaron a producir diversos documentos oficiales para la Corona.

PALACIO DE SANTOÑA

⑮

El estilo de vida más lujoso del siglo XIX

Cámara de Comercio de Madrid, Calle de las Huertas, 13
91 538 3500
Visitas teatralizadas previa reserva. Grupos de máximo 25 personas
Fechas de visitas gratuitas: consultar el programa ¡Bienvenidos al palacio! organizado por la Oficina de Cultura y Turismo y la Comunidad de Madrid
Disponible para alquiler de salas
Metro Sol, Antón Martín

No es fácil visitar el suntuoso Palacio de Santoña, que resulta totalmente impredecible desde el exterior por la sobriedad de sus muros de piedra, pero merece mucho la pena intentarlo. La que fuera la última residencia del político José Canalejas, actualmente sede de la Cámara de Comercio, es una de las pocas casas palacio que sobreviven en Madrid. Esta, en particular, tiene el mérito de haber mantenido prácticamente todo el mobiliario original, cortesano y barroco, pero con un toque de vanguardia para la época con las obras orientales que adornan alguna de sus salas.

Una espectacular escalera de honor en mármol de Carrara da la bienvenida al palacio. En este ambiente se pueden ver reproducciones de esculturas clásicas como la diosa de la Fortuna, Minerva o la Amazona. Un león despierto y otro dormido, al igual que ángeles y escudos de los últimos

propietarios del palacio, los duques de Santoña, completan el recibimiento.

Entre las estancias que pueden visitarse está el salón Luis XVI, donde abundan el pan de oro, las tallas y sedas bajo el amparo de un fresco en el techo, obra de José Vallejo Galeazo, que representa La Aurora. Resulta muy llamativo el salón turco, de inspiración árabe, con azulejos, mármoles y suelo de mármol, lo mismo que el salón Pompeyano, de estilo italiano, decorado con personajes italianos como Dante, Rafael, Miguel Ángel o Brunelleschi. El antiguo salón de baile mantiene los balcones para orquesta, aunque ha sido reconvertido en un salón de actos con capacidad para 100 personas.

Todo en este palacio es sorprendente y da la sensación de que el tiempo no hubiera pasado, salvo por la red Wifi que figura en los móviles y los eventos que ahora se realizan gracias a que el palacio está disponible para alquiler, por estancias o completo.

El edificio, declarado Bien de Interés Cultural en 1995, está construido en un terreno de 4 470 metros cuadrados. Su origen se remonta al siglo XVI, aunque cobra mayor relevancia, tras algunas remodelaciones, cuando es adquirido por el político y banquero Francisco de Goyeneche, en 1731, quien encargó a Pedro de Ribera la fachada de granito. El palacio estuvo en manos de los Goyeneche hasta que fue adquirido por Juan Manuel de Manzanedo, duque de Santoña, en 1874. Fue su esposa, María del Carmen Hernández, quien le otorgó todos los elementos artísticos y decorativos de incalculable valor que han permanecido hasta la actualidad.

EL JARDÍN DEL ÁNGEL ⑯

Una floristería modernista sobre un antiguo cementerio

Calle de las Huertas, 2
Todos los días de 10:30 a 20 h
91 369 7932
www.jardindelangel.es
eljardindelangel@gmail.com
Metro Sol, Antón Martín

En pleno corazón de Las Cortes, más conocido por los madrileños como Barrio de las Letras, el Jardín del Ángel es un oasis único y singular donde las prisas desaparecen a la sombra del olivo centenario que lo preside, acompañado de limoneros, buganvillas y jazmines que conducen hacia el interior de un invernadero único, joya de la arquitectura modernista de finales del siglo XIX, levantado en hierro forjado y cristal templado.

Hace más de tres siglos, aquí mismo se ubicaba el cementerio de la vecina iglesia de San Sebastián, conocida desde el s. XVII como 'la iglesia de los comediantes y los arquitectos' debido a la devoción que en ellas se rinde a Nuestra Señora de la Novena y Nuestra Señora de Belén, ligadas a estas dos profesiones respectivamente. Además, en la cercana Plaza de Santa Ana se encontraba el Teatro del Príncipe, actual Teatro Español, y los artistas tenían en esta iglesia su centro de culto.

En esta verde esquina de la Plaza del Ángel y la calle de las Huertas descansaron en paz los restos de Lope de Vega, Ramón de la Cruz, Ventura Rodríguez y Juan de Villanueva, arquitecto mayor del reino.

El cementerio funcionó como tal hasta 1787, año en que Carlos III prohibió los camposantos al interior de las ciudades para preservar la salud pública. Los mausoleos, tumbas y lápidas fueron retirados en 1812, durante la ocupación francesa, pero las historias que ahí ocurrieron han quedado inmortalizadas en las paredes y las fotografías de este oasis de paz en pleno centro urbano. El solar fue arrendado a la parroquia por la familia Martín para instalar en él un vivero de plantas y flores en 1889.

Cuando Cadalso quiso desenterrar el cuerpo de su novia...

Una de las más famosas anécdotas de la iglesia cuenta la historia del escritor José Cadalso, después de la muerte de su amada, la actriz María Ignacia "La Divina" Ibáñez, enterrada aquí en 1771: Cadalso, enloquecido, incapaz de soportar la soledad que la muerte de su amada le produjo, volvió una noche al camposanto para desenterrar su cuerpo. Sorprendido por unos policías, regreso a su casa, como está relatado en su afamada obra *Noches lúgubres*.

Un bombardeo en noviembre de 1936, en plena Guerra Civil, alcanzó la iglesia de San Sebastián y la floristería. En siete meses reconstruyeron el establecimiento, añadiendo una fuente con forma de león en el lugar que ocupaba el antiguo atrio del templo.

Benito Pérez Galdós comienza su novela *Misericordia* citando en el capítulo I la floristería tal y como era a finales del siglo XIX: "*... patios cercados de verjas mohosas, y en ellos tiestos con lindos arbustos, y un mercadillo de flores que recrea la vista*".

EL MUSEO DE LA IMPRENTA MUNICIPAL-ARTES DEL LIBRO

⑰

Una rica colección procedente de las artes gráficas de los últimos doscientos años

Concepción Jerónima, 15
Martes a viernes de 10 a 20 h
Sábados, domingos, festivos, 24 y 31 de diciembre de 10 a 14 h
Metro Sol, Tirso de Molina, Latina

En un edificio *art déco*, construido entre 1931 y 1933 por Francisco Javier Ferrero Llusiá y Luis Bellido, un pequeño e interesante museo repasa desde finales de 2011 la historia de la imprenta y de las artes gráficas. El inmueble, de carácter racionalista industrial, presenta una fachada de ladrillo visto cuyo rótulo identificativo es un claro homenaje a la tipografía, elaborado con letras de mortero de cemento de gran tamaño que sobresalen a modo de tipos móviles. Es uno de los escasos ejemplos de arquitectura industrial en el centro de Madrid.

Recorriendo sus estancias descubrimos las imprentas manuales del siglo XV al XVIII, las imprentas mecánicas del XIX y el *offset* del ya avanzado siglo XX. Repasamos las técnicas tradicionales de ilustración, la calcografía y la litografía y los procesos de encuadernación. Se exponen prensas manuales, maquinaria mecánica, Minervas, bronces de dorar, planchas calcográficas, papeles de guardas realizados a mano, piedras litográficas dibujadas, originales de artistas y encuadernaciones artísticas. Entre las curiosidades que conserva hay una linotipia, una suerte de máquina de escribir que enviaba una línea completa formada por los moldes de las letras directamente a una caja de fundición.

El aspecto más importante de la institución lo conforma su patrimonio histórico inmaterial, con la realización de cursos y talleres de encuadernación y tipografía que mantienen vivas las técnicas de elaboración de los libros.

Los orígenes de la Imprenta Municipal de Madrid se remontan a finales del siglo XIX con la primigenia Imprenta del Asilo de San Bernardo. Tras diferentes ubicaciones y denominaciones, llegó a tener sus talleres en la Casa de la Panadería entre 1877 y 1913. En 1986 se crea la Imprenta Artesanal, germen de esta institución, que pone en marcha un proyecto para la difusión de las técnicas tradicionales del libro. Su historia se prolonga hasta hoy, convertida en Imprenta Municipal-Artes de Libro.

EL AZULEJO DE LA CALLE DE LA CABEZA

(18)

La leyenda negra de la calle de la Cabeza

Calle de la Cabeza esquina calle Lavapiés
Metro Tirso de Molina

En lo alto de las esquinas de las calles del casco histórico de Madrid se pueden ver azulejos con imágenes relacionadas con el nombre de la calle. En el caso de la calle de la Cabeza, el dibujo es una terrorífica cabeza decapitada sobre una bandeja de plata.

Cuenta la leyenda que en esta calle vivían un sacerdote y su criado. El criado era un tipo muy ambicioso que envidiaba las pertenencias del clérigo a tal punto que no tuvo ningún reparo en asesinarle para robarle el oro que guardaba. Le cortó la cabeza y huyó a Portugal sin dejar huella. Con el paso de los días, los vecinos empezaron a notar la ausencia del sacerdote en el barrio. Una notificación de la parroquia de San Sebastián, que solicitaba la presencia del clérigo para un entierro, llevó a un sacristán a entrar en la casa donde descubrió el crimen que horrorizó al barrio y que, aparentemente, quedó sin resolver. Muchos años después, el criado volvió a Madrid convertido en un elegante caballero. Una mañana, mientras daba una vuelta por el Rastro (ver recuadro), compró una cabeza de cordero. Un alguacil, viendo el reguero de sangre que iba dejando en la acera, le dio el alto. "¿Qué lleva ahí?", preguntó el alguacil. "Una cabeza de cordero", contestó el caballero. Pero, al abrir la bolsa, lo que había era la cabeza del sacerdote asesinado. El ex criado fue condenado a la horca. En honor al sacerdote decapitado, Felipe III mandó colocar una cabeza de piedra en la fachada del edificio pero, con el correr de los años, los vecinos decidieron quitarla para olvidar el suceso. A cambio construyeron una capilla en honor a la imagen del Carmen, que luego dio origen a la Venerable Orden Tercera de la Penitencia de Nuestra Señora del Carmen.

La cárcel de la Inquisición

Hasta hace pocos años en la esquina de estas calles existía la Taberna del Avapiés en cuyo sótano se podían ver los restos del calabozo de la cárcel de la Inquisición o Cárcel Eclesiástica de la Corona. El edificio se encontraba prácticamente en ruinas y la taberna tuvo que cerrar.

LA FACHADA DE LA CASA DE LAS LAGARTIJAS

(19)

Una portada inspirada en juegos visuales

Conde de Romanones, 14
Metro Tirso de Molina

En una calle estrecha, a pocos metros de la Plaza Tirso de Molina, se esconde una de las fachadas más excepcionales de Madrid. Por su originalidad, el edificio, al que los vecinos llaman "la casa de las lagartijas", se ha convertido en una curiosidad arquitectónica en el barrio.

El edificio ha servido de lienzo para unas figuras que se van descomponiendo o transformando, según se mire, en cubos que se convierten en lagartijas conforme van ascendiendo. Esta fachada sirvió de lienzo para reproducir una obra inspirada en el artista holandés MC Escher (1898-1972), dibujante de formas imposibles y juegos visuales. La obra que sirvió de inspiración es *Metamorfosis II*, cuyo grabado original data de 1940.

El edificio, que contiene apartamentos en alquiler por temporadas, fue remodelado por el estudio de Julio Barbero con una técnica que consiste en dibujar primero en papel para luego realizar el estarcido con carbón vegetal. El trabajo se hizo a dos tintas con pigmentos naturales.

EN LOS ALREDEDORES

Los trampantojos de Pablo Picasso 20

Esquina de la calle San Pedro Mártir con calle Cabeza

Pablo Picasso apenas vivió dos años en la casa ubicada en la esquina de la calle San Pedro Mártir con la calle Cabeza pero cuatro trampantojos, uno por planta, recuerdan su paso por la que fuera su primera vivienda en Madrid (de 1897 a 1898). En cada uno de ellos puede verse una escena protagonizada por el pintor malagueño que llegó a Madrid para estudiar en la Academia de San Fernando, aunque no tardó mucho en abandonarla por sentir que no era permeable al modernismo catalán que él pretendía introducir.

SIMBOLISMO MASÓNICO EN EL MINISTERIO DE AGRICULTURA

21

Una obra de arquitectos masones

Paseo de la Infanta Isabel, 1
Visitas: sábados no festivos y domingos a las 12 h.
Reservas: entradaspalaciodefomento@mapama.es
91 347 5068 (lunes a viernes de 12 a 14 h)
Metro Atocha

La construcción del actual Ministerio de Agricultura, Pesca y Alimentación, obra del arquitecto masón Ricardo Velázquez Bosco (1843-1923), concluyó en 1897. Antigua sede del Ministerio de Fomento, presenta en su fachada principal numerosas referencias masónicas.

A cada lado de la entrada se levantan dos gigantescas cariátides que representan al Comercio y a la Industria. La que representa al

Comercio lleva el mazo (insignia del venerable maestro masón investido de autoridad) y la escuadra (símbolo de la rectitud masónica). La otra, que representa a la Industria, lleva una rueda dentada (símbolo del progreso), espigas de trigo (que simbolizan la abundancia) y el caduceo de Mercurio donde las serpientes blancas y negras entremezcladas significan la Vida y la Muerte. Arriba, en el piso intermedio, se encuentra la terraza con ocho columnas corintias. Dispuestas por pares, recuerdan las dos columnas del templo de Jerusalén (Jakim y Bohaz), símbolos de unión y equilibrio, del cielo y de la tierra, del sol y de la luna, de la luz y del fuego, del creador y de la creación, que están sostenidos por la fuerza del Gran Arquitecto del Universo.

En la simbología masónica, los tres tipos de columnas de los templos, (dórica, jónica y corintia), simbolizan no solamente a las tres personas de la Trinidad (representada por el Triángulo o Delta Luminoso con el Ojo de la Providencia en el centro), sino también a los tres dignatarios de más rango de una logia masónica:

Dórica - padre - venerable maestro

Jónica – madre – primer vigilante

Corintia – hijo – segundo vigilante

La cúspide del edificio está coronada por el grupo de esculturas La Gloria y los Pegasos, una alegoría del progreso universal encargada al escultor catalán Agustí Querol i Subirats (Tortosa, 17-5-1860 – Madrid, 14-12-1909), también masón de grado superior. La Gloria ofrece aquí palmas y laureles al Arte y a la Ciencia. A ambos lados dos grupos de pegasos (caballos alados) de bronce son conducidos por los genios de la Agricultura y de la Industria (izquierda) y de la Filosofía y de las Letras (derecha).

Los tres personajes del grupo central son alusiones a la Gran Logia Nacional de España que, en el mundo masónico español, es la única legitimada para poseer los tres pilares de la sabiduría masónica (Sabiduría, Fuerza y Belleza) encarnados por las tres luces morales: el libro de la ley (Biblia, Corán, Veda, etc., en función del rito del país), la escuadra y el compás.

El libro es portador de la sabiduría que es la gloria del masón. La escuadra es la fuerza del arte del compañero masón, que se transforma y hace de la naturaleza la más digna y la más elevada de las artes. El compás indica la belleza contenida en la ciencia que el aprendiz masón va a aprender gradualmente.

Agustí Querol compuso este conjunto de esculturas en 1905 basándose en elementos de la mitología clásica grecorromana, para reflejar la visión global del progreso (idea alegórica fundamental), tanto en el plano material y social como en el plano mental y espiritual. La cifra tres, número apreciado por la masonería, está presente en todo el conjunto que se divide en tres partes, que a su vez se dividen en tres grupos de tres personajes alegóricos cada uno.

BIBLIOTECA ESCUELAS PÍAS

(22)

Sobre las ruinas de la iglesia

Sombrerete, 15
91 467 5522
Visitas individuales: lunes a viernes de 9:15 a 10 h y de 21 a 21:45 h
Visitas grupales: visitasbiblioteca@madrid.uned.es
Metro Lavapiés

La Biblioteca Escuelas Pías de la Universidad Nacional de Educación a Distancia (UNED) se construyó sobre las ruinas de la iglesia de las Escuelas Pías de San Fernando y el resultado fue un edificio verdaderamente espectacular, mezcla de ruina arqueológica con arquitectura de vanguardia, anclado en el barrio más castizo de Madrid.

Estas ruinas fueron durante mucho tiempo el vertedero improvisado del barrio hasta que finalmente, entre 1996 y 1999, el arquitecto J.I. Linazasoro emprendió el difícil proyecto de restaurar y rehabilitar los restos de la iglesia y construir un edificio de nueve plantas. Aún después de la transformación se ha mantenido el sello característico del antiguo edificio: el enorme arco de medio punto rematado con el escudo de las Escuelas Pías. A través de este arco se accedía a una rotonda de ocho columnas y magnífica cúpula.

Las Escuelas Pías se fundaron en 1729 y fue el primer colegio de la Orden de los Escolapios en Madrid. Fue un colegio dedicado a niños de procedencia humilde y en su momento fue considerado un colegio adelantado a su época por poner en funcionamiento la primera escuela de sordomudos de España. Las ruinas sobre las que se construyó la actual biblioteca pertenecieron a la iglesia del colegio, construida

entre 1763 y 1791 por el hermano Gabriel Escribano y destruida en 1936, durante la Guerra Civil. Un incendio provocado y un posterior saqueo convirtieron el edificio en un esqueleto. Después de la Guerra Civil se usó durante un tiempo como sala de cine, luego hubo un intento de convertir la zona en un espacio ajardinado pero el proyecto cayó en el abandono.

Para acceder al fondo bibliográfico y a las salas de lectura hace falta un carné de usuario. El carné es gratuito, sólo es necesario llevar la fotocopia del documento de identidad o pasaporte y dos fotos.

LA IGLESIA PATÓLICA

㉓

Una religión que sacraliza la risa

Travesía de la Primavera, 3
Visitas: viernes y sábados de 17 a 20 h y domingos de 11 a 14 h / Misas los domingos de 12 h a 12:30 h
www.paticano.com

En una de las calles del barrio de Lavapiés se erige el Santuario de una nueva religión que reivindica el derecho a la burla y el sentido del humor: la Iglesia Patólica, llamada así por el culto al Dios Pato, *una divinidad a imagen y semejanza de un pato de goma amarillo de bañera.*

La Iglesia, también conocida como el Paticano, fue creada por el humorista Leo Bassi, que también oficia las ceremonias en las cuales su doctrina ironiza la opresión de las religiones comunes y toma como seña de identidad la risa y la diversión para defender los ideales laicos y ofrecer una alternativa a los ritos y celebraciones tradicionales religiosas.

Así, en la Iglesia Patólica se organizan misas en las que se debate sobre temas sociales y acciones reivindicativas, ceremonias matrimoniales que admiten uniones grupales e incluso bodas entre personas y animales bajo los ritos Patólicos (siempre que no haya signos de coacción), ciclos de cine y ateísmo para niños y talleres donde aprender los ideales humanistas y a vivir en el espíritu crítico, rebelde y creativo.

Además, cualquier persona mayor de 18 años puede convertirse al *Patolicismo* cumpliendo cualquiera de sus normas: acudir con un certificado de Apostasía y un pato de goma de bañera, haber leído libros como *Don Quijote* o *El nombre de la rosa*, haber visto películas como *Tiempos modernos* de Charles Chaplin o *Bienvenido Mr. Marshall* de Luis García Berlanga o haber hecho reír a más de 1000 personas.

El local, de 50 metros cuadrados, está amueblado con mobiliario reutilizado restaurado de manera barroca y decorado con cuadros de filósofos, cómicos, científicos y por supuesto del Dios Pato, que para el Patolicismo representa la bondad y la inocencia.

Leo Bassi, el creador del Paticano

Leo Bassi, creador de la Iglesia Patólica, es un artista que desciende de una familia de comediantes y actores de circo que han actuado durante 145 años sin interrupción. Siendo un niño, viajaba con sus padres como artista de vodevil y a la temprana edad de 17 años ya era malabarista profesional, llegando a participar en los últimos años dorados del Circo Mundial en la era de la televisión. Con la llegada de los 70, Leo abandonó el *show* familiar para montar su propio 'Circo más pequeño del mundo' y, en 1978, comenzó a hacer diversas apariciones en el circuito internacional de festivales teatrales. A partir de entonces su fama de comediante provocador comenzó a crecer de tal manera que le ha hecho participar en infinidad de espectáculos y eventos, desde obras de teatro hasta programas de televisión pasando por conferencias en universidades.

AULA RAMÓN Y CAJAL

㉔

El mismo lugar donde impartió sus clases el premio Nobel

Ilustre Colegio Oficial de Médicos de Madrid
Calle de Santa Isabel, 51
Solicitud de visitas guiadas en www.icomem.es
Metro Atocha

Entrar en el Aula Cajal y tomar asiento en sus bancos corridos de madera supone una emoción indescriptible para cuantos se dedican al campo de la Medicina o pertenecen al mundo de la investigación. La sala guarda el clima histórico de la época, con un marcado carácter científico-cultural para mantener viva la obra de Ramón y Cajal.

El aula está ubicada en la actual sede del Colegio de Médicos de Madrid, en un lateral del antiguo patio de caballos del edificio. Custodiada su entrada por una recia estatua del que fuera uno de los más insignes médicos españoles de los siglos XIX y XX, el Aula fue donde el premio Nobel Santiago Ramón y Cajal impartiera durante treinta años, de 1892 a 1922, clases de Histología y de Anatomía Patológica en la Universidad Central de Madrid.

En ella se conservan importantes enseres de su labor docente en la Facultad de Medicina, con sus asientos originales dispuestos en tres laterales. En el cuarto, precedida de una balaustrada, la mesa del profesor, presidida por una gran fotografía del propio Cajal, ya anciano, impartiendo clases en este mismo aula y, delante de ella, un busto del galeno.

En una vieja pizarra, un dibujo a gran escala, según diseño original del propio Cajal, reproduce y explica la morfología de las fibras nerviosas y de las neuronas. Dos grandes fotografías, impartiendo una lección de anatomía a sus discípulos y sentado en su mesa del laboratorio junto a sus colaboradores, cuelgan de sus paredes.

Varias vitrinas contienen diversos instrumentos de laboratorio, dibujos y premios que reflejan la dimensión histórica de este médico y eminente investigador.

Santiago Ramón y Cajal (1852-1934) cursó estudios de Medicina en la Universidad de Zaragoza y fue destinado a Cuba tras obtener una plaza en el Cuerpo Militar de Sanidad. Obtuvo la cátedra de Anatomía Descriptiva en la Universidad de Valencia (1883), para ocupar años después la de Histología en Barcelona (1887) y desde 1892 se hizo cargo de las cátedras de Histología y de Anatomía Patológica en la Universidad Central de Madrid. En 1906, recibió el Premio Nobel de Medicina en reconocimiento de su trabajo sobre la estructura del sistema nervioso. Sus hallazgos acerca de las neuronas y los procesos conectivos de las células nerviosas revolucionaron la Medicina. The Cajal Legacy Group, colectivo de carácter internacional creado en 2013, solicitó a la Unesco que el legado del científico se considere Patrimonio de la Humanidad.

GRAN ANFITEATRO DEL COLEGIO DE MÉDICOS ㉕

Antigua Aula Magna de la Facultad de Medicina de San Carlos

Ilustre Colegio Oficial de Médicos de Madrid
Calle de Santa Isabel, 51
Solicitud de visitas guiadas en www.icomem.es
Metro Atocha

Cuando uno pisa por primera vez el Gran Anfiteatro del Colegio de Médicos de Madrid, se da cuenta de que se encuentra en un auditorio incomparable, de los de mayor encanto, historia y solera de la ciudad, con una riqueza artística de enorme valor. Su diseño es en forma semicircular de paredes curvas con gradas de bancos corridos en disposición escalonada, al modo de los anfiteatros grecorromanos de la edad antigua. Se conserva tal y como fue concebido originalmente, a imagen y semejanza de la Escuela de Cirugía de París de Jacques Gondouin.

El auditorio fue inaugurado en 1834, siendo regente María Cristina. Una placa en latín que decora su pared principal, entre los retratos de los monarcas Carlos III y Juan Carlos I, así lo atestigua. Su techo está decorado con frescos alegóricos a la sanación de los pacientes, realizados por el pintor Ramón Padró y Pedret, según bocetos de José Letamendi. Destaca la imagen central del médico Andrés Vesalio, en pie, sosteniendo un cadáver. A lo largo de toda la pared semicircular, se suceden los retratos de 21 eminentes médicos vinculados al Colegio, entre ellos Argumosa, Fourquet, Drumen o Mata. Bajo estos retratos están figuras que representan los conocimientos propios de la profesión, como la Química, la Zoología, la Terapéutica, la Filosofía, la Fisiología o la Botánica. En los dos extremos, se leen los nombres en columna de insignes representantes de la medicina como Hipócrates, Galeno, Avicena o Servet.

El Gran Anfiteatro forma parte de un edificio construido en 1831 en el solar que ocupó el desaparecido Hospital de la Pasión. Esta construcción acoge desde 1970 la sede del Colegio de Médicos de Madrid en la fachada que da a la calle de Santa Isabel y del Instituto Nacional de la Administración Pública en la fachada de la calle de Atocha. El inmueble, declarado Bien de Interés Cultural en 1997, fue en sus orígenes sede del Real Colegio de Medicina y Cirugía de San Carlos, posteriormente Facultad de Medicina de San Carlos. En la actualidad se desarrollan en él actividades profesionales, científicas y culturales.

> Las proximidades del Ilustre Colegio Oficial de Médicos de Madrid cuentan con calles dedicadas a algunos eminentes médicos vinculados al Colegio: Argumosa, Fourquet, Mata (que también fue alcalde de Madrid), entre otros.

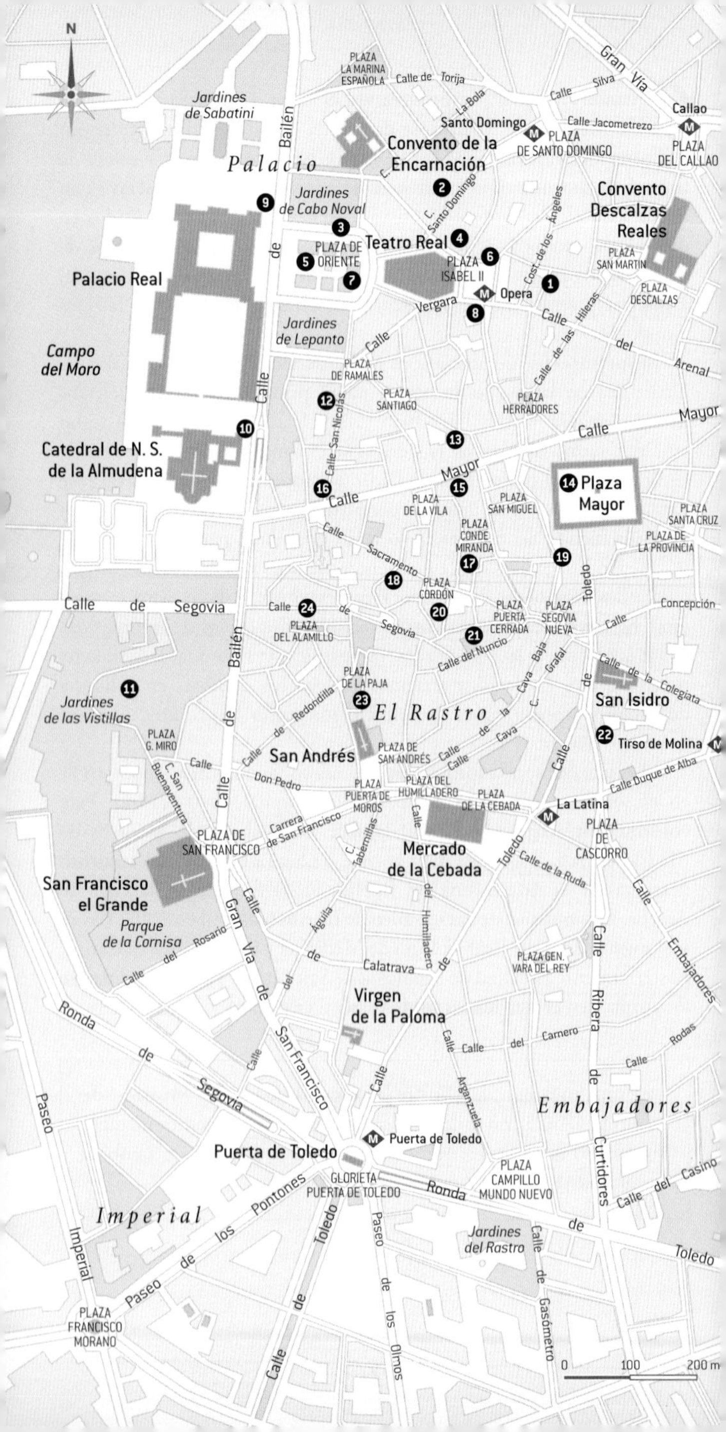

N
Jardines de Sabatini
PLAZA LA MARINA ESPAÑOLA
Calle de Torija
La Bola
Gran Vía
Calle Silva
Callao
Calle Jacometrezo
Santo Domingo
PLAZA DE SANTO DOMINGO
PLAZA DEL CALLAO
Convento de la Encarnación
Palacio
Bailén
C. Santo Domingo
Convento Descalzas Reales
Jardines de Cabo Noval
Teatro Real
PLAZA DE ORIENTE
PLAZA ISABEL II
PLAZA SAN MARTÍN
Cost. de los Ángeles
Opera
PLAZA DESCALZAS
Palacio Real
Vergara
Calle de las Hileras
Calle del Arenal
Jardines de Lepanto
Campo del Moro
Calle
PLAZA DE RAMALES
PLAZA SANTIAGO
PLAZA HERRADORES
Calle San Nicolás
Calle Mayor
Catedral de N. S. de la Almudena
Plaza Mayor
PLAZA DE LA VILA
PLAZA SAN MIGUEL
PLAZA SANTA CRUZ
PLAZA CONDE MIRANDA
PLAZA DE LA PROVINCIA
Calle Sacramento
PLAZA CORDÓN
Calle de Segovia
PLAZA DEL ALAMILLO
PLAZA PUERTA CERRADA
PLAZA SEGOVIA NUEVA
Concepción
Calle del Nuncio
Cava Baja
Grafal
Calle de la Colegiata
PLAZA DE LA PAJA
San Isidro
Jardines de las Vistillas
Calle de Redondilla
El Rastro
PLAZA G. MIRO
San Andrés
PLAZA DE SAN ANDRÉS
Calle de la Cava
Tirso de Molina
Calle Don Pedro
C. San Buenaventura
PLAZA PUERTA DE MOROS
PLAZA DEL HUMILLADERO
PLAZA DE LA CEBADA
Calle Duque de Alba
La Latina
PLAZA DE SAN FRANCISCO
Carrera de San Francisco
C. Tabernillas
Mercado de la Cebada
PLAZA DE CASCORRO
Calle de la Ruda
San Francisco el Grande
Parque de la Cornisa
Calle del Rosario
Gran Vía de San Francisco
Calle del Águila
Calle de Calatrava
Calle del Humilladero
PLAZA GEN. VARA DEL REY
Calle Embajadores
Virgen de la Paloma
Calle de Toledo
Calle Ribera de Curtidores
Ronda de Segovia
Calle del Carnero
Calle Rodas
Calle Arganzuela
Embajadores
Paseo Imperial
Puerta de Toledo
GLORIETA PUERTA DE TOLEDO
PLAZA CAMPILLO MUNDO NUEVO
Ronda de Toledo
Calle del Casino
Imperial
Paseo de los Pontones
Jardines del Rastro
Calle de Gasómetro
Paseo de los Olmos
PLAZA FRANCISCO MORANO
0
100
200 m

Centro-Oeste

ORATORIO DEL SANTO NIÑO DEL REMEDIO

①

La imagen de un infante milagroso

Calle de los Donados, 6
De lunes a domingo de 8 a 12 h y de 18 a 20 h
Metro Ópera

El discreto Oratorio del Santo Niño del Remedio rinde un culto poco conocido a la imagen de un niño milagroso, cuya historia se remonta a finales del siglo XIX, cuando una dama de la alta burguesía vendió sus pertenencias, entre las que se encontraba una talla del Niño Jesús.

El encuadernador Pedro Martín Mazarruela adquirió el "niño" por cinco pesetas y lo colocó en su taller de imprenta, ubicado en ese entonces en el número 4 de Costanilla de los Ángeles. Todas las tardes, la familia Mazarruela se reunía para rezarle al "Divino Niño", al que le confeccionaban diferentes prendas. En poco tiempo el Niño fue ganando devotos, algunos motivados por el rumor de que hacía milagros y otros por la secreta visita de la reina María Cristina, madre de Alfonso XIII, quien probablemente fue en busca de fortaleza después de quedar viuda y a cargo del reino.

Fue así como, con los modestos donativos de los fieles, la imprenta se convirtió en una improvisada capilla. Hasta entonces el niño no tenía nombre, por lo que decidieron echarlo a suertes. Escribieron las palabras "esperanza", "perdón" y "remedios" y un cura escogió uno de los tres papeles al azar. Así fue como salió elegida la palabra que finalmente le dio un nombre y apellido, y desde entonces se llamó el Santo Niño del Remedio. La figura actual ha sufrido varias restauraciones: una de ellas consistió en colocarle unos ojos de cristal y pestañas postizas para reforzar la expresividad de su mirada. También se le restituyó un pie pues el original prácticamente quedó pulverizado por los besos de los fieles. Ahora luce unos zapatitos de plata para protegerlos.

El día 13 de cada mes, el Santo Niño del Remedio es colocado en una cuna para su adoración.

Un escudo y una inscripción en piedra, testigos de otros tiempos...

El oratorio fue construido en 1917 sobre el solar de la antigua iglesia del Hospital de Santa Catalina de los Donados, fundado en 1460 por Pedro Fernández de Lorca, tesorero del rey Juan II y secretario de Enrique IV, con el fin de atender a doce ancianos inválidos. La palabra "donados", nombre de la calle donde está el oratorio, proviene de la vestimenta de los doce ancianos que fueron acogidos y que rindieron culto a Santa Catalina. En agradecimiento, los ancianos rezaron diariamente por el alma del fundador. Más tarde pasó a ser un hospital para ciegos, hasta su demolición a finales del siglo XIX. Como testigos de esta época se pueden ver dentro del oratorio una inscripción en piedra que recuerda el año en que Fernández de Lorca fundó el desaparecido hospital y un escudo, también de piedra, que fue rescatado de la demolición del antiguo edificio.

LA LICUEFACCIÓN DE LA SANGRE ② DE SAN PANTALEÓN

El "milagro" del santo

Real Monasterio de La Encarnación
Plaza de la Encarnación, 1
91 454 8800
Martes a sábado de 10 a 14 h y de 16 a 18:30 h. Domingos y festivos: de 10 a 15 h
Metro Ópera

Una vez al año, el 26 de julio, la sangre de San Pantaleón, conservada en una ampolla-relicario de la iglesia del Real Monasterio de La Encarnación, se somete al prodigio de la licuefacción: la sangre del santo pasa de estado sólido a líquido. La Iglesia jamás se ha pronunciado oficialmente al respecto del llamado "milagro de San Pantaleón".

En Nápoles ocurre algo similar con la sangre de San Genaro. En ambos casos, y según la tradición, cuando la sangre de los santos no se licua ocurren grandes catástrofes, como la Primera Guerra Mundial en 1914, o la Guerra Civil Española en 1936.

Hasta 1993 se permitía que los fieles besaran el relicario que contiene la sangre, pero debido a las escenas de exaltación que ocasionaba y a los daños que empezó a sufrir la reliquia, se prohibió el acto. Hoy en día el milagro se proyecta en unas pantallas de televisión de circuito cerrado instaladas especialmente para el evento.

La ampolla con la sangre del santo estuvo en manos del Vaticano hasta que el papa Paulo V se la regaló a Juan de Zuñiga, virrey de España en Nápoles, y éste la donó en 1611 al Real Monasterio de La Encarnación porque fue aquí donde su hija Mariana de Jesús tomó los hábitos. Además de la sangre del santo, el monasterio conserva otro tipo de restos no menos importantes para los fieles, como ocho brazos de mártires, una pierna de Santa Margarita, parte de la espalda de Santo Tomás de Villanueva, un brazo de Santa Isabel, entre otros, dispuestos en 700 relicarios.

La licuefacción de la sangre: ¿milagro o simple fenómeno físico?

El milagro de la licuefacción de la sangre de San Pantaleón en Madrid o Roma (véase *Roma insólita y secreta* del mismo editor), y el de San Genaro en Nápoles, ha sido tantas veces negado como aceptado por numerosas personas. Incluso, algunos han fabricado, *ex nihilo*, un producto similar a la sangre supuestamente milagrosa, a base de cáscara de huevo, sal de cocina y carbonato de hierro, productos que ya existían en la Edad Media. El resultado es una solución bastante densa, que se licua al sacudirla gracias a un fenómeno físico llamado "tixotropía". Al igual que la sangre de San Pantaleón, este preparado se licua la mayoría de las veces. A veces de inmediato, algunas lentamente y otras no ocurre...

Pantaleón, ¿poseedor de la sabiduría hermética?

La vida de Pantaleón, cuyo nombre significa "en todo semejante al león", figura en las Actas de los Santos (Acta Sanctorum) escritas en el siglo XVIII por el jesuita belga Jean Bolland. Se dice que Pantaleón, hijo de Eustorgio y Eucuba, nació en Nicomedia, actual ciudad de Izmit, en Turquía, en el siglo III d. C. Fue un destacado médico de la corte y nobleza de Turquía, como su padre, pero también un reconocido filósofo.

Se convirtió al cristianismo, religión de su madre, fue perseguido y encarcelado por el emperador Maximiano quien le condenó a muerte. Fue decapitado en público el 27 de julio del año 305. Según cuenta la tradición, los cristianos de Nicomedia recogieron su sangre con trozos de algodón y la guardaron en pequeños frascos de cristal que posteriormente se distribuyeron por Italia, Francia y España con el fin de expandir su culto.

De manera desconocida Pantaleón se inscribe en la línea de los primeros cristianos iniciados, detentores de la sabiduría gnóstica, también llamada hermética, por el nombre del dios griego Hermes que inspiró el nombre de Hermolao, sacerdote cristiano que inició a Pantaleón, así como los de sus dos discípulos: Hermipo y Hermócrates. Los cuatro fueron decapitados pero Pantaleón, atado a un olivo seco, padeció su último martirio antes de morir: justo cuando el verdugo acercaba su espada para cortarle la cabeza, ésta se reblandeció. Entonces Pantaleón rogó al verdugo que cumpliera con la sentencia. La sangre que manó de su cabeza regó el olivo e hizo que floreciera y diera frutos instantáneamente.

Simbólicamente, este episodio significaría el florecimiento de la "Pax Ecclesia" (el olivo es un símbolo de paz) en tierras turcas, consecuencia de la evangelización y martirio de san Pantaleón.

La sabiduría de Pantaleón, una vez iniciado, se refleja especialmente en sus actos prodigiosos: venció a una serpiente (guardiana simbólica de los conocimientos secretos) y devolvió la vista a un ciego. Pantaleón sufrió diferentes martirios que soportó con gran valentía y que indican un proceso iniciático superior. Según la historia del santo, la presencia en la celda donde estuvo preso de los otros tres santos cuyos nombres aluden al hermetismo- o Hermes Trismegisto - simboliza la iluminación que el sabio recibe después de haber superado las difíciles pruebas a las que fue sometido para alcanzar el grado de maestro. Atado a un olivo, árbol sagrado por excelencia en el contexto religioso mediterráneo, su martirio llega a su fin. Simbólicamente, el hecho de que su sangre hiciera que el árbol floreciera y diera frutos, es decir, que permitiera la renovación

de la fe, recuerda el sacrificio de Cristo. Del mismo modo el lado milagroso de la sangre de san Pantaleón se asocia a la tradición occidental del Santo Grial que contiene la sangre de Cristo.
La reliquia de san Pantaleón proviene de la iglesia románica de san Pantaleón en el valle de Losa, noreste de Burgos, enclave tradicional de magia. No es casualidad que el nombre de varias localidades de los alrededores recuerde a la palabra grial: un poco más al sur se encuentra el pueblo de Criales, y al norte, señalando el límite con Álava (País Vasco) y Burgos, está la Sierra Salvada, cuyo paralelo con el Montsalvat del poema Parsifal de Wolfran von Eschenbach (hacia 1170-1220) que trata del grial es bastante claro.

La increíble epopeya del culto a las reliquias cristianas

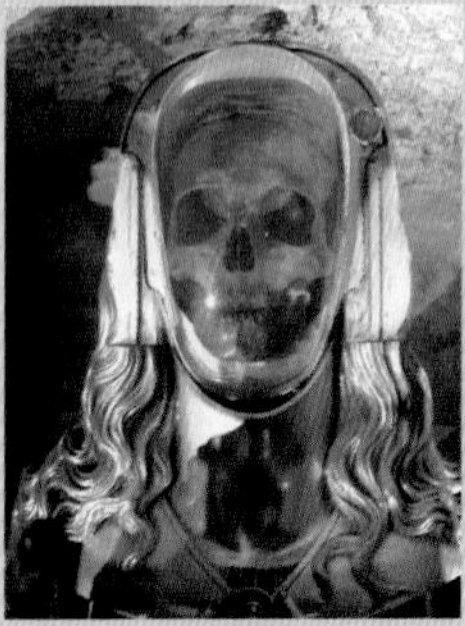

Aunque en la actualidad han caído un poco en desuso y su culto ha disminuido considerablemente, las reliquias de los santos fueron, a partir de la Edad Media, objeto de una extraordinaria epopeya. Su presencia en numerosas iglesias de Europa, recuerda estos acontecimientos poco corrientes.

El origen del culto a las reliquias se remonta al principio del cristianismo con la muerte de los primeros mártires y de los primeros santos. Su función era triple: eran un testimonio concreto del ejemplo de una vida recta y virtuosa a imitar o seguir, poseían un poder espiritual y energético capaz de provocar milagros (se creía que el poder de los santos milagrosos se mantenía a través de sus reliquias), y, con el transcurso del tiempo y la creación del dudoso fenómeno de las indulgencias, procuraban indulgencias a quien las poseía. Rápidamente, debido a la demanda creciente de reliquias, intermediarios poco escrupulosos se pusieron a inventar reliquias, ayudados por la Iglesia que, por razones políticas, canonizó a numerosas personas que no lo merecían (véase a continuación). Esto creó situaciones absurdas: si consideramos que todas las reliquias son verdaderas, María Magdalena tendría seis cuerpos y San Biagio (San Blas) unos cien brazos.

Estos excesos produjeron evidentemente una desconfianza hacia las reliquias y, poco a poco, su culto cayó en el olvido aunque se siga practicando en la actualidad: aún hoy, muchos son los que creen que la verdadera reliquia de un santo tiene poderes energéticos y espirituales. ¿Qué podemos decir del peregrinaje que sigue los pasos del Padre Pío en Italia? Existen unas 50 000 reliquias diseminadas por toda Europa que provienen de unos 5000 santos. Observarán que la mayoría de las demás religiones del planeta veneran o han venerado reliquias.

¡21 441 reliquias por 39 924 120 años de indulgencias!

El mayor coleccionista de reliquias fue Federico III de Sajonia (1463-1525) quien se procuró un total de 21 441 reliquias. Con esta colección, única en el mundo, Federico III calculó que se había merecido un total de ¡39 924 120 años y 220 días de indulgencias! Sin embargo, influenciado por Lutero, abandonó el culto a las reliquias en 1523.

Cuando los santos no son tan santos o cuando la Iglesia retira del calendario a San Jorge, a San Cristóbal o a Santa Filomena...

Con la Edad Media, la caza de reliquias se acentuó y con ella la invención de reliquias. Pero lo que resultó aún más increíble es que además de inventarse reliquias, se inventaron descaradamente santos. Recientemente -hecho que ha pasado desapercibido- la Iglesia ha retirado del calendario a San Jorge, a San Cristóbal y a Santa Filomena, cuya existencia era incluso muy dudosa. Con objeto de aumentar el número potencial de posibles reliquias, también se canonizó de forma absolutamente abusiva a ciertos personajes para que se siguiera abasteciendo el mercado de reliquias de santos.

Por razones diplomáticas, relacionadas con el periodo de la reforma del siglo XVI, numerosas canonizaciones se hicieron en base a criterios políticos en vez de criterios religiosos o morales: en un extraordinario arranque de «Realpolitik», la inmensa mayoría de los soberanos de la época fueron así santificados con objeto de garantizar su fidelidad a la Iglesia católica, que sufría los asaltos de los protestantes. San Estanislao de Polonia, San Casimiro de Lituania, Santa Brígida de Suecia, San Estéfano de Hungría, Santa Margarita de Escocia, Santa Isabel de Portugal, San Venceslao de Bohemia... la lista es larga.

¡Las reliquias de las plumas del Arcángel San Miguel, el soplo de Jesús o la estela de la estrella que guió a los Reyes Magos!

Sin renunciar a nada para enriquecerse a costa de los creyentes más ingenuos, los mercaderes de reliquias demostraron tener una capacidad de imaginación sin límite cuando iban en busca de reliquias y consiguieron inventarse algunas reliquias sencillamente fascinantes: mencionemos en particular los cuernos de Moisés o las plumas del Arcángel San Miguel (tenemos constancia de su venta en el Monte Saint Michel en 1784). Las reliquias más preciadas eran, obviamente, las de Cristo. Desafortunadamente para los cazadores de reliquias, Cristo había subido al cielo en la Ascensión por lo que su cuerpo ya no estaba, por definición, en la tierra. Dieron pruebas de imaginación inventando la reliquia, absolutamente extraordinaria, del soplo de Jesús que, al parecer, se conserva en la catedral de Wittenberg, Alemania, en un relicario de cristal; la reliquia del prepucio de Cristo que recuperaron, después de su circuncisión, 7 días después de su nacimiento; o la de su ombligo, que se conservarían en el Sancta Sanctorum de San Juan de Letrán en Roma; o el pan de la última cena, cuya reliquia estaría en Gaming, Austria. Algunos textos medievales, hoy desaparecidos, mencionaron incluso la reliquia de las estelas de la estrella que guió a los Reyes Magos, que se conservaría en San Juan de Letrán en Roma.

MONUMENTO AL CABO LUIS NOVAL

③

En recuerdo de un acto heroico

Jardines del cabo Noval. Plaza de Oriente
Entre la calle de San Quintín y Bailén
Metro Ópera

En un rincón tranquilo de la plaza de Oriente se erige un monumento a un soldado desconocido para muchos, pero cuyo acto heroico salvó de la muerte a sus compañeros durante la guerra de Rif, en Marruecos, en 1909. La obra es de Mariano Benlliure (1862-1947), maestro valenciano autor de innumerables monumentos en toda España, algunos de ellos ubicados en el Panteón de Hombres Ilustres (ver página 54).

Vecino de la imponente escultura de Felipe IV (ver página 208), el discreto monumento está dedicado al cabo de infantería Luis Noval, de 22 años, quien prestaba servicio en Melilla cuando fue tomado prisionero. La versión más extendida cuenta que sus captores prometieron perdonarle la vida si los conducía al campamento español. Así lo hizo, pero al encontrarse lo suficientemente cerca para que lo oyeran, gritó: "Los moros vienen conmigo", poniendo así en evidencia la trampa montada por el bando enemigo. Lamentablemente, él fue uno de los primeros en caer por la descarga de sus compañeros, pero su acción se convirtió de forma instantánea en un símbolo de patriotismo. Se le rindió un homenaje en la catedral de Oviedo, su ciudad natal, y le fue concedida la cruz de segunda clase de la Orden Militar de San Fernando de manera póstuma.

Inmortalizado con el fusil al hombro, la escultura del cabo Noval está envuelta en una bandera sostenida por una mujer, alegoría de la patria. En la parte baja, unas figuras desgastadas por el tiempo y el vandalismo relatan la acción heroica.

La inauguración del monumento se llevó a cabo en 1912 y contó con la asistencia del rey Alfonso XIII. El valor del conjunto escultórico fue costeado por suscripción popular y los nombres de las benefactoras, muchas de ellas madres de soldados, han quedado grabados en la parte posterior.

En honor a otro soldado heroico

La plaza del Cascorro, en el barrio de La Latina, está protagonizada por un soldado heroico en lo militar y desobediente en lo civil. Se trata de Eloy Gonzalo (1868-1897), el niño abandonado que tuvo que ejercer varios oficios hasta ingresar en el Ejército. Debido a un altercado por una mujer, fue preso en una época en que los presos podían alistarse. Partió a Cuba, donde le prendió fuego con una lata de petróleo a la casa de un grupo de insurrectos. Recibió la cruz de plata al mérito militar por el incendio y, años después, un monumento en la plaza que lleva el nombre de la localidad cubana donde ocasionó el incendio.

BIBLIOTECA DE LA REAL ACADEMIA NACIONAL DE MEDICINA

④

Un archivo privado muy especial

Calle Arrieta, 12
91 547 9190
biblioteca@ranm.es
Visitas: se aconseja llamar antes
Para hacer uso de la biblioteca es necesario presentar una solicitud y contar con la aprobación de al menos cuatro académicos
Para una estancia corta se puede enviar una carta exponiendo los motivos
Las sesiones científicas se celebran todos los martes a las 18 horas, pero es recomendable visitar la web para conocer la programación www.ranm.es
Metro Ópera

Muy poco conocida en Madrid, la biblioteca de la Real Academia Nacional de Medicina, situada en la segunda planta, presenta un poderoso atractivo por su estructura de acero, sus grandes vitrinas de pared a techo que custodian casi 100 mil libros especializados en medicina, sus largas mesas centrales de madera y la tenue luz que desprenden las clásicas lámparas con pantalla verde.

Una sala contigua a la biblioteca alberga la colección de libros donada por el doctor José Botella, centrada en temas ginecológicos, así como los fondos más antiguos de la biblioteca que datan del siglo XVI.

La biblioteca está ubicada en un edificio construido en 1913 por el arquitecto Luis María Cabello Lapiedra, con dos atlantes en la entrada dando la bienvenida al visitante.

La Real Academia Nacional de Medicina surgió por iniciativa de un grupo de médicos, cirujanos y farmacéuticos que, a comienzos de la década de 1730, empezaron a organizar tertulias en la rebotica de la farmacia de uno de sus miembros, José Ortega, para promover la investigación científica. El grupo se autodenominaba Tertulia Literaria Médica Matritense y, en 1734, solicitó la protección del rey Felipe V, aunque tuvieron que esperar casi 200 años para tener un local propio, que se construyó sobre el solar donde antiguamente se ubicaba la Biblioteca Nacional. Para representarlos eligieron un emblema de Arquímedes, inventor, científico y matemático griego, del que se dice logró hundir la flota romana con la ayuda de los rayos del sol y una serie de espejos dispuestos de forma parabólica.

Además de la oportunidad de conocer la magnífica biblioteca y la sala de exposiciones del vestíbulo, la Real Academia Nacional de Medicina ofrece al visitante la posibilidad de participar en las sesiones científicas que los académicos celebran cada martes. En estas sesiones, cada académico ocupa uno de los cincuenta sillones que representan a las diferentes especialidades de la medicina. En el techo del salón reluce un fantástico vitral.

LA COLA DEL CABALLO DE FELIPE IV

⑤

Un monumento con "truco" en la Plaza de Oriente

El caballo de Felipe IV, oficialmente inaugurado en 1843 pero esculpido en 1632, fue la primera escultura del mundo que desafió las leyes de la ingeniería. Su autor, el escultor italiano Pietro Tacca, se basó en los diseños de Velázquez y en la voluntad de Felipe IV, quien deseaba que su propio retrato sentara un precedente artístico a nivel mundial. Por ello se eligió la más desafiante de las posturas, una en que el caballo aparece en corveta, es decir, apoyado únicamente sobre las patas traseras. Para conseguir la perfecta distribución de los pesos de la estatua el escultor italiano recurrió a Galileo Galilei. El consejo de Galilei fue que la parte trasera fuera maciza, la delantera hueca y que, secretamente, el caballo se apoyara ligeramente sobre su cola.

¿Por qué las estatuas de la Plaza de Oriente están a ras del suelo?

La colección escultórica de los veinte reyes españoles de la Plaza de Oriente se encuentra, según las habladurías populares de aquel entonces, a ras del suelo por culpa de un sueño: el que tuvo la madre del rey Carlos III. Isabel de Farnesio soñó que una noche de tormenta las estatuas caían de la cornisa del palacio, causando terribles daños. El rey Carlos III decidió bajar las estatuas talladas en piedra caliza mediante un Real Decreto firmado el 8 de febrero de 1760. Algunas de ellas, veinte en total (cinco de reyes visigodos y quince de monarcas de los primeros reinos de la Reconquista) se quedaron en la Plaza. Las otras fueron colocadas en distintos puntos de la ciudad. Las estatuas fueron colocadas en la cornisa por encargo de Fernando VI, a quien le pareció una buena idea contar con una serie de monarcas en piedra para decorar el Palacio Real.

EN LOS ALREDEDORES

El pozo que Santo Domingo cavó con sus propias manos (6)

El número 3 de la calle Campomanes es el lugar exacto donde Santo Domingo de Guzmán, entre los años 1218 y 1219, cavó un pozo con sus propias manos con el fin de conseguir agua para las monjas del convento aledaño. Las aguas que empezaron a brotar de este pozo fueron consideradas milagrosas pues supuestamente curaban las enfermedades. El pozo fue sustituido en 1840 pues quedó prácticamente destrozado durante la Guerra de Independencia. Hoy se conserva un pequeño vestigio, que se ubica dentro de un edificio de viviendas y, lamentablemente, no se puede visitar, salvo casos excepcionales, como conocer a alguno de los vecinos o lograr convencer al portero.

RESTOS DE UNA TORRE MUSULMANA ⑦

Aparcamiento con historia

Parking de la Plaza de Oriente

El vestigio musulmán más sorprendente de Madrid es la llamada Torre de los Huesos, pues resulta bastante curioso encontrar una ruina arqueológica dentro de un aparcamiento, sobre todo porque no está incluida en los muchos circuitos turísticos del barrio. La torre, o lo que queda de ella, fue descubierta en 1996 mientras se realizaban las obras del aparcamiento, y desde entonces comparte el espacio con los coches, dentro de una vitrina que la protege del deterioro. La Torre de los Huesos, llamada así por estar muy cerca del cementerio islámico la Huesa de Raf, es una atalaya de origen musulmán que se encontraba fuera de la ciudad y cumplía una labor defensiva. Hacia finales del siglo XI, cuando el rey Alfonso VI de Castilla conquistó Madrid, se incluyó la atalaya en la nueva muralla cristiana y sirvió para proteger la Puerta de Valnadú, uno de los cuatro accesos que existían en aquel entonces.

Una planta más abajo alberga reproducciones de algunas de las piezas, en su mayoría vasijas, que fueron descubiertas junto a la muralla.

EN LOS ALREDEDORES

A través de la puerta de vidrio de la entrada del instituto italiano (Calle Mayor, 88) se pueden ver cinco metros de muralla árabe. Este muro de piedra caliza y pedernal discurre en paralelo a la calle Mayor y forma parte de la biblioteca que solo pueden disfrutar investigadores y estudiantes del instituto.

La muralla musulmana

El primer recinto amurallado de Madrid tenía una extensión de cuatro hectáreas y data de finales del siglo IX. Su perímetro estuvo comprendido entre la plaza de la Armería, intersección de las calles Mayor y Bailén, palacio de Uceda, Cuesta de la Vega y Catedral de la Almudena. El vestigio mejor conservado de la muralla que protegía Mayrit, la ciudadela musulmana que dio origen a Madrid, está junto a la Catedral de la Almudena, en la Cuesta de la Vega. Estos restos formaron parte de la primera fortaleza y se han integrado en los Jardines del Emir Mohamed I. La función de esta muralla era proteger el alcázar, edificado en el área que hoy ocupa el Palacio Real y emplazado estratégicamente para defender el paso a Toledo, que pertenecía al califato de Córdoba.

UN RECORRIDO POR LOS RESTOS DE LA MURALLA CRISTIANA ⑧

La muralla medieval que sobrevivió al tiempo

Después de la conquista de Alfonso VI en el siglo XI, el recinto de la ciudadela musulmana fue ampliado levantándose un muro de mayor perímetro, conocido como muralla cristiana. Este segundo cerco, que encerraba una superficie de poco más de 33 hectáreas, se unía con el árabe en la zona de la Cuesta de la Vega y se extendía por un recorrido que hoy pasaría por la Plaza del Humilladero, siguiendo por la calle de la Cava Baja hasta Puerta Cerrada, y desde allí, cruzando la calle Mayor a la altura de las calles del Espejo y de la Escalinata, hacia la zona de Ópera donde, en el entorno de la Plaza de Oriente, se unía con el Alcázar. Después del establecimiento de la Corte en 1561, la ciudad se desarrolló detrás del muro original que sufrió constantes demoliciones aunque se aprovecharon parte de sus tramos, como paredes de las nuevas construcciones, lo que ha permitido que algunos de ellos perduren hasta hoy.

Si quiere hacer un recorrido por donde pasaba la antigua muralla medieval, puede comenzar en la **calle de los Mancebos**. En los **números 3 y 5** se encuentran los restos de un silo que formaba parte de la estructura de un edificio, y son visibles desde la calle. Siguiendo por la **Cava Baja, en el número 30**, y dentro del patio de la finca, existe un fragmento del muro. También se puede ver otro trozo de muro a la altura de **los números 22 y 24** de la misma calle. Pero en ambos casos, la entrada está restringida a los vecinos de ambos edificios. En la **calle del Almendro, en el número 15-17**, dentro de un jardincillo, se puede ver a través de la verja un trozo de la estructura que ha quedado en pie. Por último, en el **número 3 de la Plaza de Ópera**, en el sótano de un restaurante, se puede contemplar durante los horarios de apertura del local un lienzo del muro medieval.

UNA FAROLA "REPUBLICANA" FRENTE AL PALACIO REAL

⑨

Uno de los pocos símbolos republicanos que sobrevivió

Esquina noreste del Palacio Real
Bailén s/n
Metro Ópera

La farola que se encuentra en la esquina noreste del Palacio Real tiene una particularidad: se trata de un farol de estilo denominado 'fernandino', que se caracteriza por ser de forma cilíndrica, siempre acristalado, con la parte superior en forma de cúpula con una corona y rematada por otra Corona Real más pequeña encima. Esta farola "republicana" tiene la peculiaridad de que el remate superior es una corona republicana almenada, en lugar de la corona regia de puntas. Sobrevivió a la caída de la República y pasó a ser olvidada bajo el régimen de Franco, cuando se retiraron las insignias de aquella época. Cuenta incluso en la actualidad con una moderna cámara de video-vigilancia adosada, para velar por la seguridad del Palacio Real.

No quedan en la ciudad demasiados elementos decorativos que recuerden a la Segunda República, régimen de gobierno vigente en España entre 1931 y 1939. Cambiar los símbolos es algo que siempre ha sucedido a lo largo de la historia. Ocurrió al proclamarse la Segunda República y ser derribados muchos símbolos monárquicos existentes, como fue el hecho de sustituir la Corona Real monárquica de los escudos oficiales por una corona mural. Se trata de un cerco de muros almenados, una distinción de origen romano que se otorgaba al soldado que escalaba primero la muralla y tomaba una ciudad enemiga. Un ejemplo de este tipo de corona es la que porta en su testa la diosa Cibeles en su fuente de Madrid.

En 1832, en conmemoración del nacimiento de la segunda hija de Fernando VII, doña María Luisa Fernanda de Borbón, se instalan en la ciudad multitud de faroles de alumbrado público de gas hidrógeno carbonado de estilo fernandino.

Otras farolas fernandinas en Madrid

Las farolas fernandinas originales del siglo XIX estaban fundidas en Londres: se reconocen fácilmente por encontrarse en su pie la inscripción "Fº7" (Fernando VII) y "1832".

Todavía podemos encontrar alguna en la Plaza de la Armería, la Plaza de Oriente o la Calle Bailén entre otros.

En la actualidad, las modernas farolas fernandinas se fabrican en España, siendo fieles reproducciones de las originales para mantener la misma estética, instaurada hace casi 200 años.

SIMBOLOGÍA DE LA VIRGEN NEGRA DE LA ALMUDENA

⑩

Alegoría de fertilidad

Santa María la Real de la Almudena
Calle de Bailén, 8-10
Metro Ópera

La virgen negra de la catedral Santa María la Real de la Almudena es una copia de la original que ardió en el incendio que sufrió la Iglesia de Santa María durante el reinado de Felipe II. La imagen actual pertenece a finales del siglo XVI aunque la cabeza y las manos de la Virgen, así como la cabeza del Niño podrían ser de la imagen anterior.

Cuenta la leyenda que la estatua de la Virgen fue traída a Madrid por San Calocero, uno de los doce discípulos del apóstol Santiago el Mayor, en el año 38 de nuestra era. Muchos años después, en el año 712, con la derrota del rey visigodo Rodrigo en la batalla de Guadalete y la toma de la pequeña villa de Madrid por los árabes bajo el mando de Tariq y Muza, los cristianos madrileños escondieron la imagen de la Virgen dentro de un agujero en la *almudena*, que en español significa ciudadela. Pasado un tiempo se olvidaron dónde la habían escondido, hasta que siglos después la Virgen se le apareció al Cid para pedirle que recuperara Madrid. Y así fue. En el año 1085, en el instante en que las tropas se acercaron a la *almudena* se desprendió un trozo de la muralla donde se encontraba la imagen milagrosa y fue precisamente por allí por donde entraron y recuperaron la villa. Luego, el rey Alfonso VI de Castilla ordenó colocar la imagen de la Virgen en el altar de la iglesia de Santa María de la Almudena, que pasó de ser mezquita a sede cristiana. Aquí, desde el siglo XII a principios del XIV, los templarios mantuvieron vivo el culto a la Virgen lo cual, en cierta forma, le dio la fama de patrona de la ciudad.

Durante el dominio árabe el culto a María fue siempre respetado pues ellos también veneraron a la madre de Dios, pero en la figura de Fátima, quinta hija del profeta Mahoma. También respetaron a María como madre del profeta Isa, es decir Jesús. Por ello el nombre *almudena* es interpretado por algunos autores como sinónimo de la propia Virgen: "al", que es igual a alma (virgen en hebreo); "mu", que significa mujer; "dei", o Dios; "na", *natus* (nacido), es decir virgen y mujer o madre de Dios nacido.

La Virgen negra también es considerada un símbolo de fertilidad en los pueblos que cultivaban la tierra. En este sentido el término *almudena* podría también derivarse de la palabra árabe *almudín*, que significa "depósito de trigo", en alusión a los trigales que rodeaban la ciudad y alimentaban a sus habitantes. El hecho que haya pasado tanto tiempo escondida significa que era una diosa oculta, negra, lo cual es representado con la luna a sus pies, por ser la Madre de la Creación y porque sus fases regulaban los períodos de la siembra y la cosecha.

Las Vírgenes negras: ¿vestigios de cultos ancestrales adoptados por el cristianismo?

Las Vírgenes negras son efigies de la Virgen María (esculturas, iconos, pinturas...), realizadas en su mayor parte entre los siglos XI y XV, y deben su nombre al color oscuro que las caracteriza.

Se han catalogado unas 500 imágenes aproximadamente, casi todas en la cuenca del Mediterráneo. La mayoría de ellas están en iglesias y algunas han suscitado peregrinajes de suma importancia.
Según la Iglesia católica no existe fundamento teológico sobre el color de estas vírgenes, si bien en ciertos casos se ha buscado la explicación *a posteriori* en un pasaje del Cántico de los cánticos (1:5): «*Nigra sum, sed formosa*» que significa «Soy negra, pero hermosa».
Para explicar el color oscuro, se han avanzado razones tan sencillas como la propia coloración del material utilizado (ébano, caoba o maderas locales oscuras) o bien los restos de hollín procedentes de las velas votivas.
Sin embargo, la importancia que ha ido adquiriendo el color con el tiempo (algunas imágenes incluso se repintaron durante su restauración) ha hecho pensar en causas de origen más profundo.
Por ello, para algunos, el color de la Virgen negra evoca el hecho de que la figura de la Virgen, al igual que la religión católica en general, no se impuso *ex nihilo* sino que vino a reemplazar cultos ancestrales de Europa occidental, como el culto mitraico (para más detalles sobre este apasionante ritual, fundador de buena parte de la identidad europea, consultar la guía *Roma insólita y secreta*), los cultos a la Diosa Madre o el culto de Isis, la diosa egipcia que llevaba a Horus en brazos, etc.
En épocas arcaicas, a menudo se rendía homenaje a la Diosa Madre, como símbolo de fertilidad, gestación, creación, procreación, regeneración y renovación de la vida, de la que dependían las cosechas de los campesinos.
Con la afirmación del cristianismo se creó un paralelismo entre la figura de la Virgen, Madre de Jesús, hijo del Dios Creador y la figura de la Diosa Madre.
El color negro de la Virgen simbolizaba la tierra virgen y su aspecto materno y regenerador, en el sentido de que la procreación femenina surge de las profundidades (oscuras/negras) del útero de la mujer. Además, ¿el color oscuro no estaría relacionado con el campesino, trabajando al aire libre, con la piel curtida por el sol?
Tampoco es fortuito el hecho de que podamos leer la misma inscripción en ciertas estatuas de Isis y de numerosas Vírgenes negras: «*Virgini pariturœ*» («A la Virgen que parirá»).
Para concluir, muchas son las Vírgenes relacionadas con los milagros y es interesante señalar que éstos coinciden en su mayoría con la llegada de un nuevo ciclo, de una nueva era, manteniendo así la imagen de la Virgen como fuente de vida.

ESTATUA DE LA VIOLETERA

⑪

Una estatua viajera

Parque de las Vistillas
Metro Ópera, La Latina

Antiguamente, el trasiego y las aglomeraciones de las calles del centro de Madrid se veían apaciguados por las voces de las vendedoras de violetas que, representantes del folklore, han sido inmortalizadas por el arte en distintas ocasiones.

Las violeteras paseaban por las calles y plazas ataviadas con trajes típicos y cestas llenas de violetas, una flor muy representativa de Madrid de la que se extrae su esencia para crear los caramelos de violeta, dulces tradicionales madrileños que se venden en la mayoría de pastelerías.

Gracias a su inspiración son muchas las canciones y obras populares que han surgido a lo largo de los años. Entre ellas destaca la obra del compositor y pianista español José Padilla o 'Maestro Padilla', al que Madrid quiso homenajear en el año 1991 inaugurando una estatua de bronce realizada por Santiago de Santiago que representaba la figura de una violetera vendiendo flores ataviada con un pañuelo y una flor en la cabeza que fue colocada en el cruce de las calles Alcalá y Gran Vía, lugar por el que las violeteras paseaban antiguamente.

Sin embargo poco le duró la tranquilidad a la Violetera ya que una noche del año 2000 fue retirada sigilosamente de su ubicación y llevada a un almacén del Ayuntamiento donde permaneció oculta durante tres años sin saber si volvería o no a ver la luz. La desaparición de la estatua del centro de Madrid dio lugar a numerosos comentarios sobre su poco valor estético o su hipotético homenaje a algunas artistas de la época franquista asociadas con una etapa de España que la sociedad no quería recordar.

Tras enfrentamientos y discusiones políticas y estéticas, en el año 2003 la Comisión de Estética Urbana de Madrid decidió que el homenaje a José Padilla, al que ya nadie mencionaba debido a la polémica de la estatua, debía colocarse en el Parque de las Vistillas, lugar en el que cada año durante las fiestas de San Isidro, en el mes de mayo, las mujeres visten con los trajes típicos de la ciudad como un secreto homenaje a ellas, las violeteras.

Un lazo de unión entre España, Francia… y Chaplin

El Maestro Padilla elevó las violeteras a mito madrileño cuando en 1914 creó el tema *La violetera*, una melodía que incluso inspiró a Charles Chaplin en la banda sonora de la película *Luces de ciudad*... aunque Chaplin olvidó mencionar al español en los créditos de la película y, por ello, perdió un pleito ante él en París. La música de José Padilla ha sido declarada de Interés Universal por la UNESCO y en la casa parisina del compositor se le rindió un homenaje en el año 2006 en el que se habló de él como un "maravilloso lazo de unión entre España y Francia".

HERMANDAD NACIONAL DE ANTIGUOS CABALLEROS LEGIONARIOS

⑫

Descubrir el mundo de los legionarios

San Nicolás, 11
Lunes a viernes de 10 a 20 h
91 541 4538
Metro Ópera

En el antiguo Cuartel de Alabarderos, posteriormente Cuartel de la Guardia de Asalto durante la Guerra Civil y luego Cuartel de la Guardia del dictador Francisco Franco, un emblema de la Legión y un legionario en la puerta de entrada indican la presencia de la poco conocida Hermandad de Antiguos Caballeros Legionarios de Madrid. En teoría el acceso está restringido para legionarios, socios y simpatizantes pero, salvo algún caso excepcional, suelen permitir el acceso al visitante curioso. El escenario es muy particular. En apariencia es una típica taberna, pero está llena de objetos, insignias, banderas, fotografías, carteles y recortes de periódicos que narran la trayectoria de los legionarios españoles y sus momentos heroicos. De fondo musical siempre suena alguna marcha.

Con el permiso del tabernero se puede visitar la sala de reuniones, el despacho del presidente de la Hermandad y la pequeña biblioteca.

Otro de los atractivos de la taberna es el precio del menú: 7 euros. A la salida de la taberna se puede adquirir algún libro de historia militar, o un llavero, mechero o bolígrafo con el emblema de la Legión.

El militar con el pecho al aire y una cabra de mascota

El aspecto de los legionarios siempre ha despertado la curiosidad por su desparpajo e informalidad. La camisa que deja el pecho al descubierto representa la virilidad y fortaleza de los legionarios y la cabra legionaria es una mascota que refleja el interés en llegar a lo más alto sin importar el nivel de la pendiente.

La existencia de la Legión, también llamada Tercio de Extranjeros en sus inicios, se debe al comandante José Millán Astray, quien vio la necesidad de crear un cuerpo militar basado en la Legión Extranjera Francesa. Millán fue un hombre abnegado y valiente que recibió cuatro balazos en distintas ocasiones que le dejaron tuerto y manco. Amante de la poesía japonesa, la vida personal de Millán Astray estuvo marcada por su boda con una mujer que, al día siguiente de casarse, le dijo que había hecho un voto de castidad eterno.

ESCULTURA *ACCIDENTE AÉREO* ⑬

Y un ángel cayó del cielo

Milaneses, 3
Metro Ópera

Son muchas las especulaciones que ha generado la escultura de la azotea del número 3 de la calle Milaneses. Este ángel estrellado, colocado boca abajo y con las alas torcidas, ha sido emparentado con el Monumento del Ángel Caído, ubicado en los Jardines del Buen Retiro, considerado para muchos uno de los escasos homenajes públicos a Lucifer en todo el mundo (ver p.50). También han querido hermanarlo, sin suerte, con Ícaro, al que se le quemaron las alas por volar demasiado alto.

El caso es que con el tiempo la intriga de los vecinos se hizo extensiva a los paseantes y turistas que desde la calle Mayor se detenían a mirar hacia el cielo y ver a este pobre ángel totalmente fuera de contexto, no sólo estrellado sino a punto de caerse de la cornisa.

La escultura es obra del artista Miguel Ángel Ruiz. En el año 2005, a petición de los dueños del ático, amigos y clientes suyos, Ruiz creó esta escultura de bronce con pátina de cobre. La obra se titula *Accidente aéreo*, y el personaje no está inspirado ni en el diablo ni en Ícaro. Para el artista se trata de un hombre que hace 10 000 años salió a dar un paseo y optó por volver volando de espaldas, mirando al cielo y jugando con las nubes. Por esta razón, no le alcanzó el tiempo para darse cuenta de que durante su ausencia construyeron una ciudad donde antes sólo existían prados.

EN LOS ALREDEDORES

La historia de la Plaza Mayor grabada en cuatro bancos (14)

Como siempre hay gente sentada, es muy difícil percatarse de las ilustraciones grabadas en los años 80 en los bancos de la Plaza Mayor de Madrid. En ellas se resumen los avatares que ha vivido la plaza en sus seis siglos de vida como los tres grandes incendios, el de 1631, 1670 y 1790, y los carnavales o fiestas de disfraces que se celebraban antiguamente. También los llamados Autos de fe, donde castigaban a los infieles en los tiempos de la Santa Inquisición. Los grabados también recuerdan las corridas de toros y las obras de teatro que se celebraban para distraer al pueblo, y momentos trágicos y sangrientos, como los ajusticiamientos.

CALLE MAYOR, 61

⑮

El edificio más pequeño de Madrid

Metro Sol, Ópera

Con una anchura de sólo cinco metros, la casa del número 61 de la calle Mayor es considerada la más estrecha de la ciudad. El inmueble tiene cuatro plantas y en la fachada apenas hay espacio para un balcón por planta, a diferencia de los edificios aledaños, que presentan dos, tres y hasta cuatro balcones.

Aquí residió hasta su muerte, el 25 de mayo de 1681, el famoso poeta y dramaturgo español Pedro Calderón de la Barca, autor de célebres obras como *La vida es sueño*.

El edificio se salvó de ser derribado gracias a la vehemente oposición de don Ramón de Mesonero Romanos, cronista oficial de la ciudad en la segunda mitad del siglo XIX, quien llegó a intervenir a bastonazos contra los albañiles para impedir los trabajos de demolición que se estaban iniciando. Finalmente, el Ayuntamiento le dio la razón al ilustre cronista y accedió a reconocer el valor histórico del edificio.

El título de "la casa más pequeña de la ciudad" lo ostentó hasta 1851 la Casa de las cinco tejas, en la calle Santa Ana, llamada así por el número de tejas que cubrían el pequeño tejado. Lamentablemente, este edificio fue derribado en 1851.

La calle más corta

La calle más corta de la ciudad se llama Rompelanzas y se sitúa entre las calles Carmen y Preciados. Para construirla hubo que derribar unas casas que estaban en ruinas con el objetivo de abrir otro camino que condujera a la iglesia del Carmen Calzado. En ese entonces, finales del siglo XVI, la calle Rompelanzas era bastante más estrecha que ahora, tanto que el primer carruaje que la atravesó apenas cabía y por ello, al pasar, se le quebró una lanza. El carruaje en cuestión pertenecía al corregidor Luis Gaitán de Ayala, el mismo que había ordenado el derribo de las casas. A raíz de la anécdota la calle empezó a conocerse con el nombre que ahora lleva.

MONUMENTO AL ATENTADO DE LA CALLE MAYOR

16

Un ramo de flores con bomba

Calle Mayor, 84
Metro Ópera, Sol

Durante los días previos al 31 de mayo de 1906, Madrid era un hervidero de preparativos, fiestas y eventos en honor al enlace matrimonial que ese día se celebraría para unir al rey Alfonso XIII con Victoria Eugenia de Battenberg en la iglesia de los Jerónimos. Exactamente 14 días antes del enlace, el destino de la pareja quedaría marcado sin que ellos lo supieran con la llegada a la ciudad del anarquista catalán Mateo Morral. Este se alojó a su llegada en un hostal en la cercana calle del Arenal, aunque guiado por los anuncios de un periódico local reservó también una habitación en el cuarto piso del número 88 (actual número 84) de la calle Mayor por 25 pesetas por noche.

El día 31, tras haberse unido los reyes en matrimonio en los Jerónimos, tomaron la carroza real para pasear con júbilo por las calles de Madrid y llegar hasta el Palacio Real. Fue en este punto de la calle Mayor, con el trayecto casi concluido y a punto de llegar al palacio, donde Morral, que había elegido con astucia su localización, subió a su habitación en el cuarto piso y arrojó desde el balcón un ramo de flores que en su interior contenía una bomba de tipo Orsini que, según dijo Pío Baroja, le había llegado diez días antes envuelta en la bandera de Francia.

Desde el primer piso del número 84, el duque de Ahumada y sus invitados que presenciaban el desfile real vieron cómo un ramo de flores chocaba con los cables del tranvía que en aquel entonces circulaba por el centro de Madrid, desviándose así de la carroza en la que iban los monarcas y cayendo sobre el público que observaba el paseo de Alfonso XIII y Victoria Eugenia. La bomba acabó con la vida de 25 personas y más de 100 resultaron heridas; no así los reyes, que salieron completamente ilesos.

En el lugar donde ocurrió la tragedia se levantó un monumento de tres columnas en homenaje a los fallecidos que tiene su propia historia, ya que durante la Guerra Civil se destruyó, renombrando además la calle Mayor con el nombre del anarquista Mateo Morral. Después de la guerra y con la llegada de la dictadura franquista, la calle se volvió a llamar Mayor y un monumento más modesto compuesto por un ángel que sostiene la fecha del atentado se erigió en el mismo lugar que el destruido. Así y aunque hoy pase prácticamente desapercibido, el ángel del escultor Coullaut Valera sigue recordando a las víctimas de aquel atentado.

LOS DULCES DEL CONVENTO DE JERÓNIMAS DEL CORPUS CHRISTI

⑰

Contraseña: Ave María Purísima

Plaza del Conde de Miranda, 3
Lunes a viernes de 9:30 a 13 h y de 16 a 18:30 h
Metro Ópera, Sol

En la plaza del Conde de Miranda se encuentra la discreta puerta de acceso al convento del Corpus Christi. Después de tocar el timbre y de escuchar el "Ave María Purísima" de rigor, entrará en este recinto solitario y silencioso, donde una flecha guía los pasos hasta un torno que permite a las monjas de clausura mantener cierto contacto con el mundo exterior pero sin ser vistas.

Ahí es donde se pueden comprar los famosos dulces de las monjas. Los hay de distintos tipos, rosquillas de anís (especialmente buenos), de almendras o buñuelos. El medio kilo de dulces cuesta 7,50 € y el kilo, 15 €.

El convento es conocido como el Convento de las Carboneras porque cuando se fundó, en 1607, solían venerar una imagen de la Virgen de la Inmaculada hallada en una carbonería y posteriormente donada al convento por un franciscano.

El convento fue fundado con el permiso de Felipe III, por Doña Beatriz Ramírez de Mendoza, condesa de Castellar, en uno de los terrenos propiedad de su familia. La vida de doña Beatriz, que fue dama de la reina Ana de Austria, fue muy polémica. Fundó hasta tres conventos mercedarios y fue expulsada de uno de ellos por el General de la Orden debido a su carácter intrigante dentro de la Corte. El edificio es obra del arquitecto Miguel de Soria y ha permanecido prácticamente intacto desde su fundación.

EN LOS ALREDEDORES

Un jardín secreto en el número 7 de la calle Sacramento (18)

El llamado Huerto de las Monjas es un remanso de paz inesperado. Este pequeño y encantador jardín escondido formaba parte del antiguo Convento de las Bernardas, construido en el siglo XVII y demolido en los años setenta para construir un bloque de viviendas. Es importante señalar que su existencia no salta a la vista. Para acceder a este pequeño retazo del siglo XVII es necesario bajar unas escaleras y adentrarse en lo que parece ser el patio interior de una vivienda particular. Sin embargo, se trata de un jardín público de titularidad municipal donde antiguamente las hermanas Bernardas cultivaban sus verduras, y donde hoy se puede descansar a la sombra de sus viejos árboles. El jardín cuenta con una fuente que no data de la época, y que no tiene demasiado encanto a pesar de los dulces angelitos que la protagonizan. El verdadero encanto de este pequeño huerto, donde ya no se cultiva ninguna hortaliza, es su ubicación, totalmente aislada.

EL CUADRO *MATRITUM URBS REGIA*

⑲

Un Madrid medieval imaginario

Restaurante Sobrinos de Botín
Cuchilleros, 17
91 366 4217
Todos los días de 13 a 16 h y de 20 a 0 h
Metro Tirso de Molina, La Latina

En la primera planta del restaurante Sobrinos de Botín, considerado el más antiguo del mundo, un enigmático cuadro firmado por el pintor ruso Pierre Schild despierta la curiosidad del visitante. ¿Realmente así lucía Madrid en el siglo XVI?

El cuadro de Schild, llamado *Matritum Urbs Regia,* fue pintado en 1956. En él, el autor pretendió reproducir la fisonomía de Madrid en 1561, un momento clave para la ciudad pues fue precisamente en ese año cuando se convirtió en la primera capital permanente de la monarquía española. Al existir muy pocos registros del Madrid del siglo XVI, Schild se basó en los dibujos de Anton van der Wyngaerde. Este paisajista flamenco recorrió España a partir de 1561 y realizó 62 dibujos muy detallados de distintas ciudades del reino por encargo de Felipe II. Su dibujo sobre la nueva capital española es considerado el primer registro del panorama urbano madrileño y el más fiel a la realidad de aquel entonces.

Schild, además de dedicarse a la pintura, participó en muchas películas como director artístico, llegando a colaborar con Buñuel en *Un perro andaluz.* Schild fue un mago de los efectos especiales e introdujo en España el *matte shot*, una técnica de trucaje que consistía en superponer imágenes. Fue tal vez esta profesión la que le llevó a fantasear con un Madrid medieval. Porque si bien Schild reprodujo fielmente la mayoría de los edificios de la época en su cuadro, también omitió algunos e inventó otros. Como es el caso del cuadro, *Matritum Urbs Regia*. Para pintar este cuadro utilizó como modelo el famoso plano de Texeira, que no es el primero que se hizo sobre Madrid pero sí el más importante y representativo.

Un detalle muy curioso del cuadro de Schild son los andamios, que pueden verse a la derecha y corresponden a las obras para la construcción de la Torre Dorada, llevadas a cabo entre 1562 y 1569. El cuadro también muestra el edificio de las caballerizas.

Entre las grandes omisiones están las iglesias de San Nicolás y de San Pedro, ya existentes en aquella época. Algunas casas aparecen más pequeñas de lo que eran, como es el caso de la Torre de los Lujanes, y otras han sido cambiadas de ubicación.

El cuadro formó parte de una exposición organizada por el Ayuntamiento en 1960, luego fue abandonado, hasta que la familia González, actual propietaria del restaurante, lo recuperó y colgó cerca del horno donde cocinan, desde hace casi 300 años, sus famosos cochinillos a la leña.

CASAS A LA MALICIA

20

Viviendas "reformadas" para no alojar a los servidores del rey

Calle del Toro y calle Conde

En algunas calles del centro de Madrid, como en la calle del Toro y la calle Conde, se pueden ver unas construcciones extrañas, con ventanas a distintas alturas y de diferentes tamaños, que despiertan la curiosidad del paseante. Se las conoce como las "casas a la malicia" y su origen se remonta al siglo XVI, cuando la capital del reino fue traslada de Toledo a Madrid. En ese entonces Madrid no contaba con suficientes mesones ni posadas y el traslado no sólo implicaba la inminente llegada del rey sino también de toda la Corte, además de los buscadores de fortuna. No había lugar físico para alojar a tantas personas.

Cuando la Corte era itinerante, la Regalía de Aposento obligaba a ceder parte de la vivienda temporalmente, pero cuando la Corte decidió establecerse en Madrid el panorama cambió. La Regalía pasó a llamarse Carga de Aposento y Felipe II, que se instaló en un alcázar previamente remodelado a su gusto, ordenó que las segundas plantas de todas las casas se pusieran a disposición de los funcionarios, cortesanos, servidores y acompañantes del rey.

Esto provocó que los madrileños agudizaran su sentido de la picardía haciendo algunas "reformas" en sus casas para que, desde fuera, nadie pudiera notar que tenían dos plantas. Se empezaron a construir casas que aparentaban ser de una sola planta pero tenían plantas intermedias. También se añadían buhardillas y sótanos. Cualquier medida era válida para no alojar a los servidores del rey.

Se llegaron a contar más de mil "casas a la malicia" en Madrid, pero muchas de estas remodelaciones fueron inútiles pues las casas que negaban el alojamiento tenían que pagar un impuesto.

El traslado de la capital también trajo problemas de desabastecimiento y la urgencia de ensanchar calles, derribar murallas, construir hospitales, templos, nuevas viviendas, servicios básicos como alcantarillado, edificios para las instituciones y un largo etcétera de medidas para convertir, en el menor tiempo posible, una ciudad de apenas 75 hectáreas en la capital de un reino. La ciudad tenía entre 10 y 20 mil habitantes en 1561, cuando llega la Corte, y hacia finales del siglo XVI, casi 100 mil.

> También se pueden ver otras "casas a la malicia" en las calles Redondilla, del Rollo y del Pez, 31. El Museo de la Ciudad (Príncipe de Vergara, 140) conserva maquetas de este tipo de viviendas.

ESTATUA DEL CRISTO DE LAS LLUVIAS

(21)

Un recuerdo de la campana milagrosa

Iglesia de San Pedro el Viejo
Calle del Nuncio, 14
Metro La Latina

La torre mudéjar de la iglesia de San Pedro el Viejo es el lugar de una leyenda insólita, debido a una enorme campana que nadie sabe bien cómo llegó hasta allí. Para explicar el suceso, ocurrido en el siglo XVI, los vecinos fabricaron una extraña historia: supuestamente, los operarios que intentaron subir la campana fracasaron en el intento y se fueron a casa. Sin embargo, a la mañana siguiente, todos escucharon el tañido de la inmensa campana, y nadie pudo explicar cómo logró subir a lo alto de la torre ni quiénes fueron los artífices de la proeza.

Una de las utilidades que se le daba a la campana era tocarla para evitar la lluvia o atraerla. La población sentía terror cada vez que escuchaba el sonido de la campana pues provocaba un gran estruendo. Por ello no era raro oír frases como: "Huyamos, que tocan la campana de San Pedro". Esto duró hasta 1565, año en que, para alivio de muchos madrileños, la campana se rompió. Con el tiempo fue retirada y la campana que hoy se puede ver es mucho más pequeña y data de 1801.

Sin embargo, la tradición de la campana gigante no se ha perdido: se mantiene vigente en la evocación del Cristo de las Lluvias, cuya imagen se encuentra dentro de la iglesia, y de quien se dice tiene el poder de atraer las lluvias en tiempos de sequía y de calmar las tempestades y tormentas.

La impactante imagen del Cristo de las Lluvias es una figura tallada (generalmente sale en procesión el Jueves Santo) y presenta una expresión que varía según el punto de vista: de un orgulloso califa islámico a un Cristo de delicada tristeza.

En la torre también se pueden observar diversos escudos reales, uno de ellos anterior al período de los Reyes Católicos, Fernando e Isabel (siglo XV). La iglesia se llama San Pedro el Viejo por ser una de las más antiguas parroquias de Madrid. La primera vez que se la menciona es en el Fuero de 1202, a propósito de una antigua construcción mozárabe en la plaza de Puerta Cerrada. En el siglo XIV, el rey Alfonso XI, en memoria de la victoria obtenida contra los moros en la batalla de Algeciras, en 1345, pudo haber mandado construir la iglesia sobre la antigua mezquita árabe reutilizando el minarete para levantar la torre mudéjar. En el siglo XVII el templo sufre una reconstrucción al estilo de la época, del que se salvaron algunos elementos del edificio medieval. Entre ellos la torre y la nave central, con su cabecera gótica del siglo XV. La iglesia fue inicialmente conocida como San Pedro el Real, pero perdió esta denominación en 1891.

Una torre morisca que servía de observatorio astronómico

La hermosa y esbelta torre morisca de ladrillo muestra en las aperturas del campanario una línea de dientes cerrados y, más abajo, una curiosa y bella ventana arábigo-bizantina. Los antiguos monjes constructores hacían este tipo de construcciones con dos objetivos. El primero era que sirvieran de atalaya para vigilar los campos pues, cuando el enemigo se aproximaba, hacían sonar la enorme campana que rápidamente congregaba a todos los campesinos. Además de atalaya también servía como observatorio astronómico.

MUSEO DEL INSTITUTO SAN ISIDRO

㉒

Un verdadero gabinete de curiosidades

Calle Toledo, 39
91 366 7415
Lunes a viernes de 17 a 19 h, previa reserva telefónica
Metro La Latina

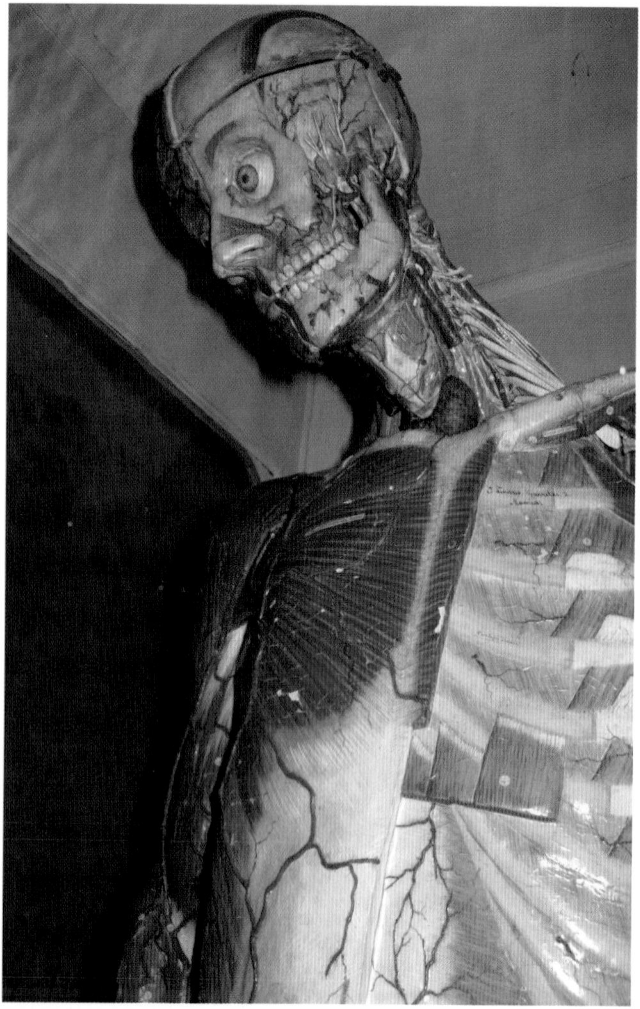

El Instituto San Isidro es el centro docente más antiguo de Madrid. Fue fundado en 1566 por los jesuitas y desde entonces no ha dejado de impartir clases, salvo durante la Guerra Civil, que sirvió de refugio antiaéreo. En sus aulas estudiaron reyes, presidentes, premios Nobel y grandes escritores. Todavía se conservan los expedientes académicos de cada uno de ellos en el pequeño museo, ubicado en la zona del claustro. Un lugar realmente sorprendente pues tanto alumnos como profesores han logrado crear, de una manera prácticamente artesanal y con objetos de colección, un retrato fidedigno de cómo era la educación a principios del siglo XX. Los objetos que se conservan tras las vitrinas describen el tipo de enseñanza que antiguamente se impartía, cuando todo se aprendía con láminas, libros y modelos anatómicos, que hoy resultan obsoletos pero que podrían alcanzar altos precios entre los coleccionistas.

En cada una de las cinco plantas, conectadas por una amplia escalera de piedra y madera que se conserva intacta, se distribuyen las vitrinas que contienen objetos sorprendentes, como los animales disecados, algunos de ellos en peligro de extinción, como es el caso del urogallo. También se puede ver alguna curiosidad veterinaria disecada, como unas cabras siamesas. Quizás lo más singular de todo sean los modelos anatómicos desmontables de animales, que explicaban su funcionamiento interno y permitían que los alumnos aprendieran a distinguir las partes de una víbora o de un caracol.

La joya es un esqueleto de madera, totalmente desmontable, de finales del siglo XIX.

La visita se puede complementar, siempre y cuando el jefe de estudios y guía tenga tiempo, con la de la cripta de los monjes, donde descansan los restos de los monjes que murieron durante la persecución religiosa de 1936.

CAPILLA DEL OBISPO

23

Una joya del gótico

Plaza de la Paja, 9
91 559 2874
Martes de 10 a 12:30 h y jueves de 16 a 17:30 h
Reservas: reservascapilladelobispo@archimadrid.es
Metro La Latina

La Capilla del Obispo es una verdadera joya gótica que ha sobrevivido al paso del tiempo. Después de varios trabajos de restauración ahora se puede acceder a este pequeño oratorio que forma parte de la iglesia de San Andrés y que desde los años 80 abría y cerraba sus puertas de manera intermitente por obras, desacuerdos, o hallazgos, entre ellos los restos procedentes de 50 personas, la mayoría de ellos niños. Este cementerio milenario ha sido cubierto con una vitrina para que pueda ser visto.

La historia de esta capilla, adosada a la parroquia de San Andrés, está ligada a la vida de San Isidro, patrono de Madrid, y de la familia para la que trabajó, los Vargas, uno de los linajes más poderosos de la capital. En 1520 esta familia, a la que se le concedió la custodia de los restos de San Isidro en 1518, ordenó construir la capilla con el fin de que se convirtiera en el descanso final del santo pero, tras un largo pleito, en 1544 la iglesia de San Andrés recuperó la custodia. Las relaciones entre los párrocos de ambos templos se rompieron y se tapió el acceso que comunicaba ambos complejos. Hoy se ha reabierto el paso entre la capilla y la iglesia, sellado durante cinco siglos.

El nombre de la capilla proviene de Gutierre de Carvajal, obispo de Plasencia e hijo de los Vargas. Fue este obispo quien supervisó las obras y encargó el fabuloso retablo de madera policromada y los cenotafios de alabastro al escultor palentino Francisco Giralte para, así, rendir tributo a sus difuntos padres. Las encargadas de custodiar la capilla son las Hermanitas del Cordero, congregación francesa, a quienes –con un poco de suerte- se les puede oír cantar al mediodía.

La Plaza de la Paja toma el nombre de una antigua costumbre cristiana: los vecinos y creyentes del barrio solían ofrecer paja a los capellanes de las iglesias aledañas para alimentar a sus mulas.

EL ESCUDO DE LA CASA DEL PASTOR

(24)

El blasón más antiguo de Madrid

Calle Segovia, 21
Metro La Latina

El escudo de granito que adorna la fachada del edificio de la antigua Casa del Pastor es el más antiguo de Madrid (siglo XVII) y es una reconstrucción de uno anterior (siglo XVI). En él se pueden distinguir con claridad el oso, el madroño y las siete estrellas de la Osa Mayor.

Una pequeña parte del escudo quedó dañada en el año 2007, cuando inexplicablemente taladraron unos agujeros para colgar una farola que luego fue retirada.

Durante muchos años este edificio fue la sede del Ayuntamiento de Madrid y Toledo, y en ella se celebró la primera reunión del Ayuntamiento de la Villa. La casa estuvo habitada hasta los años 50, y fue demolida en 1972, a pesar de todos los esfuerzos de la Coordinadora de Defensa del Patrimonio Histórico de la Casa del Pastor de reconstruirla con fines turísticos. En 1988, el reputado arquitecto Francisco de Asís Cabrero y Torres-Quevedo, construyó un nuevo edificio en cuya fachada se añadió el antiguo emblema de Madrid.

Por debajo de la casa existían cuatro pasadizos subterráneos cuya existencia se remonta al tiempo de los árabes. Hoy se encuentran clausurados, pero antiguamente recorrían buena parte de la ciudad. Uno de ellos se dirigía al Manzanares, el otro al Palacio Real, el tercero a la colina de la Almudena y el cuarto a la Plaza de los Carros, aunque el trazado de estas galerías subterráneas –que bien se podrían haber convertido en un atractivo turístico como en Roma o París– no está totalmente claro. Durante mucho tiempo estos pasillos secretos sirvieron como refugios y almacenes de víveres.

La leyenda de la Casa del Pastor

El nombre de la Casa del Pastor tiene su origen en una leyenda. Se dice que la casa perteneció al cura don José, quien cuidó de los enfermos del barrio hasta que contrajo la peste. Antes de morir, el clérigo dejó escrito su testamento en un sobre cerrado: su último deseo fue dejar la casa en herencia a la primera persona que entrara por la Puerta de la Vega en la madrugada de su muerte. El primero que cruzó la puerta fue un pastor con su rebaño de ovejas. Curiosamente, según cuenta la leyenda, este mismo pastor fue quien, años atrás, ofreció refugio al cura cuando éste tuvo que huir por problemas con la Santa Inquisición.

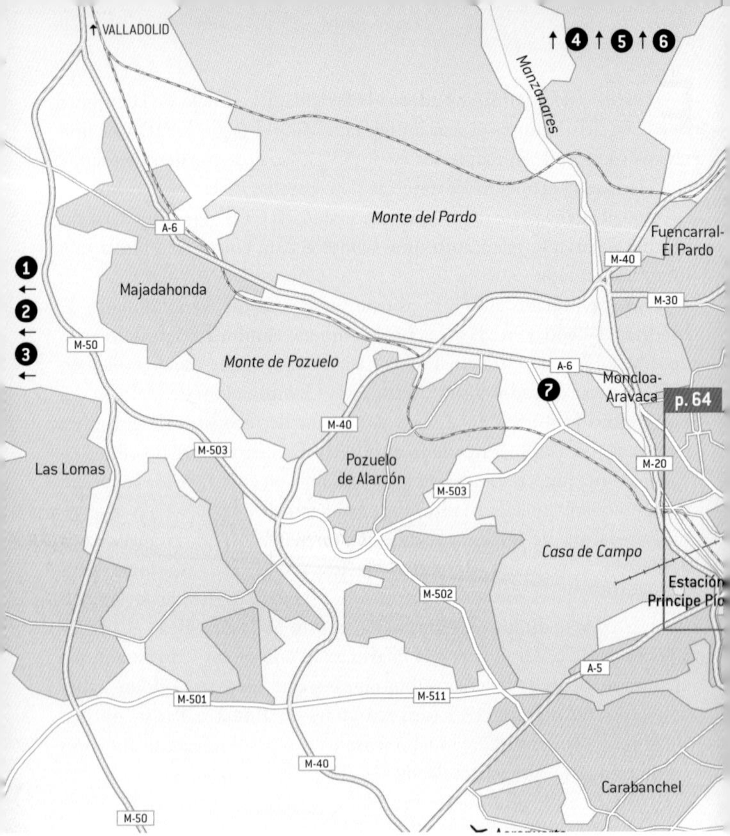

Alrededores Norte

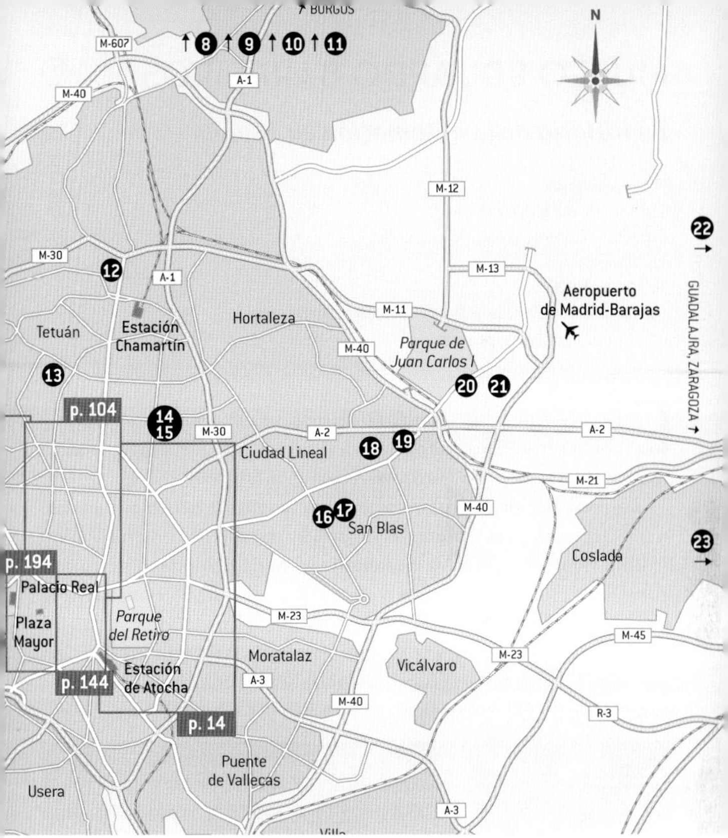
BURGOS
M-607
8
9
10
11
N
M-40
A-1
M-12
22
M-30
12
A-1
M-13
Aeropuerto
de Madrid-Barajas
M-11
Hortaleza
Tetuán
Estación
Chamartín
M-40
Parque de
Juan Carlos I
20
21
13
GUADALAJRA, ZARAGOZA
p. 104
14
15
M-30
A-2
19
A-2
Ciudad Lineal
18
M-21
M-40
16
17
San Blas
23
p. 194
Coslada
Palacio Real
Parque
del Retiro
M-23
Plaza
Mayor
M-45
M-23
Moratalaz
Vicálvaro
Estación
de Atocha
p. 144
A-3
M-40
R-3
p. 14
Puente
de Vallecas
Usera
A-3

MUSEO EDUARDO BARREIROS ①

La historia de la automoción en España

Finca Valmayor
Camino de las Huertas
Carretera Comarcal 600, Km. 16,600
Valdemorillo
Tel. 91 411 9220
Visitas solo previa cita: info@fundación barreiros.org
www.fundacionbarreiros.org

En el pequeño Museo Eduardo Barreiros se pueden ver vehículos y motores históricos, fundamentales para comprender el apogeo de la industria automotriz en la España de los años 50 y 60.

La presencia de los coloridos buses, maquinaria agrícola, motores, tractores, furgonetas y camiones en perfecto estado de conservación no tendría razón de ser sin la existencia del mítico empresario Eduardo Barreiros (1919-1992), quien –gracias a su habilidad e ingenio– se dedicó a transformar los motores de gasolina en motores diésel. Al principio lo hizo de manera muy rudimentaria haciendo pruebas con sus propios vehículos, pero con los años llegó a constituir una fábrica con más de 25 000 trabajadores.

En la sala principal del museo se puede ver el pequeño Simca 1000, diseñado en Francia en los años 50 pero introducido en España por Barreiros gracias a su alianza con la norteamericana Chrysler. El pequeño Simca, con el motor en la parte trasera, era capaz de alcanzar los 132 km/h con solo 50 caballos de fuerza.

Dentro de las creaciones propias se encuentra el Saeta 75, un pequeño camión capaz de arrastrar 75 toneladas, todo un prodigio para la época. O el vehículo militar denominado "El abuelo", fabricado en 1957 a partir de piezas de desguace y con motricidad en las cuatro ruedas. Este camión militar ganó una licitación en Portugal después de una demostración en la que trepó cerros y remolcó a otros vehículos de mayor envergadura.

A lo largo del recorrido el visitante también puede apreciar los innumerables aparatos de medición, fabricación y maquetas que explican muy bien la producción de motores de la época. Entre ellos destaca un motor diesel seccionado EB6 de demostración que permite ver el funcionamiento interno en sus cuatro tiempos.

También hay una sala donde se reproduce el despacho de Eduardo Barreiros con los objetos personales que describen la personalidad y trayectoria de uno de los empresarios más importantes de España.

El edificio cuenta con una superficie de 800 m² y ha sido diseñado por Jacobo Pérez-Enciso con la colaboración de los arquitectos Manuel González Burdiel y Juan José Carral.

COMPLEJO DE COMUNICACIONES ② CON EL ESPACIO PROFUNDO DE MADRID

Un pedazo de la Luna en Madrid

Carretera Colmenar del Arroyo M-531, Km. 7
Robledo de Chavela
Visitas previa cita: 91 867 7321
Lunes a viernes de 10 a 17 h. Sábados y domingos de 10 a 15 h

El Complejo de Comunicaciones con el Espacio Profundo de Madrid (MDSCC, por sus siglas en inglés) es uno de los tres centros prácticamente idénticos que hay en el mundo y que conforman la Red de Espacio Profundo, encargada del seguimiento y de la comunicación con las misiones de la NASA en el Sistema Solar.

En estas instalaciones se encuentra el atractivo científico más insospechado de la Comunidad de Madrid: una roca lunar que proviene de la famosa expedición del Apolo 15 en 1971, que realizó tres paseos por la Luna. En uno de ellos, los astronautas David R. Scott y James Irwin recogieron una roca de 9,5 kg a la que llamaron *Great Scott* en honor al comandante de la nave. Esa roca se dividió en 13 pedazos para su estudio: uno de ellos fue a parar a la sede de la NASA en Madrid.

El pequeño museo del centro muestra algunos de los hitos de la carrera espacial norteamericana. Desde información de misiones espaciales y materiales interactivos hasta una maqueta a tamaño real del vehículo robótico *Opportunity*, que envía información al MDSCC desde Marte, donde fue enviado en 2004.

Entre otras curiosidades, también se pueden ver equipamientos originales, como el mono de vuelo de Miguel López-Alegría, primer astronauta nacido en España (aunque nacionalizado estadounidense) que realizó tres misiones a bordo del transbordador espacial. La exposición permanente también presenta la comida envasada que consumen en el espacio, como huevos revueltos o pollo teriyaki.

Las cuatro antenas operativas (una de 70 metros de diámetro y 3 de 34 metros), que se confunden entre la vegetación pero alcanzan a verse desde la carretera, son un atractivo verdaderamente imponente. No solo por sus dimensiones sino por su responsabilidad: estos platos gigantescos son el enlace con el espacio profundo desde 1964, cuando el centro abrió por primera vez sus puertas.

Los otros dos centros se encuentran en Goldstone (California) y Canberra (Australia). La ubicación geográfica no es casual: los tres lugares están separados por 120° de longitud, lo cual permite una cobertura de 360°.

BLOCKHAUS 13

③

El acceso a este búnker es bajo su responsabilidad

Colmenar del Arroyo (a 50 km de Madrid)
Margen izquierda de la carretera M-510 dirección Navalagamella (poco antes de llegar al desvío de Fresnedillas de la Oliva)
Acceso libre todos los días del año

En un escenario protagonizado por dehesas, sobresale el complejo arquitectónico militar más sorprendente de la Comunidad de Madrid. Se trata de un refugio de hormigón armado equipado para proteger a un gran número de soldados en su interior y resistir artillería pesada y bombas de aviación de tamaño medio. Los cuatro fortines semiesféricos con aspilleras y troneras (es decir con aberturas desde donde disparar los fusiles y las ametralladoras) destacan por su buen estado de conservación, a diferencia de otros búnkeres desaparecidos o en ruinas.

Los cuatro fortines están comunicados por un corredor interior que cuenta con doce fusileras que permiten un radio de acción de 360º. En principio se pensó construir un búnker gemelo al otro lado de la carretera de Fresnedillas para que estuvieran comunicados por un túnel, pero la obra no llegó a realizarse. A las entrañas del edificio se puede acceder a través de una rampa o de las escaleras de hierro. En general, los espacios son muy estrechos y los techos bajos. Por ello se podrá leer un cartel que advierte que "el acceso a este búnker es bajo su responsabilidad".

Por la inscripción encontrada en unas recientes excavaciones se pudo comprar que el complejo fue construido entre finales de 1938 y principios de 1939. La obra fue llevada a cabo por la 2ª Compañía del Batallón de Zapadores nº 7, perteneciente a la División 71.

La idea original era construir 22 refugios similares utilizando como modelo un estilo de infraestructura militar muy frecuente en la Primera Guerra Mundial. Sin embargo, solo se logró concretar la construcción del Blockhaus 13, un búnker y no un blocao, que sería la traducción al español, con el que el bando nacional buscaba proteger las principales vías de comunicación del oeste e impedir el avance de los republicanos.

AUTOCARAVANA DE FRANCO

④

Utilizada como puesto de mando al desplazarse al frente durante la Guerra Civil

Sala Histórica de la Guardia Real
Paseo El Pardo, 43
Autobuses 601, 602
Acceso gratuito
Todos los miércoles a las 12 h (excepto festivos y meses de julio y agosto)
Un sábado al mes (excepto agosto) a las 12 h (imprescindible reserva)
Se podrá cambiar la fecha o cerrar por necesidades del servicio
www.guardiareal.org

El Cuartel de "El Rey"', ubicado en El Pardo, atesora un espléndido museo que nos acerca a la historia de la Guardia Real. Uniformes, cuadros, maquetas, armas y otros vistosos elementos relatan la crónica de las diferentes unidades armadas encargadas de la protección y el servicio a los distintos Jefes del Estado desde la Edad Media hasta nuestros días.

En la planta inferior se encuentra una espectacular colección de coches y motocicletas repletos de historia tras los muchos kilómetros recorridos. Entre ellos un Mercedes Benz 540 G-4 W31 que Hitler regaló a Franco, o los Rolls Royce empleados en la proclamación de Juan Carlos I y Felipe VI. La pieza más representativa de este parque automovilístico es el Rolls Royce Phantom IV que utiliza de manera habitual su majestad el rey.

Uno de los vehículos más insólitos y desconocidos del museo es un camión Ford 817 T, poco vistoso estéticamente pero que jugó un papel importante en plena Guerra Civil española. Se trata de una especie de autocaravana bastante sobria. En su interior hay una cama, un armario, una mesa de despacho y un aseo que sirvió a Franco como alojamiento cuando se desplazaba al frente durante la contienda.

Al estallar la guerra, ambos bandos libran numerosas batallas a lo largo y ancho de nuestro país. Debido a las grandes distancias entre los distintos frentes abiertos, los mandos de los dos ejércitos deciden establecer diferentes puestos de mando para dirigir la contienda. En el bando nacional se decide crear un puesto de mando avanzado móvil al que se denominaba con el nombre en clave de *"Terminus"*. Estaba formado por un conjunto de singulares vehículos, cinco camiones adaptados para albergar uno el apartamento del General, otros la cocina y el comedor, y dos más como dormitorio de los ayudantes.

Todos los automóviles portaban matrículas correlativas y se fabricaron utilizando el chasis y la cabina de un camión. Sobre esa base, se carrozaron los habitáculos, al igual que se hace hoy en día con las modernas autocaravanas, según el diferente uso para el que fueran a ser destinados, dotándolos de los servicios necesarios a bordo. Se emplearon dos marcas, Ford y Chevrolet, y el carrozado corrió a cargo del fabricante Carde y Escoriaza de Zaragoza.

Hasta nuestros días tan solo se han conservado dos unidades de las cinco originales, una de ellas se puede admirar en la Sala Histórica de la Guardia Real y la otra es propiedad de un coleccionista particular. En el Museo Militar de Valencia existen dos unidades del modelo Chevrolet que fueron adquiridas ya finalizada la Guerra Civil.

MUSEO DE MEDIOS ACORAZADOS ⑤

Un siglo de guerras y tanques

Base Militar El Goloso
Carretera Madrid - Colmenar (M-607). Km 17,5
Tren Cercanías Línea C-4 Parla - Colmenar
Las visitas se realizan un sábado al mes y con cita previa: muma@mde.es
91 659 9585

El Museo de Medios Acorazados (MUMA) reúne una fantástica colección de carros de combate empleados por el Ejército español. Muchos de ellos han sido salvados del desguace y ahora constituyen un patrimonio fundamental para comprender la evolución de las estrategias militares desde 1922, año en que España adquirió su primer carro de combate.

El vehículo más antiguo es un carro ligero Renault FT, de 1917, un icono de la Brigada Acorazada que llegó de Polonia durante la Guerra Civil (1936-1939) y alcanzaba los 7,8 km/h, todo un prodigio para la época debido al exceso de blindaje para los pocos caballos de fuerza del motor. Tuvo que pasar mucho tiempo para que el Ejército lograra obtener un Panzer 4, que llegó a España en 1943 y estuvo en servicio hasta los años 60. Este vehículo, que ya alcanzaba los 50 km/h y podía llevar 98 proyectiles, es una de las joyas militares del MUMA pues es uno de los pocos carros de ese tipo que quedan en el mundo.

La evolución tecnológica, según podemos comprobar al ver el Leopard 2A4, desarrollado en Alemania en los años 70, permitió que los carros contaran con los últimos sistemas de navegación y alcanzaran velocidades mayores, en este caso los 75 km/h. Con los años, según puede comprobarse durante la visita, evoluciona la velocidad, la agilidad y la potencia de los acorazados, pero se mantienen los espacios mínimos para la tripulación.

La colección de vehículos y materiales del MUMA se complementa con uniformes, piezas de artillería y armas portátiles, como el cañón Nordenfelt de 57mm, la pieza más antigua de la colección. En realidad es una pieza naval, pero se encuentra en manos del Ejército de Tierra porque durante la Guerra Civil se montó en un tren blindado. También hay cañones soviéticos, suizos, franceses o alemanes de distintos años que fueron adquiridos por ser los más adelantados de su tiempo.

Como parte del recorrido también se puede visitar la capilla de la Purísima que, como no podía ser de otra manera dentro de un cuartel, se encuentra muy bien custodiada por cañones y carros de combate.

MUSEO DE FARMACIA MILITAR ⑥

La mosca española, el Viagra del siglo XVI

Base Logística San Pedro
Ctra. de Miraflores, Km. 34. Colmenar Viejo
Bus desde Plaza Castilla: 721, 724, 725 y 726
Lunes a viernes de 10 a 14 h. Visitas únicamente previa cita
91 628 5436 / 91 628 5421
museofarmacia@mde.es

El Museo de Farmacia Militar recoge una fantástica colección de elementos que grafican los avances científicos de los dos últimos siglos, desde el uso de plantas para elaborar medicinas hasta los actuales antídotos militares para posibles guerras nucleares.

Una de las salas más sorprendentes recrea el laboratorio yatroquímico establecido hace más de 300 años en el sótano de la Farmacia Real. En este laboratorio, y por pedido expreso del rey, se intentaba obtener medicamentos a través de la alquimia. También se muestra el botamen original de la Botica del Real Hospital de Ceuta, que sirvió de modelo a las farmacias posteriores. Entre los objetos más curiosos está la colección de plantas medicinales, animales y minerales que sirvieron para curar enfermedades en el pasado. Entre ellos destaca la llamada mosca española o *Lytta vescicatoria*, un insecto de color verde esmeralda que se popularizó por sus efectos vigorizantes a nivel sexual. Dicen que este Viagra de la época terminó con la vida del rey Fernando El Católico, empeñado a sus 53 años en tener un hijo con su segunda y joven esposa Germana de Foix, de 18 años, para asegurar la descendencia y mantener a la familia en el trono.

Son muchas más las sorpresas científicas que el visitante podrá encontrar en este cuidado museo, como las artesanales maquinarias con las que se empezaron a industrializar los medicamentos a través de la sustitución de morteros manuales por morteros mecánicos. O el funcionamiento de las farmacias de campaña con sus pesados botiquines que, gracias a un minucioso trabajo de carpintería, lograban mantener intactos los equipos de análisis químicos, toxicológicos y bacteriológicos en los largos y escarpados recorridos por los campos de batalla.

El museo se ubica dentro de una base militar donde actualmente se fabrican los antídotos y medicamentos no rentables en la industria farmacéutica privada. Es decir, si se diera un ataque biológico, si ocurriera una catástrofe química o se expandiera un virus letal en España la cura saldría de este recinto, según se explica al detalle en la última sala.

MUSEO VETERINARIO COMPLUTENSE

⑦

Tecnología de punta para los caballos de guerra

Hospital Clínico Veterinario Complutense
Avenida Puerta de Hierro s/n
Metro Ciudad Universitaria
Visitas previa cita: 91 394 3789
museovet@vet.ucm.es

Dentro el Hospital Clínico Veterinario Complutense, el Museo Veterinario es un interesante museo que da buena cuenta de la importancia que antiguamente tenía el caballo dentro de los ejércitos. A través de sus vitrinas y de las más de 3000 piezas que componen la colección, se puede apreciar un instrumental científico de todo tipo: útiles antiguos de cirugía, odontología, obstetricia, farmacia, aparatos de análisis biológico y las prótesis que sirvieron para mantener en condiciones óptimas a los caballos y alargarles la vida útil. Además, todo el instrumental de reproducción artificial, los fuelles y las fraguas portátiles para acelerar la producción de herraduras, los martillos de campaña y los laboratorios móviles describen con mucho detalle una época donde los adelantos tecnológicos ponían mayor énfasis en los caballos. Ellos recibían cuidados equivalentes a los que reciben los medios de transporte motorizados actuales.

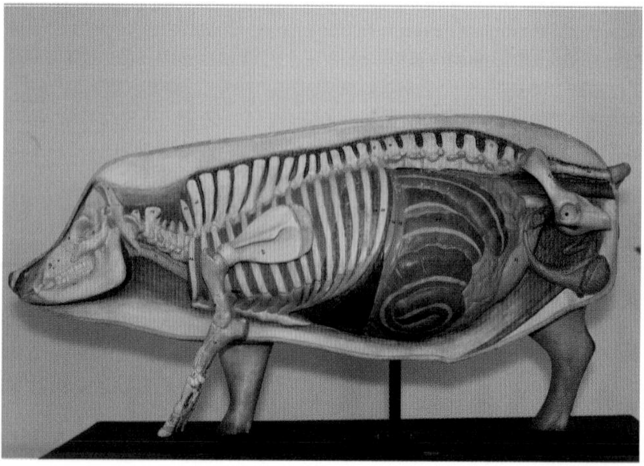

Aunque sufrió muchas pérdidas durante la Guerra de la Independencia, la Guerra Civil y las numerosas mudanzas, el valioso conjunto patrimonial de este museo se ha ido nutriendo desde 1793, cuando se creó el Real Colegio Escuela de Veterinaria de Madrid. Desde entonces se han preservado modelos anatómicos en cera y madera policromada, láminas y óleos de representaciones anatómicas, esqueletos y piezas óseas de distintos animales de los que se venden por grandes sumas en mercadillos del mundo.

Aunque en sus orígenes la medicina veterinaria estuvo centrada en los caballos por su importancia como medio de transporte y arma de guerra, con los años se fue extendiendo a otros animales y el museo también da cuenta de ello a través de objetos, material quirúrgico y maquetas. También informa sobre otros alcances de la veterinaria en el pasado, como la desinfección, desratización y desinsectación.

Entre las curiosidades que encierra el museo están la serie de mordazas empleadas en castraciones y operaciones de hernias o la colección de objetos de biometría y valoración morfológica para estimar la edad de los caballos. También una colección procedente del Museo de Antropología Forense y Criminalística (ver página 72): la colección de animales tóxicos y ponzoñosos como anfibios, reptiles, arácnidos y peces.

BURROLANDIA

⑧

Salvemos a los burros

Autovía de Colmenar Viejo, Km. 21
(Salida Tres Cantos- Soto de Viñuelas, consultar el trayecto en la web)
Domingos de 10:30 a 14:30 h
63 005 8428 / 63 996 2728
www.amiburro.es
Autobús 716, salida desde la Plaza de Castilla.

Burrolandia, a tan sólo 15 minutos de Madrid, es la única reserva de la Comunidad de Madrid dedicada a proteger al burro que la Asociación Amigos del Burro mantiene en Soto de Viñuelas, uno de los parajes más silvestres de la región. Levantada con materiales de reciclaje y con la buena voluntad de sus socios, la finca permite adentrarse en la vida agrícola, y ofrece una grata convivencia con los burros y otros animales como ovejas, conejos, gallinas, cerdos y hasta una cierva criada con biberón. Adornada con aperos y objetos de labranza, la casa es una especie de museo agrícola interactivo donde se aprende el ciclo biológico del burro y el modo de trabajar de nuestros antepasados con artilugios casi en desuso.

También se proponen actividades como la Ruta del Agua, una excursión por el Monte de Viñuelas, que suele durar entre 3 y 4 horas. La práctica del senderismo se alterna, para los niños, con la subida a lomos de los pollinos más dóciles o en carretas tiradas por estos. Además, en el albergue se puede participar de otras labores: ayudar al pastor a esquilar a las ovejas, dar de comer a los pollinos, cepillarlos o pintar láminas referentes a la vida rural. La reserva, para subsistir, pone a la venta productos de cosmética elaborada con leche de burra y objetos cuyo lema es el burro: calendarios, camisetas o cuadernos. Para ello suelen organizar un rastrillo trimestral, pero algunos productos se venden todos los domingos. El fin es preservar a esta especie cuyo censo ha disminuido de manera sobresaliente, pues ha pasado del millón en los años 70 a 60 000 en la actualidad. Burrolandia ha hecho posible no sólo recuperar a los burros desahuciados y abandonados, sino también favorecer la cría de 27 pollinos y dos burdéganos (mezcla de caballo y asna).

Las propiedades de la leche de burra

La leche de burra es la más parecida a la leche materna. Sus propiedades ya eran conocidas en Egipto (se dice que Cleopatra se bañaba en leche de burra para mantenerse joven y bella) Grecia, Roma y en París, donde los orfanatos contaban con varios ejemplares para alimentar a niños y enfermos. Sus propiedades cosméticas, cicatrizantes y regeneradoras son notables pues contienen ácidos grasos, retinol y vitaminas del grupo B. En la actualidad, la leche de burra ha perdido su relevancia debido a su baja producción (un litro diario frente a los 20 que da la vaca) y al periodo de lactancia que comienza a los cuatro años de edad del animal.

PUENTE DEL PARQUE CASTILLA-LA MANCHA

9

El primer puente impreso en 3D del mundo

Calle del Pintor Murillo, 25
Metro Manuel de Falla
Tren de Cercanías Valdelasfuentes

En el Parque Castilla-La Mancha de Alcobendas se puede recorrer el primer puente peatonal impreso en 3D del mundo. La innovadora obra, impresa en hormigón, tiene una longitud de 12 metros y una anchura de 1,75. El diseño, a cargo del Instituto de Arquitectura Avanzada de Cataluña (IAAC), se basa en los principios de la arquitectura orgánica y biomimética: presenta formas inspiradas en la naturaleza y profesa respeto por la misma. Fue concebido con la idea de optimizar el uso de materiales, minimizar los residuos y reciclar los sobrantes.

Detrás de este puente color blanco por el que los vecinos cruzan un apacible arroyo, hay un esfuerzo conjunto grandioso que, además, es un símbolo de la tecnología punta en España. El IAAC trabaja desde hace más de 15 años en la investigación de sistemas de impresión 3D a gran escala, una veta muy poco explorada en el campo de la arquitectura hasta el momento. El puente, compuesto de ocho piezas, fue ejecutado por Acciona, una empresa dedicada al desarrollo de infraestructuras y energías renovables, que puso al servicio del proyecto un equipo multidisciplinar de ingenieros mecánicos, arquitectos y profesionales del Ayuntamiento de Alcobendas. El proyecto contó también con la asesoría de Enrico Dini, el ingeniero italiano conocido como "el hombre que imprime casas" e inventor del sistema de impresión a gran escala más grande del mundo (D-Shape).

El puente fue inaugurado el 14 de diciembre de 2016 y está abierto al público. No hay ninguna señal en el parque que indique su ubicación, pero es fácil encontrarlo.

COLECCIÓN MUSEO BONSÁI DE ALCOBENDAS

⑩

Un espacio para la contemplación

Avenida Olímpica, s/n
91 765 2041
Metro Marqués de la Valdavia
Lunes a viernes (visitas previa cita). Sábados, domingos y festivos de 11 a 14 h y de 18 a 21 h

En un rincón del Parque Arroyo de la Vega se esconde el apacible Museo del Bonsái de Alcobendas, un edificio de trazado minimalista que alberga una preciosa colección privada de pequeños árboles.

El edificio fue proyectado y construido en 1995 por Luis Vallejo con la colaboración del arquitecto Antón Dávila. Vallejo es el director y conservador del museo, además de un prestigioso bonsaista premiado con la Orden del Sol Naciente por el Emperador de Japón. Vallejo donó buena parte de su colección para que el público en general pueda disfrutar de un paseo por este bosque en miniatura.

Dentro del edificio el visitante encontrará unos módulos de hormigón que crean una especie de laberinto entre los más de 1000 bonsáis que pueden verse. En su mayoría, los bonsáis son autóctonos, aunque también hay ejemplares chinos y japoneses colocados sobre mesas de madera enmarcadas con traviesas de ferrocarril.

A lo largo del recorrido, el visitante podrá familiarizarse con estos pequeños árboles de origen chino cuya técnica de podado fue perfeccionada en Japón hace más de 2000 años. Su nombre significa "planta en una bandeja" y en este museo el visitante puede aprender la técnica de empequeñecimiento: la forma en que se podan, pinzan, alambran y modelan los árboles, siempre intentando (y esto es lo más importante) recrear una escena de la naturaleza con sentido estético y destreza técnica.

Entre los ejemplares más originales está el arce de cinco puntas, que en Japón se conoce como *shishigashira* o "melena de león". También se encuentran ejemplares de olivos silvestres o acebuches, pinos, robles, enebros, encinas o cipreses de Hinoki.

Un detalle bastante singular del museo es que no todos los bonsáis están en permanente exhibición sino que se hacen rotar cada tanto para que el visitante pueda notar con claridad -a través del cambio en las tonalidades de las hojas- el paso de las estaciones. El museo también imparte talleres y conferencias para conocer las técnicas, cuidados y secretos del arte milenario del bonsái.

MUSEO PICASSO DE BUITRAGO COLECCIÓN EUGENIO ARIAS

11

El amigo peluquero de Picasso

Plaza de Picasso, 1
28730 Buitrago del Lozoya
70 kilómetros de Madrid
91 868 0056
Bus 191 desde Plaza Castilla
Martes a viernes de 11 a 13:45 h y de 14 a 18 h. Sábados de 10 a 14 h y de 16 a 19 h. Domingos y festivos de 10 a 14 h
www.madrid.org/museopicasso

Picasso, como Sansón, guardaba un secreto en el pelo: tenía miedo que quien poseyera sus cabellos pudiera ejercer algún poder sobre él. Solo sus mujeres, que fueron varias, podían cortárselo, pero las mechas que caían al suelo debían envolverse en papel de seda o guardarse en una caja. Lo mismo hacía con sus uñas y su ropa vieja.

El artista tuvo un amigo íntimo, alguien con quien dejaba de sentirse vulnerable frente a la posibilidad de un hechizo: Eugenio Arias, barbero y peluquero español con quien coincidió en Vallauris, Francia, durante el exilio. Arias nunca dejó que Picasso pagara los cortes de pelo y él, en agradecimiento, le regaló dibujos, carteles firmados, litografías o libros de arte a los que añadía pequeños dibujos, pero también piezas de cerámica y una caja de útiles de peluquero pirograbada con escenas de tauromaquia, afición que ambos compartían.

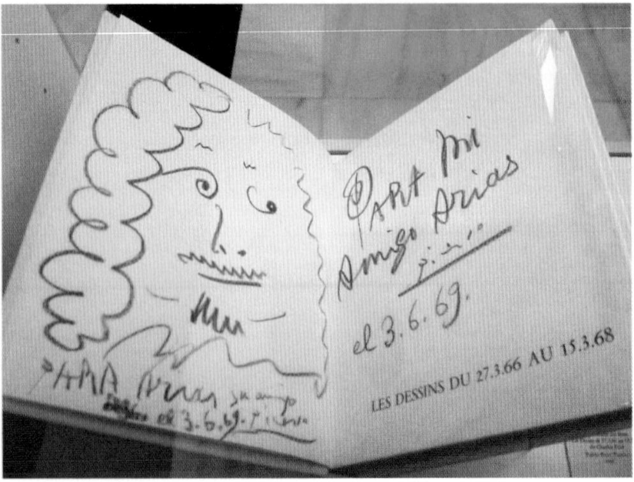

Picasso murió en 1973. Nueve años después, Arias cedió a la Diputación de Madrid los regalos que le hizo su amigo con el fin de abrir un pequeño museo privado. La colección incluye dibujos que abordan diferentes temas, desde la fiesta taurina hasta referencias a Rembrandt, su famosa paloma de la paz así como algunos retratos, entre los que destaca el de Jacqueline, la última musa de Picasso.

La colección de Eugenio Arias se complementa con fotografías de André Villers y ocho piezas de cerámica provenientes de la antigua Diputación Provincial de Madrid. Todos estos objetos, 75 en total, pudieron hacer rico a su dueño si hubiera aceptado ese cheque en blanco que le extendió un millonario japonés tras la muerte de Picasso. Pero Arias no vendió las piezas. Prefirió contribuir a la creación de este curioso museo monográfico en el pueblo donde nació, Buitrago del Lozoya (a 70 kilómetros de Madrid), que recordará para siempre su amistad con el pintor.

LA CAPILLA MÁS ALTA DEL MUNDO ⑫

Su luz permanente visible desde el exterior indica a los madrileños dónde se encuentra exactamente el Sagrario

Torre Espacio
Paseo de la Castellana, 259D
Metro Begoña
Todos los días laborables a las 8:30 h, excepto los miércoles a las 14:05 h
www.capillatorreespacio.es

A media altura de la cara norte de la Torre Espacio, la más singular del complejo Cuatro Torres Business Area, una parpadeante luz verde llama la atención cuando cae la noche. En la planta 33 de la torre, que se corresponde con la edad de Cristo cuando murió en la cruz, se localiza una capilla-oratorio de culto católico para atender las necesidades espirituales de los inquilinos del rascacielos. Se encuentra presidida por un gran crucifijo y la Virgen de la Inmaculada, patrona de España.

Situada a 135 metros de altura sobre el Paseo de la Castellana, está considerada como la capilla más alta del mundo sobre el nivel del suelo (no sobre el nivel del mar: cualquier iglesia en Quito en Ecuador o La Paz en Bolivia sería más alta…).

Con una superficie de apenas 150 m^2 y una capacidad para treinta personas sentadas y otras tantas de pie, celebra desde el año 2009 regularmente la Santa Misa todos los días laborables de la semana.

La capilla Torre Espacio únicamente se puede visitar para participar en los actos religiosos que en ella se celebran y, debido a su aforo limitado, es necesario solicitar al menos con un día de antelación la reserva de plaza a través de su página web www.capillatorreespacio.es. Por razones de seguridad, no está autorizado el acceso a niños menores de diez años.

La Torre Espacio, con 230 metros de altura, es el cuarto rascacielos más alto de España. Durante unos días de 2007 tuvo el honor de ser el edificio más elevado del país, siendo destronado al poco tiempo por los 249 metros de la vecina Torre de Cristal. Su fachada está cubierta de vidrio y las plantas, que tienen forma cuadrada en la base, se modifican a medida que aumenta la altura hasta alcanzar una forma ojival, formando una curva que matemáticamente representa la función coseno.

MUSEO TIFLOLÓGICO DE LA ONCE ⑬

Un museo para tocar

Calle La Coruña, 18
91 589 4219
museo.once.es
Martes a viernes de 10 a 14 h y de 17 a 20 h. Sábados de 10 a 14 h
Metro Estrecho

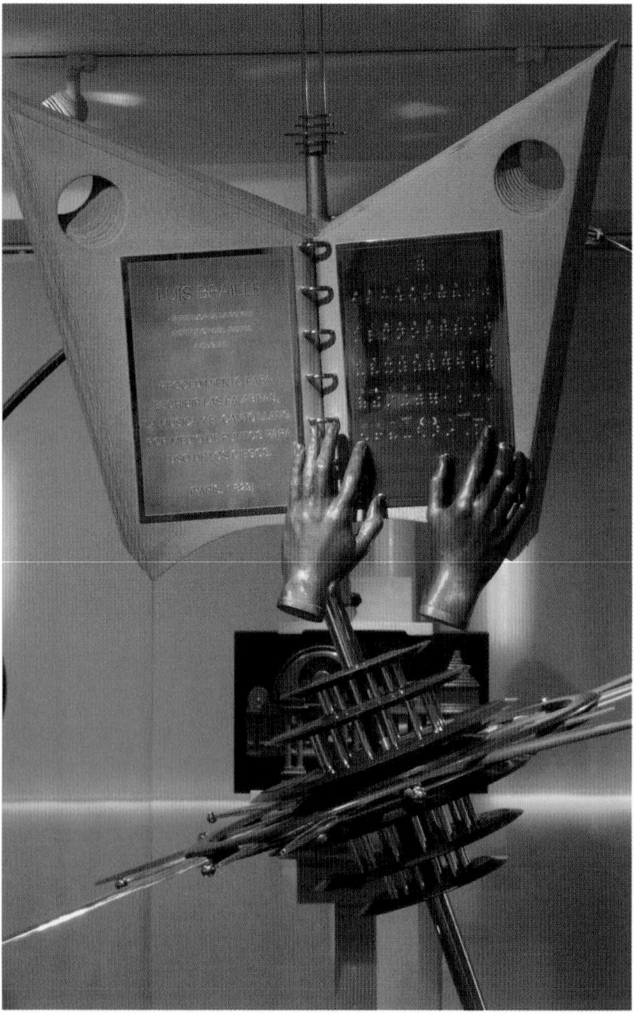

Diseñado especialmente para personas que sufren discapacidades visuales, el singular Museo Tiflológico de la Organización Nacional de Ciegos Españoles (ONCE) se divide en tres áreas: la sala de material tiflológico; la sala de obras realizadas por artistas ciegos y deficientes visuales; y la sala de reproducciones de monumentos españoles y extranjeros.

El museo ocupa 1500 metros cuadrados distribuidos en dos plantas, y está completamente acondicionado para que lo puedan visitar y disfrutar personas con problemas visuales y usuarios en sillas de ruedas. Quizás lo más curioso para el visitante sean las maquetas de monumentos célebres, como el Coliseo romano, la ciudad de Jerusalén completa, la Puerta del Sol de Tiahuanaco de Bolivia o el Acueducto de Segovia, entre otros monumentos y esculturas que forman parte del patrimonio cultural de la humanidad. Todas ellas construidas con materiales que permiten apreciar al tacto los principales rasgos de su arquitectura. Sorprende, incluso, nada más entrar, un mural a escala que reproduce en relieve las pinturas de la cueva de Altamira. Igualmente interesante es la colección de material tiflológico, que recoge todo lo relacionado con la cultura y la educación a partir de mediados del siglo XIX en relación al aprendizaje de la escritura, el dibujo, las matemáticas y la música de los ciegos. Allí se puede conocer la historia y la evolución del Braille y de otros procedimientos de escritura alternativos, como el sistema Llorens, el sistema Sor y el sistema Moon, que intentaban encontrar una fórmula de escritura válida para ciegos y videntes simultáneamente. Entre las muestras de maquinaria tiflo-tecnológica, destacan una máquina para escribir en taquigrafía Braille de la década de 1930, varias calculadoras adaptadas para ciegos y el mapa en relieve de la península Ibérica, fechado en 1879 y obra del profesor Francisco Just i Valentí (1842-1926), elaborado con distintos materiales, como cuero, papel, cartulina y telas de distintas texturas.

La palabra tiflológico viene del griego *tiflos*, qui significa ciego.

RESTOS DEL MURO DE BERLÍN

⑭

« Planchas de hormigón » de Berlín en Madrid

Parque de Berlín
Avenida de Ramón y Cajal, 2
Metro Concha Espina

Los días posteriores al 9 de noviembre de 1989, los sonidos de martillos y picos que llegaban a todos los rincones de Berlín marcaron un antes y un después en la Historia. Caía el Muro de Berlín y llegaba el adiós a la división de una ciudad a la que todos acudieron en masa para cruzar la frontera e intentar derribar ellos mismos, e incluso llevarse de recuerdo a casa un pedazo, del muro.

Como ellos, el resto del mundo también quería su recuerdo simbólico de la caída. Así, algunos empezaron a ver en la venta de los escombros un negocio e incluso se crearon mercadillos donde se podía elegir el pedazo deseado, con más o menos grafitis. La República Democrática Alemana también participó regalando algunas piezas (por ejemplo al papa Juan Pablo II) y vendiendo otras tantas, como las tres que llegaron a Madrid en 1990.

Desde 1966 Madrid contaba ya con un espacio dedicado a la capital alemana, debido en parte a que el Colegio Alemán se encontraba en la misma zona y a que en aquel tiempo el alcalde de Berlín Occidental, Willy Brandt, ofreció una visita oficial a la ciudad.

Cuando en 1990 algunos periódicos españoles comenzaron a regalar a sus lectores pedazos del Muro de Berlín que aún se comercializaban, el entonces alcalde de Madrid Agustín Rodríguez Sahagún pensó que el Parque Berlín era idóneo para recordar y rendir homenaje a la caída del Muro de Berlín. Así, tres piezas completas del muro de tres millones de pesetas cada una con sus pintadas correspondientes fueron trasladadas desde Alemania y declaradas en la frontera como "planchas de hormigón" para evitar problemas.

Al llegar, la leyenda popular dice que los encargados de la limpieza del parque intentaron limpiar esos pedazos de muro tan llenos de pintadas antes de lucirlos en público. Afortunadamente, y si la historia es verídica, no les dejaron hacerlo y los grafitis originales siguen recordando la Historia de Alemania desde un rincón al norte de Madrid.

EN LOS ALREDEDORES

La iglesia de los mexicanos (15)

Frente al Parque Berlín, el puntiagudo tejado de una modernista edificación llama la atención del paseante entre los árboles. Primera obra de un arquitecto mexicano en España, la iglesia tiene una forma que recuerda a la enorme Basílica de Guadalupe de Ciudad de México. Está dedicada a la misma imagen, que en su interior se encuentra enmarcada por las banderas española y mexicana.

ESCULTURA DE FAUSTO EN EL CEMENTERIO DE LA ALMUDENA

⑯

Leyenda y realidad sobre el ángel apocalíptico

Cementerio de Nuestra Señora de La Almudena
Avenida Daroca, 90
Invierno: de 8 a 19 h (octubre- junio)
Verano: de 8 a 19:30 h (julio- septiembre)
91 510 8464/ 91 510 8469
Metro La Elipa

Quienes visiten el Cementerio de la Almudena verán, justo en la entrada, una capilla mortuoria cuya cúpula está coronada por un ángel al que los madrileños llaman Fausto. Este ángel tiene sobre sus rodillas una trompeta apocalíptica que representó el tema central de una leyenda fatídica.

Este singular ángel apocalíptico tiene una historia muy curiosa relacionada con la inauguración del Cementerio de Nuestra Señora de la Almudena, patrona de Madrid: la inauguración tuvo lugar un año antes de lo previsto, el 15 de junio de 1884, debido a un brote de cólera en la ciudad que llevó a decidir habilitar un cementerio provisional que se dio a conocer como el "Cementerio de Epidemias".

Originalmente, la estatua de Fausto estaba en la entrada del cementerio. Pero Fausto, que representa al ángel anunciador del Juicio Final que con su trompeta proclamará el día en que los muertos volverán a la vida, era temido por los madrileños, quienes de inmediato empezaron a inventar historias en torno al supuesto sonido de su trompeta, algunos incluso aseguraron haber visto un muerto andar entre las lúgubres estancias del cementerio mientras sonaba el instrumento. Oírlo significaba, de hecho, que la muerte estaba cerca.

Tal era el terror que infundía la estatua que la cambiaron de sitio y la modificaron: en 1924 (según fuentes fiables), la colocaron en la cúpula de la capilla de estilo modernista, obra del arquitecto García Nava, y por lo tanto en un lugar menos visible que antes. Detalle inquietante: si el ángel original, también sentado mientras esperaba el día del Juicio Final llevaba la trompeta en la mano derecha, a la altura de la cabeza, la estatua actual la lleva sobre sus rodillas. ¿Se pretendía así romper el maleficio?

El mensaje oculto de Fausto

El término latino *Faustus* significa "favorable, auspicioso", un significado bien distinto al que le da la tradición popular al considerarlo el "ángel de la muerte". Asimismo, el día del Juicio Final, lejos de significar "el fin del mundo", indica más bien "el fin de los tiempos", es decir, el final de un ciclo y el inicio de otro: el de una nueva era donde la humanidad logra una mayor espiritualidad.

SIMBOLOGÍA MASÓNICA EN EL CEMENTERIO DE NUESTRA SEÑORA DE LA ALMUDENA

⑰

El Oriente Eterno de la masonería

Avenida Daroca, 90
Invierno: de 8 a 19 h (octubre - junio)
Verano: de 8 a 19:30 h (julio - septiembre)
91 510 8464/ 91 510 8469
Metro La Elipa

A la derecha de la calle central del cementerio de Nuestra Señora de La Almudena, entrando por la puerta principal del cementerio, llaman la atención las monumentales tumbas de varios masones célebres.

Antonio Rodríguez García-Vao (1862- 1886), periodista, poeta y escritor republicano, militó en el Gran Oriente Español y Rito Escocés Antiguo y Aceptado, y fue apuñalado por un desconocido la noche del 18 de diciembre de 1866 falleciendo unas horas después. A su entierro, presidido por Nicolás Salmerón, asistieron numerosos masones, republicanos, intelectuales y artistas de la época. Sobre su tumba, y por suscripción popular, se erigió un mausoleo en su honor: es el primero a la derecha de la entrada al cementerio. El mausoleo tiene forma de obelisco y muestra la efigie del fallecido. En la masonería el obelisco representa la "piedra puntiaguda" o "piedra de la perfección" del Maestro masón. Sobre el monumento hay un triángulo y un compás, símbolos del Gran Arquitecto en el Oriente Eterno, adonde irá el alma del fallecido masón.

La tumba de Nicolás Salmerón Alonso (1838–1908), tercer presidente republicano español conocido como el Maestro masón, impresiona por su singularidad: dos columnas delante de un triángulo de piedra en representación de las dos principales columnas situadas en la entrada del Templo de Salomón, donde Dios, como Unidad y Trinidad, se manifestaba a la asamblea de los fieles de la primitiva Israel. Construido en 1915, este monumento fúnebre lleva inscrito el siguiente epitafio: "Por la elevación de su pensamiento, por la rectitud inflexible de su espíritu, por la noble dignidad de su vida, Nicolás Salmerón dio honra y gloria a su País y a la Humanidad".

Tampoco pasa desapercibido el túmulo de Ramón Chíes, fallecido en Madrid en 1894. Chíes fue director de *Las Dominicales de Libre Pensamiento*, semanario de información masónica y republicana. El cenotafio presenta un triángulo invertido en cada una de sus cuatro caras, símbolo de la muerte masónica, y en la parte superior se pueden ver los tres puntos masónicos representativos de la masonería simbólica (Aprendiz – Compañero – Maestro) y de la Divinidad Suprema, a quien llaman Gran Arquitecto del Universo.

Un poco más adelante se puede ver otro sepulcro, también de porte imponente: el mausoleo dedicado a Pi y Margall (1824-1901), presidente del Poder Ejecutivo de la I República Española y masón distinguido. Sobre el pórtico de la entrada del mausoleo, la cabeza del ángel alado viene a representar la libertad y el libre pensamiento que Pi y Margall defendió hasta los últimos días de su vida.

En el cementerio existen otras tumbas de personajes que tuvieron una relación directa con la masonería, como la famosa columna partida con la escultura de la escuadra y el compás entrelazados, insignia universal de la masonería. El lazo entre ambos está hecho según la forma del llamado "lazo de amor", es decir, "amor partido para el Oriente Eterno". El mensaje de esta tumba anónima es, tal vez, el más significativo del cementerio.

El sepulcro de la familia Serna Alonso Sanz San Miguel fue encargado por el masón Francisco Sanz, que allí reposa. La parte frontal presenta un triángulo masónico donde se puede leer el epitafio: "Sonreídme, que voy a donde estáis vosotros, los de siempre".

En la discreta sepultura de Antonia Rubio, masona del Rito Femenino, se pueden ver la escuadra y el compás entrelazados e inclinados hacia unas hojas de acacia, que en el simbolismo masónico representan la iniciación y la inmortalidad.

Por último, y sin citarlas todas, están las tumbas de Julián Sanz del Río (1869), Fernando de Castro (1874), Pablo Iglesias (1925) y Julián Besteiro (1940).

El cementerio fue construido casi un siglo y medio después de la aparición, en 1728, de la primera logia masónica en España, formada en Madrid por Philippe Duque de Wharton, ex Gran Maestro de la Gran Logia de Inglaterra.

LA FLORACIÓN DE LOS ALMENDROS DEL PARQUE QUINTA DE LOS MOLINOS

(18)

Un parque de cuento japonés

Quinta de los Molinos
Miami, 5 y Alcalá, 527
Segunda y tercera semana de marzo
Todos los días de 6:30 a 22 h
Metro Suances

Al finalizar el invierno, el Parque Quinta de los Molinos ofrece un hermoso espectáculo natural: la floración de más mil almendros. Esto ocurre durante la segunda y la tercera semana de marzo y permite ver un manto de color blanco y rosa, una suerte de estampa japonesa, que no se repite en otra época del año.

Además de los almendros, que hacen de la Quinta de los Molinos un parque único en su género, el paseante también puede disfrutar de decenas de olivos, abedules, celindos, eucaliptos, mimosas, y grandes y espesos arbustos que le dan un toque silvestre al parque. A lo largo de los senderos y caminos que atraviesan las 25 hectáreas de parque se pueden ver hiedras, petunias, aligustres, lirios y un sinfín de flores y arbustos. En la zona norte se ubica la llamada Casa del Reloj, donde hasta hace unos años se impartían clases de jardinería, y también el palacete de aires vieneses, construido en 1925.

El nombre del parque proviene de los dos molinos de viento que todavía pueden verse en la zona del palacete, y que representan la punta del iceberg del complejo sistema de circulación que utilizaban. Este sistema de riego tenía su origen en los pozos y manantiales descubiertos al construir la finca. Para almacenar y distribuir el agua se construyeron varias albercas, embalses y fuentes que a su vez cumplieron –y hasta hoy cumplen– una función ornamental.

La Quinta de los Molinos perteneció al conde de Torre Arias, quien a principios del siglo XX lo cedió –a modo de regalo– al arquitecto alicantino César Cort Boti, profesor de Urbanismo en la Escuela de Arquitectura y concejal del Ayuntamiento. Cort adquirió las propiedades aledañas hasta llegar a sumar casi treinta hectáreas de terreno, donde construyó un inmenso jardín de tipo mediterráneo. Hacia 1982 los herederos de Cort llegaron a un acuerdo con la Gerencia Municipal de Urbanismo y cedieron al Ayuntamiento tres cuartas partes de la propiedad. El resto, más o menos cinco hectáreas de terreno de una zona no arbolada, fue utilizado para un proyecto inmobiliario. Gracias a este acuerdo el parque fue abierto al público y hoy es todo un privilegio poder pasear por una isla verde en la que no abundan los visitantes.

ESCULTURA DE MANOLETE

(19)

Un homenaje en bronce con motivo del 50 aniversario de su mortal cogida

Alcalá, 557 esquina con Avenida de Canillejas a Vicálvaro
Metro Torres Arias

En la misma boca de la estación de metro Torres Arias, junto a las tapias de la finca homónima y ante un jardincillo municipal, en plena calle de Alcalá, nos encontramos sobre un pedestal de granito, esculpida en bronce, la figura del que fuera uno de los toreros más importante del siglo XX, Manuel Rodríguez "Manolete".

La estatua es obra de Luis Sanguino, pesa 700 kg y mide 2,25 metros. Muestra al diestro vestido con traje de luces, erguido y desafiante, con el rostro pálido, mientras exhibe, con los brazos en alto, en la mano derecha el rabo del animal y en la izquierda sus dos orejas, prueba de su triunfo en el ruedo. A sus pies, un sombrero cordobés y otro charro mexicano representan sus triunfos en España y en México, como tributo a ambas aficiones. Se erigió en el año 1997 en conmemoración del 50 aniversario de la muerte del torero cordobés en la plaza de toros de Linares (Jaén) el 28 de agosto de 1947, ocasionada por la cornada de un toro de la ganadería de Miura, de nombre "Islero", cuando entraba a matar. Una pena negra se apoderó de la piel de toro, se fue el símbolo de una época. Manolete fue una figura irrepetible con el aura de misticismo que solo envuelve a los grandes.

Una réplica de esta obra se encuentra en la ciudad mexicana de San Luis de Potosí.

Otras esculturas taurinas

Podemos encontrar otras esculturas taurinas en bronce de Luis Sanguino en los alrededores de la plaza de toros de Las Ventas: el monumento a Antonio Bienvenida, un grupo escultórico formado por ocho figuras sobre un pedestal bajo de granito, el monumento a José Cubero "El Yiyo", un gran prisma con una altura de siete metros, y el mural El encierro, alto relieve compuesto por siete toros, dos cabestros y dos mayorales dirigiendo la manada en el campo. Y una más dedicada a "El Yiyo", vecino de San Blas, en el parque de Canillejas, toreando.

HUELLAS DE LA GUERRA CIVIL EN EL PARQUE EL CAPRICHO

⑳

Un búnker y un polvorín

Alameda de Osuna s/n
Sábados, domingos y festivos de 9 a 18:30 h (del 1 de octubre al 31 de marzo)
Sábados, domingos y festivos de 9 a 21 h (del 1 de abril al 30 de septiembre)
Metro El Capricho

El Capricho es el parque romántico más bello de la ciudad, pues conserva cierto aspecto onírico que hace de él un parque distinto del resto. Quizá es por esto que está prohibido visitarlo en bicicleta, con mascotas o incluso llevar comida. Fue mandado construir por doña María Josefa Alonso Pimentel, duquesa de Osuna, a finales del siglo XVIII. Su proyecto obedecía al deseo de poseer un rincón donde plasmar su gusto por las tendencias tan de moda en la época. Fue por eso por lo que mandó construir un palacete rodeado de unos jardines a los que no les faltaba detalle, desde el laberinto de arbustos, la exedra con las esfinges hasta el templete griego dedicado al dios Dionisos.

El parque también ha pasado por épocas complicadas, como cuando el ejército francés utilizó las dependencias como campamento para sus soldados, durante la Guerra de la Independencia, a principios del siglo XIX. Una vez finalizada la guerra, y de nuevo en manos de sus legítimos dueños, pasó por la historia sin pena ni gloria, lejos quedaron las fastuosas celebraciones que solía organizar la duquesa de Osuna. No fue hasta la II República cuando se declaró Jardín Histórico, aunque en pocos años se convertiría en un enclave estratégico para la defensa de la capital durante la Guerra Civil. En aquellos tiempos el general José Miaja instaló en el parque el cuartel desde donde dirigió la defensa de Madrid. Bajo la amenaza de la invasión de la capital por parte de las tropas rebeldes, el Estado Mayor del Ejército del Centro se trasladó al búnker que había ordenado construir el general, donde más tarde se decidiría la rendición de Madrid.

El búnker, de unas dimensiones considerables, se encuentra junto al palacete, mientras que a la entrada del parque se situó el polvorín que abasteció a gran parte de sus tropas. En la actualidad se encuentran cerrados al público aunque durante la visita al parque se pueden ver las puertas de acceso y los respiraderos.

En los años sesenta el parque fue uno de los escenarios del rodaje de la película *El Doctor Zhivago*.

Un ermitaño que no podía cortarse el pelo...

La duquesa de Osuna también mandó construir un embarcadero y una ermita para la que contrató a un ermitaño al que, según fuentes de la época, obligó a no cortarse el pelo.

CASTILLO DE LA ALAMEDA

㉑

El castillo medieval de Europa más próximo a una estación de metro

Antonio Sancha, 1 esquina con Joaquín Ibarra
De abril a septiembre: sábados, domingos y festivos de 10 a 21 h
De octubre a marzo: sábados, domingos y festivos de 10 a 18 h
Metro Alameda de Osuna, El Capricho

También conocido como Castillo de Barajas, el Castillo de la Alameda es el único vestigio de arquitectura militar del siglo XV que se conserva en la capital. Está situado en un parque público y a poco más de 500 metros de la estación de metro más cercana.

La familia Mendoza, que había adquirido una posición de privilegio en la corte de Felipe II, construyó en su señorío en torno al año 1400 este recio castillo fortificado con una gran torre del homenaje, patio central, una barrera exterior con torres en las esquinas y un foso defensivo. Se situaba entre las aldeas medievales de la Alameda y Barajas, dentro del alfoz o territorio de Madrid.

En el siglo XVI fue transformado por sus nuevos dueños, la familia Zapata (futuros condes de Barajas, que habían heredado el señorío y el castillo de los Mendoza), en palacio rural de recreo de estilo renacentista con un jardín ubicado en el foso, fuentes, albercas, bellos pavimentos de guijarros, ventanales, pórticos y galerías. Sirvió de acomodo para la reina Margarita de Austria y fue empleado como presidio de Fernando Álvarez de Toledo (III duque de Alba y gobernador de Flandes) y de Pedro Téllez de Girón (III duque de Osuna y virrey de Nápoles) quien acabó muriendo entre sus muros.

A finales del siglo XVII, el castillo es abandonado debido al declive de la familia Zapata y sus piedras son utilizadas paulatinamente para levantar tapias y edificios vecinos, como el palacete de El Capricho o el panteón de los Fernán-Núñez, herederos de la condesa al morir sin descendencia y recibir la finca y el castillo ya en ruinas.

Durante la Guerra Civil, este territorio fue la retaguardia del frente del Jarama, empleándose los restos que quedaban en pie como fortín y construyéndose junto a él un nido de ametralladoras.

El castillo y su entorno fueron restaurados y convertidos en museo en 2010. Se rehizo el foso, la planta del muro exterior y de la torre del homenaje y se protegieron las coronaciones y vanos de las partes conservadas del edificio central. El conjunto visitable lo forman los restos de un poblado prehistórico con varias fases de ocupación, la Casa del Guarda, un nido de ametralladoras de la Guerra Civil, el panteón de la familia Fernán-Núñez y el propio castillo-palacio.

La nobleza guerrera medieval se había convertido en aristocracia cortesana que gustaba disponer de cómodas residencias para su descanso. Los duques de Osuna, en el siglo XVIII, también levantaron en la zona palacetes y jardines, como el de El Capricho, de ahí que a este barrio de Madrid se le conozca como la Alameda de Osuna.

EL EXORCISTA DE LA PARROQUIA NUESTRA SEÑORA DE ZULEMA

22

El exorcista vive en Madrid

Av de Nuestra Señora de Belén, 29
Alcalá de Henares
Tren de Cercanías: La Garena
www.fortea.ws

En una ciudad que tiene un monumento a Lucifer (ver página 50), otro a Fausto (ver página 272) y donde abundan las historias de fantasmas (ver página 149), la presencia de un exorcista no resulta sorprendente.

El único exorcista activo en España se llama José Antonio Fortea y vive a media hora de Madrid, en Alcalá de Henares. La parroquia donde el cura suele dar misa no es un recinto espectacular en cuanto a arquitectura; es una construcción moderna, que además de congregar a cientos de creyentes y practicantes de la fe católica, es un lugar de encuentro –y una posible salvación- para las personas que supuestamente han sido poseídas por el demonio.

Cuenta el padre Fortea que cuando las personas son poseídas suelen presentar similares características: expulsan una baba blanca, entran en trance, blasfeman en lenguas muertas, ladran como perros y sienten una aversión física a la palabra de Dios, o a cualquier objeto que lo represente.

Según la tradición católica, el origen de la posesión se relaciona con actividades espiritistas, como jugar a la ouija, o practicar algún rito perteneciente a la santería cubana*. Otras prácticas, que no implican la invocación de espíritus, como es el caso de la lectura del Tarot, no representan ningún riesgo demoníaco, aunque sí es cierto que están prohibidas.

Muchos de los casos que el padre Fortea ha tratado no han sido considerados "posesiones" sino brotes sicóticos, como la esquizofrenia paranoide o las crisis de ansiedad. El padre sabe que se enfrenta a un caso demonológico cuando la persona rechaza cualquier tipo de oración. Por ello, antes de cualquier práctica, mantiene una larga conversación con la persona, donde hace un análisis exhaustivo de su situación para luego dictaminar si, efectivamente, se trata de una posesión o de un caso psiquiátrico.

El rito de exorcismo se lleva a cabo en la iglesia, ante la presencia de familiares y amigos de la persona poseída. El padre Fortea reza oraciones conjuratorias y, a través de ellas, lucha contra el demonio para que éste abandone el cuerpo de la persona. La cantidad de sesiones necesarias es variable.

El padre Fortea realizó una tesis sobre el exorcismo y ha sido autorizado por el mismo Vaticano para poner en práctica sus conocimientos. Además, es autor de innumerables libros sobre el tema. El más reciente es *Memorias de un exorcista*, donde cuenta las vicisitudes de un sacerdote entregado a la lucha diaria contra el demonio.

* *Santería cubana: prácticas fruto de la mezcla entre la religión católica y la tradición yoruba*

MONUMENTO A LOS OJOS

㉓

Un lugar donde sentirse realmente observado

Ambite 28580
Argabus 326-332

A 60 kilómetros de Madrid se ubica Ambite, un pequeño pueblo que esconde entre los matorrales el surrealista Monumento a los Ojos. Este insólito monumento es una construcción de tres arcos a modo de gran portalada que se encuentra íntegramente decorada con azulejos de cerámica de Talavera. Lo sorprendente de los azulejos es que todos guardan alguna relación con los ojos o el sentido de la vista: las imágenes están protagonizadas por personajes como la princesa de Éboli, Polifemo, Magdalena, Sansón o Pelé. Por regla general destacan los personajes que tuvieron mucha popularidad entre los años sesenta y setenta: personajes bíblicos, históricos, cinematográficos o científicos. También hay imágenes de ciudades, animales, objetos y refranes, siempre relacionados con los ojos. Quizás los más llamativos sean los simbólicos, como ese ser mitad dromedario mitad artista que significa "los ojos del desierto", el ojo del bíblico Tobías con la golondrina que lo dejó ciego, los ojos de Santa Lucía o el ojo lloroso de la Magdalena.

Originalmente, el monumento llegó a contar con más de 200 azulejos, pero algunos han desaparecido, se han deteriorado por el paso del tiempo o han sido víctima del vandalismo.

El monumento es una especie de crucigrama gigante pues el visitante deberá tomarse un tiempo para descifrar las imágenes; algunas visionarias pues muestran un año 2000 con platillos volantes.

Este extraño monumento es obra de Federico Díaz-Falcón (1900-1979), publicista adinerado y natural de Ambite, quien escribió libros de temática tan variada como el turismo, los burros o el humor. Era, según quienes lo conocieron, un dandi, pero también un aventurero (viajó al Polo Norte) que estaba en contra del progreso y la vida moderna. Era tan extravagante como el monumento que diseñó y que mandó construir para rendir tributo a quienes trabajan por los ojos y la vista, pero también como un lugar de consuelo para quienes padecen alguna enfermedad a los ojos y para servir de estímulo a aquellas personas que sienten que tienen un problema en la vista pero no se atreven a ir al oftalmólogo.

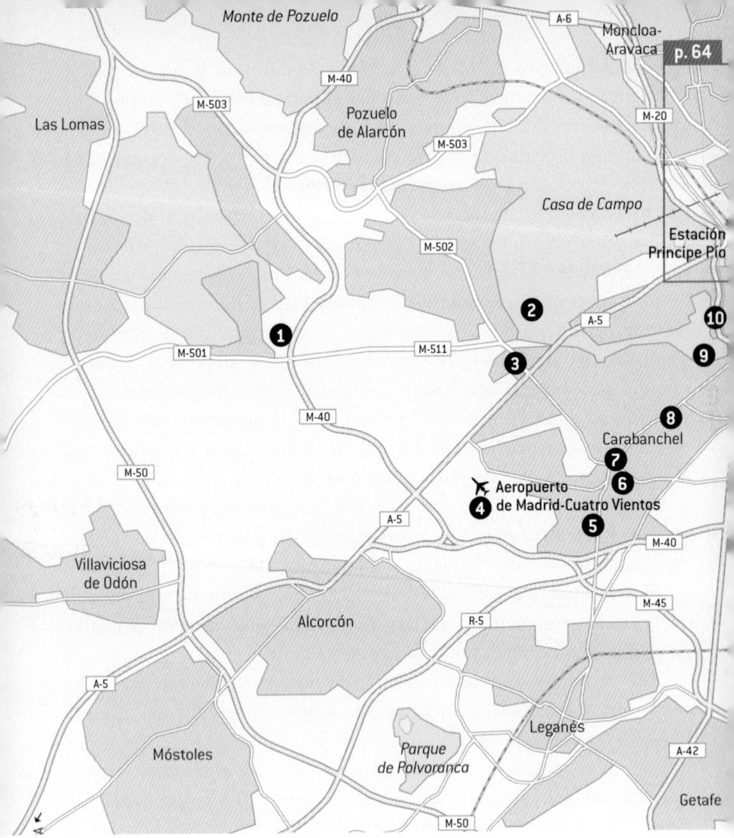

Alrededores Sur

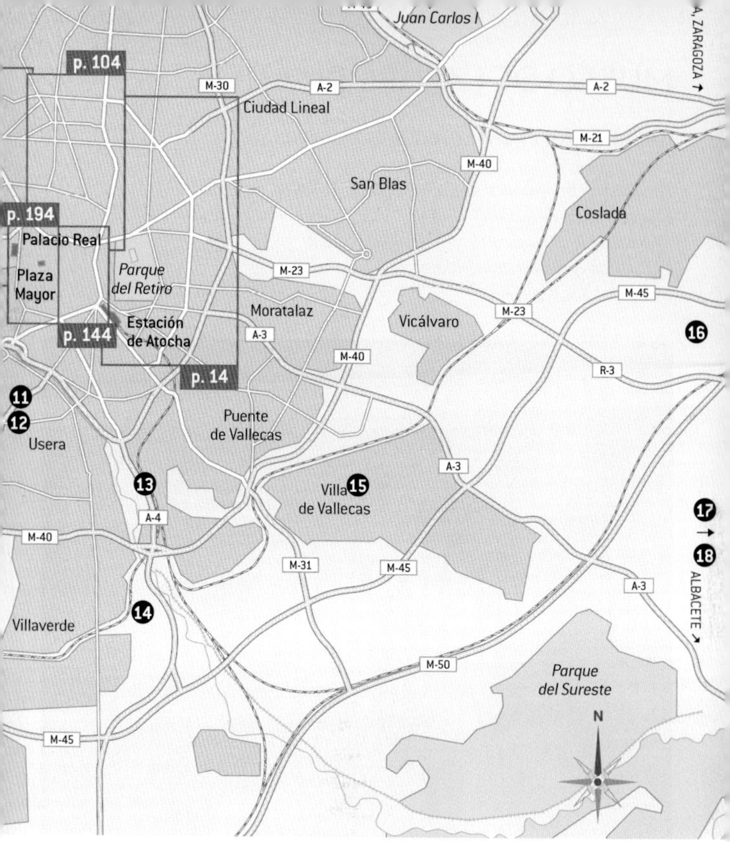
Juan Carlos I
A, ZARAGOZA →
p. 104
M-30
A-2
A-2
Ciudad Lineal
M-21
M-40
San Blas
Coslada
p. 194
Palacio Real
Plaza Mayor
Parque del Retiro
M-23
M-45
Moratalaz
Vicálvaro
M-23
16
Estación de Atocha
p. 144
A-3
M-40
R-3
p. 14
11
12
Usera
Puente de Vallecas
A-3
13
Villa 15 de Vallecas
17
18
A-4
M-40
M-31
M-45
A-3
ALBACETE ↘
14
Villaverde
M-50
Parque del Sureste
N
M-45

MUSEO DE LA INFORMÁTICA ①

Ordenadores de colección de más de 15 kilos de peso

Facultad de Informática de la Universidad Politécnica de Madrid
Bloque 5 (sala de lectura)
Viernes de 12:30 a 13:30 h y de 15:30 a 16:30 h
Para visitas guiadas: mhi@fi.upm.es
Bus 571 desde Moncloa

El Museo de la Informática recoge una gran cantidad de aparatos que hasta hace unos años fueron considerados como tecnología punta, y hoy forman parte del recuerdo. Este panteón de instrumentos obsoletos, vestigios de un pasado que parece que fue ayer, dan buena cuenta del acelerado paso del tiempo en materia de tecnología.

Una de las piezas más antiguas del museo son las memorias de ferrita, de 1950, uno de los primeros soportes empleados para almacenar información, el antecedente de los circuitos integrados, y el único real que puede verse en España.

Sin duda las piezas preferidas de los visitantes son los ordenadores personales, como el Apple II Europlus, de 1979, o el Sinclair ZX Spectrum, de IBM, lo más parecido a un ordenador portátil actual, con la diferencia de que pesa 15 kilos. Entre los más recientes están la Commodore 64, la Toshiba T1000SE, o el Apple Macintosh Plus, y entre los más aparatosos, el Secoinsa 40, de 1975, que pesa más de 800 kilos. Todos estos ordenadores se encuentran operativos aunque resultan absolutamente inútiles para los tiempos que corren, pues cuentan con menos memoria que un teléfono móvil simple.

Lady Lovelace, la hija del poeta Lord Byron: la primera programadora de la historia

Además del recorrido histórico y didáctico por las 500 piezas del museo, se comentan una serie de anécdotas bastante curiosas sobre las personalidades que se dedicaron al desarrollo de la tecnología, como Augusta Ada Byron, hija del poeta Lord Byron, y más conocida como Lady Lovelace (1815 – 1852). Esta mujer fue la primera programadora de la historia y una pionera de la computación. De pequeña la separaron de su padre, pues la madre sentía pavor de que su hija desarrollara las dotes artísticas del poeta. Lady Lovelace se dedicó a los números y diseñó varios programas para desarrollar cálculos matemáticos. En su honor existe un lenguaje de programación denominado ADA.

PUENTE DE LA CULEBRA

②

Una pasarela que ondula

Casa de Campo (acceso Puerta del Zarzón)
Camino de Húmera, 73. Pozuelo de Alarcón (Madrid)
Autobús 65

La Casa de Campo, el mayor parque público de la ciudad de Madrid, cuenta con numerosos arroyos, siendo el denominado de Meaques el más importante, un afluente del capitalino río Manzanares. Para superar dicho cauce se construyeron hasta seis puentes: el de la Culebra, el del Álamo Negro, el de la Agachadiza, el de los Neveros, el del Batán y el de Siete Hermanas, estos dos últimos ya desaparecidos.

El Puente de la Culebra es una obra arquitectónica del siglo XVIII denominada originariamente como Puente Estrecho debido a su escasa anchura para impedir el acceso de carruajes a la Casa de Campo, zona forestal históricamente adscrita a la Corona Española.

Bajo el reinado de Carlos III, el arquitecto italiano Francesco Sabatini, uno de los autores del Palacio Real, emprende entre 1780 y 1782 la tarea de construcción de este puente peatonal, considerado como la obra histórica de la Casa de Campo más espectacular y de mayor categoría artística.

El puente se emplaza en el extremo suroccidental del parque, en la zona denominada El Zarzón, cercano a la cabecera del arroyo de Meaques, donde las aguas se encuentran represadas en lo que se conoce como Estanque Chico, buen sitio para ver ánades reales y galápagos.

Es un claro ejemplo de la influencia del barroco italiano, del que Sabatini fue un buen exponente, en lo que se conoce como barroco madrileño. Además, posee una de las estéticas más expresivamente manieristas del autor.

Se compone de cuatro ojos de arcos de medio punto de ladrillo rojo y sillería de granito en forma de sinuosa balaustrada, rematado por diez pináculos ornamentales que le confieren un aire muy elegante. La pavimentación del tablero es de losas de piedra. Fue objeto de una restauración tras la desaparición de siete de sus pináculos, que fueron reemplazados por reproducciones fidedignas. Debido a la forma ondulante de sus pretiles, que asemejan una serpiente reptando, recibió popularmente el nombre de Puente de la Culebra.

La mejor forma de acercarse hoy en día al puente es desde el barrio de Campamento, por la carretera M-502. Únicamente se puede llegar hasta él a pie o en bicicleta tras entrar en el parque, pasando por encima del arroyo de Meaques: a una distancia de apenas cien metros a la derecha se encuentra fácilmente el puente. También se puede acceder desde el Zoo de Madrid, bordeando la puerta principal y caminando en dirección oeste hasta alcanzar el arroyo para remontarlo hasta llegar al puente.

MUSEO DE VETERINARIA MILITAR ③

Una colección de herrajes ortopédicos

Darío Gazapo, 3
91 512 2496
Lunes a viernes de 10 a 13 h
Pedir cita: cemilvet@oc.mde.es
Metro Colonia Jardín

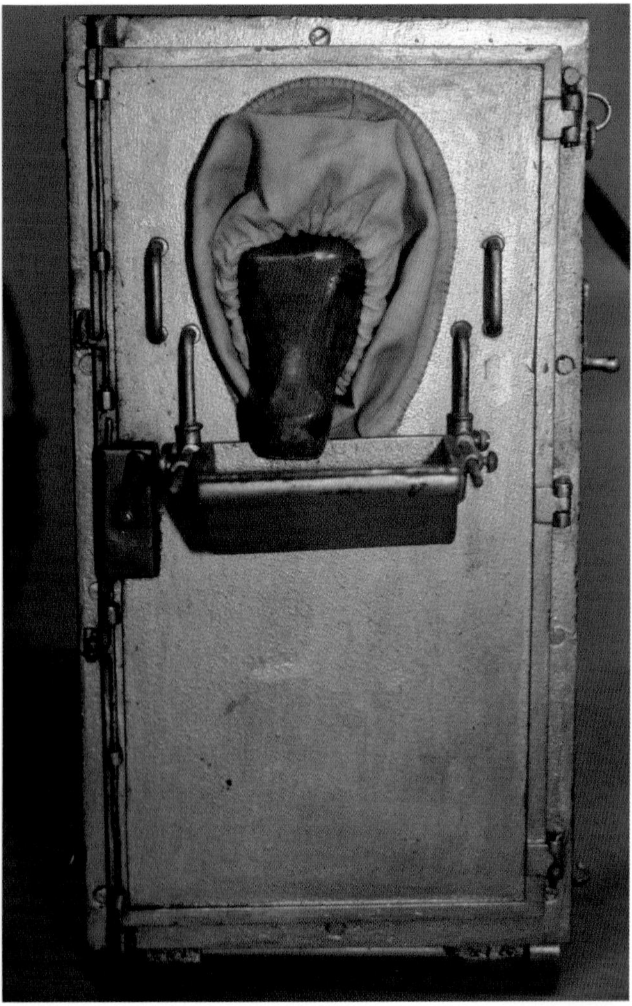

Ubicado dentro del Centro Militar de Veterinaria de la Defensa, el interesante y poco conocido Museo de Veterinaria Militar, puede visitarse sólo con cita previa.

El visitante descubrirá una serie de objetos que describen la evolución de la medicina veterinaria en las últimas cinco décadas. Se pueden ver, por ejemplo, un fogón y un fuelle que se usaban en la guerra para herrar a los caballos, así como una colección de herrajes ortopédicos.

La "sala de los recuerdos" del museo contiene una gran colección de instrumental quirúrgico como bisturís, martillos, escalpelos y pinzas de disección, así como maquetas muy originales que escenifican los antiguos métodos para desparasitar, operar o curar a los caballos. Se puede ver también una montura con un accesorio especial para llevar una camilla con un soldado herido.

La sala no es demasiado grande pero sí muy ilustrativa pues cuenta con varias secciones que describen las funciones del Centro Militar de Veterinaria, activo desde 1942. También hay distintos tipos de uniformes, botiquines de ganado, equipos reglamentarios de campaña y una colección de 130 botes para la preparación de recetas. Aunque el museo está abierto al público en general, la mayoría de los visitantes son veterinarios.

LAS EXHIBICIONES AÉREAS DE LA FUNDACIÓN INFANTE DE ORLEÁNS

④

Aviones de los años 30 en el cielo de Madrid

Aeródromo de Cuatro Vientos
Carretera del Barrio de la Fortuna, 14
91 508 5776
Museo Aéreo: martes a sábado de 11 a 14 h
Exhibiciones aéreas: primer domingo de mes (excepto enero y agosto) a las 11 h
Bus 483, 486, 487

El primer domingo de mes, la Fundación Infante de Orleáns organiza en el Aeródromo de Cuatro Vientos una exhibición aérea única en Madrid en la que se pueden ver volar aviones históricos de los años 30. Tanto los aficionados a la aviación como los visitantes curiosos vivirán una experiencia única al ver despegar aviones como el Polikarpov I-16, el avión soviético de los años 30 que cumplió un papel destacado en la Guerra Civil española.

Entre la fabulosa colección de 23 aviones de 17 modelos distintos, destacan el avión ligero British Aircraft Swallow, el Bücker Bü 131(utilizado por la Luftwaffe durante la Segunda Guerra Mundial),

el Piper J-3 (avión de despegue y aterrizaje corto) y el Cessna O-1 Bird Dog (fabricado especialmente para el ejército de Estados Unidos en los años 50). Pero uno de los momentos estelares de la exhibición son las acrobacias que realiza el Sukhoi Su-26.

Los aviones pueden verse también de martes a sábado en el museo, pero no hay nada mejor que verlos en acción. Aunque la exhibición mensual empieza a las 11 h, antes puede caminar entre los aviones, aparcados al borde de la pista. Un especialista en aeronáutica va desgranando por megafonía la historia y características técnicas de cada ejemplar. Una hora más tarde, los pilotos suben a los aviones para ponerlos en marcha, siempre y cuando el tiempo y el clima lo permitan.

Volar en un avión histórico

La Fundación Infante de Orleáns debe su nombre al aviador militar Alfonso de Orleáns, de quien se pueden ver algunos recuerdos, como su traje y gafas de aviador, en el museo. La fundación existe desde 1989 y su objetivo es recuperar, restaurar y promover el patrimonio histórico aeronáutico español. Para ser socio de la fundación es necesario rellenar un formulario y hacer una contribución de 60 euros anuales. Entre los privilegios más codiciados de ser socio protector está participar, justo antes de la exhibición, en el sorteo de una plaza en vuelo. El elegido vuela como acompañante en un Dornier 27.

CUBO DE BAMBÚ

⑤

Un edificio hecho de caña

Los Clarinetes, 13
Metro Carabanchel Alto

En la zona del Ensanche de Carabanchel no se pierda lo que parece ser una inmensa cabaña oriental: tiene, sencillamente, la gran originalidad de estar hecha de bambú.

Construido por el estudio FOA (Foreign Office Architects), que dirigen Alejandro Zaera y Farshid Moussavi, para la Empresa Municipal de la Vivienda, el edificio tiene 88 viviendas protegidas de bajo coste para que sean accesibles para menores de 35 años con salarios bajos, y puedan así dejar de vivir con sus padres, algo frecuente en España.

Desde fuera parece que el edificio no tiene ventanas, pues a simple vista es sólo un cubo de bambú, pero conforme uno se va acercando puede distinguir las contraventanas articuladas. Las viviendas son pequeñas pero cuentan con todas las comodidades, incluso con una terraza de 1,50 metros de ancho, en las fachadas este y oste, y balcones de 0,50 metros en las fachadas norte y sur. Todas las viviendas tienen fachadas a ambos lados del bloque, lo que permite una ventilación cruzada, ideal para el caluroso verano madrileño. Tanto dentro de las viviendas como fuera se ha dado preferencia a los materiales naturales. El parking, por ejemplo, está recubierto de vegetación. El edificio ocupa menos de la mitad del terreno, el resto es un área de jardines y juegos. Y para que los grafiteros no estropeen la fachada, se ha colocado una valla de metal en la parte inferior del edificio.

El bambú empleado para este proyecto, cuya característica es que crece rápidamente, se llama guadua y es muy frecuente encontrarlo en muchos países asiáticos y en zonas tropicales, desde México hasta el sur de Argentina. Su uso está muy extendido en estas regiones y empezó a utilizarse en construcciones hace más de 9 mil años.

COLONIA DE LA PRENSA

⑥

La vanguardia arquitectónica en 1910

Rodríguez Lázaro, 1
Metro Eugenia de Montijo

En el distrito de Carabanchel, un arco sostenido por dos torres gemelas y con una marquesina en el centro llama la atención del paseante. La marquesina es de hierro forjado y cerámica, y en ella pueden leerse las palabras "Colonia de la Prensa". Esta construcción, de estilo modernista, es la puerta de entrada al que fue un barrio clave en el desarrollo urbano del Madrid de principios del siglo XX.

La Colonia de la Prensa surgió debido a la necesidad de ampliar la ciudad y urbanizar la zona comprendida entre Carabanchel Alto y Bajo. Se llamó así porque fue habitada por un grupo de periodistas y escritores que fueron conocidos como "Los Cincuenta".

La construcción de la primera ciudad de periodistas de España se inició en 1913 y la obra estuvo a cargo del arquitecto Felipe Mario López Blanco. Esta urbanización, espaciosa y con gran incidencia en el diseño, estuvo conformada por un gran número de chalés modernistas. De ellos sólo algunos permanecen en pie pues muchos fueron derribados durante la Guerra Civil. Los que no fueron afectados por la guerra cedieron ante la presión inmobiliaria y la necesidad de realizar construcciones verticales.

Hasta 1948, año en que fue anexado a Madrid, Carabanchel fue un pueblo tranquilo de las afueras de la capital. Por tal motivo la cooperativa de periodistas eligió Carabanchel como un lugar de descanso y veraneo. A partir de los años cincuenta la zona se fue convirtiendo en un barrio obrero y cada vez fueron quedando menos casas originales. En 1980 hubo un intento por rescatar algunas viviendas debido a su valor arquitectónico e histórico, en especial las de las calles Época y Diario La Nación (nombres de dos periódicos de entonces).

Vida de pueblo en la ciudad

La Plaza de Carabanchel es el epicentro del casco antiguo de este distrito, que hasta mediados del siglo pasado fue un pueblo alejado de la capital. Caminar por esta zona es transportarse a otra época, sobre todo si se sube por la calle Monseñor Óscar Romero hasta la Ermita de Nuestra Señora de la Antigua. Esta iglesia, de estilo románico-mudéjar, data del siglo XIII. En esta misma zona han sido encontrados restos romanos del siglo I.

CALLE LEÓN V DE ARMENIA

⑦

León V, el rey que hizo de Madrid la capital de Armenia

Metro Carpetana

Son muy pocos los madrileños que al pasar por la calle León V de Armenia, cerca de Vía Carpetana, pueden decir que conocen la historia de este fabuloso rey que un día hizo de Madrid la capital de Armenia.

León o Levon V (ocasionalmente León VI, 1342-1393), perteneciente a la Casa de Lusignan, fue hijo de Juan de Lusignan y de Soldane, hija de Jorge V de Georgia. Fue el último monarca del reino armenio de Cilicia y gobernó de 1374 a 1375. El reinado fue breve porque su hermano, Constantino V, intentó matarlo y tuvo que huir a Chipre. Antes, en 1360, fue nombrado caballero de la Orden de la Espada, y Senescal de Jerusalén, el 17 de octubre de 1372. En Chipre se casó con Margarita de Soissons y fueron coronados de acuerdo a los ritos latinos y armenios en Sis. Después de varias batallas contra las poderosas fuerzas mamelucas fue tomado prisionero en el castillo chipriota de Kapan y luego trasladado a El Cairo con su familia, donde pasó varios años bajo la vigilancia del sultán egipcio. Durante el cautiverio, entre 1379 y 1381, su esposa Margarita falleció.

El padre franciscano Jean Dardel, en peregrinación hacia Jerusalén, se enteró de la situación del rey preso e intervino, junto con Juan I de Castilla y León, para que fuera liberado. El monarca castellano tuvo que pagar un millonario rescate al sultán para que dejara en libertad a León V, quien llegó enfermo y pobre a Medina del Campo en 1383. En esos momentos el rey Juan I se encontraba en Badajoz a punto de casarse con la princesa Beatriz de Portugal y rindió al rey armenio honores y privilegios, como la donación del dominio madrileño mientras él viviera. Al morir Juan I, León tendría que devolver Madrid a la Corona. Así fue como León V de Armenia se convirtió en León I de Madrid.

León de Lusignan gobernó el reino madrileño con justicia e igualdad, y fue admirado y estimado por todos. Reconstruyó las torres del Alcázar Real y mantuvo en el cargo a los funcionarios reales y municipales, absolviendo previamente de culpa a los desobedientes. Fue un monarca muy querido, en Madrid y en toda la Península Ibérica. El rey era de una estatura inusual: parecía un gigante pues rondaba los dos metros de altura.

Debido a la muerte de su protector Juan I en 1390, León de Lusignan dejó Castilla y partió a Francia. Murió en París en 1393, no sin antes intentar poner de acuerdo a las cortes francesa e inglesa para promover una nueva Cruzada con el objetivo de recuperar sus legítimos dominios. Pero no lo consiguió. Fue sepultado en el Convento de los Celestinos, en París, y más tarde trasladado a la Basílica Real de Sant-Denis, donde hoy descansan sus restos.

Melusina, mitad mujer mitad serpiente, fundadora de la estirpe Lusignan

Según la leyenda, León V fue nieto del hada Melusina, fundadora de la estirpe Lusignan, (etimológicamente, "Melusina" podrían significar "madre de los Lusignan"), quien se casó con un caballero de Poitou de nombre Raymondin, es decir "rey del mundo". Melusina ha sido simbólicamente asociada a las leyendas medievales, a la bíblica Magdalena y a la celta Lusine. La siguiente leyenda fue propagada por Jean D´Arras entre 1382 y 1394: Elinas, rey de Albania (un eufemismo poético para Escocia, la "tierra blanca") salió a cazar un día y se encontró en el bosque con una bella dama. Era Presina, madre de Melusina. El rey la persuadió para que se casara con él y ella aceptó pero con la condición –siempre tiene que haber una condición fatal entre un hada y un mortal- de que no entrara en su habitación cuando diera a luz o bañara a sus hijos. Él acepto el trato. Se casaron y Presina dio a luz a trillizas. Pero él violó la prohibición y el hada abandonó el reino partiendo con sus tres hijas a la isla perdida de Ávalon, asociada a la isla de San Brandán y al reino subterráneo de Agharta.

Las tres niñas, Melusina, Melior y Palestina, crecieron en Ávalon. Al cumplir los quince años, Melusina, la más bella de las tres, le preguntó a su madre por qué habían sido llevadas a Ávalon. Al conocer la promesa rota de su padre, Melusina juró venganza. Ella y sus hermanas encerraron a Elinas en el interior de una montaña. Al enterarse de lo que habían hecho sus hijas, Presina se enfureció y las castigó por haberle faltado el respeto a su padre. Melusina fue condenada a tomar la forma de una serpiente de cintura para abajo todos los sábados.

Melusina vivía desterrada en el bosque encantado de Poitou junto a la Fuente de la Sed. Allí fue donde el caballero Raymondin, durante una cacería de jabalí, la vio bañándose a la luz de la luna, se enamoró de ella y le pidió matrimonio. Tal como hizo su madre, Melusina puso una condición: prohibido entrar a su habitación los sábados. Él estuvo de acuerdo pero inmediatamente rompió la promesa y la vio bañándose desnuda descubriendo así su forma: mitad mujer, mitad serpiente. Ella le perdonó pero la suerte estaba echada. Le dio dos anillos mágicos, se acercó a la ventana y tras un grito estridente de dolor incontenible se lanzó. Tomó la forma de un dragón alado y desapareció para siempre.

El hada Melusina fue abuela de León de Lusignan, rey de Armenia y de Madrid, quien, siempre según la leyenda, no tardó en identificar el monasterio de Montserrat en Cataluña como el lugar donde fue sepultado Raymondin.

Los Lusignan: ¿una dinastía que estuvo en posesión del Santo Grial?

La dinastía de los Lusignan reinó en Armenia de Cilicia (o pequeña Armenia) a partir de 1341 con Constantino IV y perduró hasta 1375 con León V.

Esta dinastía se distinguió principalmente por los conocimientos gnósticos de algunos de los Lusignan: con Guy de Lusignan (1150-1194), los Lusignan se convirtieron en la primera dinastía nobiliaria de Europa en ocupar el trono de Jerusalén, el centro del mundo para los cristianos de la Edad Media. Fue así como fueron considerados los "reyes del mundo".

Según la tradición espiritual, fueron también los Lusignan los que llevaron el Santo Grial de Jerusalén a Chipre y después a Armenia...

La leyenda según la cual Melusina (cuya etimología significaría "Madre de los Lusignan") se unió a Raymondin (cuya etimología significa "rey del mundo") para crear la dinastía de los Lusignan, toma todo su sentido, legitimando la posición de los Lusignan. El hada, que simboliza el conocimiento divino, al unirse a Raymondin (asimilado a los Lusignan a través de su titulo de "rey del mundo"), encarna el don del conocimiento divino concedido a los Lusignan, quienes estaban en posesión del Santo Grial, símbolo por excelencia del conocimiento divino.

En la leyenda, el hecho de que Raymondin no pueda ver a Melusina los sábados, recuerda que fue ese día (el *sabbat* en la tradición hebraica) cuando Dios descansó después de la creación. También es el día de la reflexión, de la prohibición de prácticas corporales, pero también es el de la práctica espiritual, durante la cual la gracia divina se revela al hombre y lo inicia en los saberes secretos sobre los que debe saber guardar silencio.

CEMENTERIO BRITÁNICO

8

Un pedazo del Reino Unido en Carabanchel

Calle Comandante Fontanes, 7
91 714 6422 (Consulado Británico)
Martes, jueves y sábado de 10:30 a 13 h
Metro Urgel

Oportunamente flanqueado por las calles de Irlanda e Inglaterra, en el barrio de Carabanchel, se encuentra uno de los lugares más desconocidos de Madrid, el primer y único camposanto británico de la ciudad. Inaugurado en 1854, fue creado con el objetivo de ofrecer un sitio para que los cristianos no católicos fueran enterrados, ya que no eran admitidos en los demás cementerios. Con el tiempo fueron enterradas personas de otras confesiones y sectas, incluyendo luteranos, miembros de la iglesia ortodoxa griega y rusa, judíos, e incluso musulmanes. Como la ley española no permitía enterrarlos en los cementerios civiles, las comunidades extranjeras no católicas eligieron este pequeño cementerio de característico estilo inglés para su último reposo.

Entre sus mausoleos destacan el de la familia Parish, proveniente de Stafford y fundadora del famoso Circo Price madrileño, o el del suizo Emilio Lhardy, creador en 1839 del primer restaurante elegante de Madrid, toda una institución que mantiene su discreto esplendor. La familia de banqueros austrohúngaros Bauer tiene aquí su sepulcro, y otro monumento funerario, el de los Terstch, llama la atención por sus símbolos masónicos. Loewe, Girod o Boetticher son algunos de los apellidos ilustres que aquí reposan, así como los príncipes de la dinastía Bagration, originaria de Georgia.

El tranquilo reducto cobija unas 700 sepulturas, y entre sus lápidas se entrecruzan historias pasadas de lujos, exilios o espías: entre sus huéspedes también figuran miembros del servicio secreto inglés.

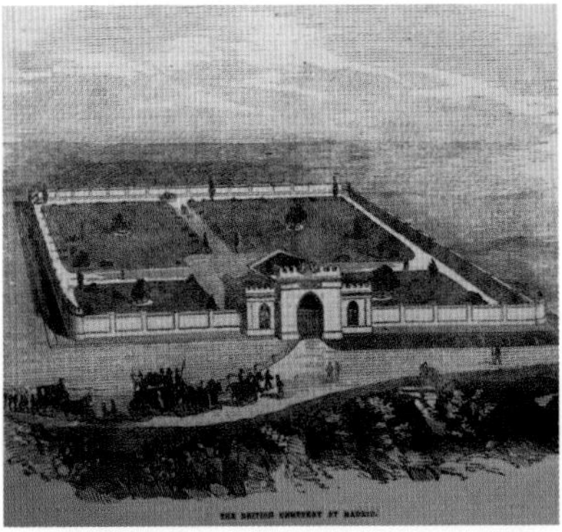

En la actualidad casi no se celebran funerales, pero aún hay espacio disponible para enterrar cenizas en el evocador paisaje de un camposanto de siglo y medio de antigüedad.

Un terreno que pertenece a Gran Bretaña

A manera de curiosidad, cabe destacar que el escudo del Imperio Británico denota que el terreno donde se ubica el cementerio goza de una condición similar al de las embajadas en territorio extranjero. Es decir, pertenece al Reino Unido.

ESCULTURA DE CRISTO TIROTEADO EN EL CAMPOSANTO

⑨

Impresionante figura funeraria cincelada en mármol por Mariano Benlliure

Cementerio Sacramental de San Isidro
Paseo de la Ermita del Santo, 78
Lunes a domingo de 9 a 15 h
Metro Marqués de Vadillo

Pasear por el Sacramental de San Isidro, nombre abreviado por el que se conoce al cementerio de la Pontificia y Real Archicofradía Sacramental de San Pedro, San Andrés, San Isidro y de la Purísima Concepción, supone recorrer un espacio histórico de gran riqueza artística, monumental y enorme belleza paisajística. Declarado Bien de Interés Cultural, está considerado uno de los pocos jardines románticos de la ciudad.

En el centro de la glorieta veintisiete, junto a la casa del guarda, se ubica el Panteón de los duques de Denia. A través de la puerta de hierro y cristal podemos contemplar su interior, en el que resplandece una joya del gran Mariano Benlliure, una maravillosa figura de Cristo crucificado esculpido en mármol. Conocido como el Cristo "fusilado" por sufrir en su pecho el impacto de un disparo durante la Guerra Civil Española, es un modelo de perfección. Impacta la tensión a la que se encuentran sometidos los músculos por estar clavado en la cruz, incluso parece que el Cristo se va a vencer por efecto de la gravedad. Sus cabellos esconden un rostro dolorido que estremece al contemplarlo postrado a sus pies.

Esta es una de las obras cumbres del arte funerario desconocida del gran público, recuerdo eterno de nuestros seres queridos, testigo mudo de la barbarie humana.

Inaugurado en 1811 según el proyecto del arquitecto José Llorente, el cementerio de San Isidro es, en la actualidad, el camposanto más antiguo de Madrid. Se construyó para enterrar a los miembros de las Reales Archicofradías antes citadas, tras la prohibición por Carlos III de realizar enterramientos dentro de la ciudad para evitar epidemias. Está emplazado en el Cerro de la Ánimas, a espaldas de la Ermita y Fuente de San Isidro. Durante el siglo XIX se convirtió en la necrópolis preferida por la nobleza, la aristocracia, los políticos, los grandes burgueses y los artistas. Destaca el patio número cuatro denominado de la Concepción, de estructura neo romana de columnatas y torreones, que encierra un formidable conjunto de panteones de gran calidad arquitectónica enriquecida con elementos escultóricos y de cantería, forja, vidrieras y esmaltes.

ESCULTURA DE SANTA MARÍA DE LA CABEZA

⑩

La milagrosa viuda olvidada de San Isidro

Puente de Toledo
Glorieta de las Pirámides s/n
Metro Marqués de Vadillo

Caminando por el Puente de Toledo, sobre el río Manzanares, una hornacina de piedra contiene una escultura olvidada de Santa María de la Cabeza, viuda de San Isidro, patrono de Madrid.

Este puente fue construido entre 1718 y 1732 por el arquitecto Pedro de Ribera, quien probablemente se inspiró en un legendario episodio protagonizado por la propia Santa María y San Isidro: todas las noches María soñaba que la Virgen podía cruzar el río Jarama extendiendo su manto sobre las aguas. En memoria de lo ocurrido se construyó el Puente de Toledo.

Santa María de la Cabeza se llamaba María Toribia, nació en el siglo XII en Guadalajara y vivió en Torrelaguna, en la provincia de Madrid. Murió entre 1175 y 1180. Llevó una vida abnegada, piadosa y pródiga en el ejercicio de la caridad. Pasó varios períodos de su vida como anacoreta, hecho que fue distorsionado pues de ella se llegó a decir que era una campesina inculta, aunque la Orden de los Templarios luego lo desmintió. Realizó muchos estudios religiosos junto a su marido, al que conoció cuando éste huía de la conquista almorávide, convirtiéndose en una gran conocedora de la religión y del culto a María, por quien los templarios sentían una gran devoción. Tras su muerte fue enterrada en la ermita visigoda de Santa María que solía visitar con frecuencia en vida, situada cerca del río Jarama, en las proximidades de Torrelaguna, que fue un dominio templario. Por ello la ermita perteneció a la Orden del Templo hasta 1311. Ahí se guardó la cabeza de Santa María en un relicario, sobre el altar mayor del oratorio. Con la extinción de la Orden del Templo, la cabeza y el cuerpo de la santa fueron trasladados al convento franciscano de Nuestra Señora de la Piedad de Torrelaguna, y guardados en la sacristía, en un arca de marfil. Allí permanecieron hasta que fueron trasladados nuevamente, esta vez a Madrid, en 1645. En 1769 pasaron del oratorio de Casas Consistoriales al retablo de la Colegiata de San Isidro, donde actualmente se veneran los restos de su esposo.

Todas estas circunstancias, examinadas por jueces apostólicos, llevaron al papa Inocencio XII a confirmar y aprobar el culto inmemorial a la sierva de Dios el 11 de Agosto de 1697, inscribiendo su nombre en el santoral como Santa María de la Cabeza y eligiendo el 9 de septiembre como fecha de celebración en su honor.

La Edad Media no fue un período exclusivamente masculino. En el siglo XII la vida conventual proporcionaba una gran vitalidad intelectual, como lo demostró la alemana Hildegarda de Bilgen, monja estudiosa y mística, o también la contemplativa Juliana de Norwich, en Inglaterra. En el ámbito clerical, el papel de las mujeres era, sobre todo, el de esposas que colaboraban con sus maridos o de viudas que tenían una existencia más independiente. Esta fue la situación de la madrileña universal Santa María de la Cabeza, viuda de San Isidro y madre de San Illán, quien fue un paradigma de las mujeres iluminadas de la Edad Media que supieron unir la fe y la sabiduría.

Simbólicamente, la presencia de esta santa convierte el puente en un pasaje entre el mundo humano y el espiritual que remite al término latino *pontifex* o "constructor de puentes". Literalmente, el pontífice es el intermediario entre ambos mundos.

LOS OBELISCOS MASÓNICOS DEL PASILLO VERDE FERROVIARIO

(11)

El obelisco como una versión simplificada de las antiguas pirámides egipcias

Plaza Ortega y Munilla
Esquina de la calle Ferrocarril y Paseo de las Delicias
Calle Santa María la Real de Nieva

En el distrito de Arganzuela se pueden ver tres obeliscos muy similares con inscripciones que remiten a la masonería. Dos de ellos son iguales (sección triangular y remate piramidal) y se ubican en zonas más abiertas y justo al lado de estaciones modernas, como lo son Delicias y Pirámides. El tercer obelisco, rematado por un plano inclinado, es de menor tamaño y además se encuentra en una zona escondida y poco transitada. Los dos primeros están "acristianados" pues llevan una cruz y están expuestos a todos. El tercero, en cambio, no está "acristianado" y se reserva a una exposición más discreta. Estos curiosos obeliscos, obra del arquitecto Manuel Ayllón, se ubican dentro de lo que se conoce como Pasillo Verde Ferroviario, construido entre 1989 y 1996 en la calle Santa María la Real de Nieva, la Plaza Ortega y Munilla y la esquina de la calle Ferrocarril con Paseo de las Delicias. Los tres llevan inscritas en la base las palabras "Lau-Deo" (Alabanza a Dios) y representan las tres virtudes masónicas por excelencia: la Sabiduría, la Fuerza y la Belleza.

En la francmasonería el obelisco representa al Gran Oriente Eterno y también al Sol espiritual. Es por ello que el obelisco era un objeto de culto en la antigüedad, especialmente entre los egipcios, que lo consideraban un nexo con el Dios Sol, al que veneraban y llamaban Per-Amen-Ra. El obelisco es también una forma depurada de los primitivos menhires celtas y una versión simplificada de las antiguas pirámides egipcias. Se dice que funciona como catalizador de la energía celeste y como condensador de la energía terrestre, lo que los orientales llaman Fohat y Kundalini, y los occidentales telurismo sideral y telurismo planetario. Así, el obelisco sirve de núcleo que concentra ambos tipos de energía irradiando vigor al lugar y a quienes por allí circulan.

Las columnas salomónicas de Madrid

En la misma época en que fueron concebidos los obeliscos, Manuel Ayllón también diseñó una serie de columnas que marcaban los kilómetros del Pasillo Verde Ferroviario y bajo las cuales pasaban los trenes. En un principio se pensó que podían ser de mármol verde pero debido al elevado coste se hicieron en piedra artificial. Con el tiempo, todas fueron destruidas por actos de vandalismo. También se dice que fueron retiradas por problemas políticos. En cualquier caso, lo poco que quedó de ellas fue trasladado a los almacenes municipales.

Colocadas en puntos clave donde confluyen las fuerzas telúricas que recorren la ciudad, las columnas salomónicas con fuste de forma helicoidal recordaban a las columnas de bronce en la entrada del antiguo Templo de Salomón en Jerusalén. Los nombres de las columnas, Jakin y Bohaz, respectivamente significan "establecerá" y "la fuerza está en él". Ambas palabras juntas significan "Dios establecerá por la fuerza, el templo y la religión y será el centro".

Tradicionalmente la columna Jakin, considerada un símbolo del sol, se ubicaba a la derecha del pórtico del Templo y era de color negro o rojo. Bohaz solía ser la columna izquierda, representaba a la luna, y era de color blanco o verde.

En la tradición hinduista, Jakin y Bohaz son Jnana y Bhakti, es decir Sabiduría y Amor, cualidades que caracterizan a los grandes iluminados, y que en Oriente suelen llamarse Bhante-Jauls (hermanos de pureza). Estos a menudo llevan las iniciales J.B, como Juan Bautista, por ejemplo, o como Jesucristo, que nació y murió en dos lugares que llevaban las mismas iniciales: Belén y Jerusalén.

Para representar la sensación de estar de paso, el arquitecto madrileño tuvo el acierto de colocar las columnas cerca de la vía del ferrocarril. Por allí circulan los trenes que transportan gente de un lugar a otro, una transición que estaba relacionada con el significado de los pilares salomónicos.

ESCULTURAS DE LOS CINCO SÓLIDOS PLATÓNICOS

⑫

Hermetismo en Madrid

Plaza Ortega y Munilla: tetraedro
Plaza Francisco Morano: hexaedro
Parque de las Peñuelas: icosaedro
Plaza de Santa Maria de la Cabeza: octaedro
Paseo de los Melancólicos (Santa María la Real de Nieva y Jemenuño): dodecaedro

Las cinco figuras geométricas distribuidas en diferentes puntos del distrito de Arganzuela representan uno de los grandes misterios de la ciudad por la poca o nula información que se tiene sobre ellas y por su significado simbólico. Se trata de un hexaedro, un icosaedro, un tetraedro, un octaedro y un dodecaedro, todos ellos diseñados por el escritor Luis Racionero y el arquitecto Ismael Guarner. El arquitecto Manuel Ayllón fue el Consejero Delegado del Consorcio Urbanístico del Pasillo Verde Ferroviario y el propulsor del proyecto. La ubicación de estas figuras no fue elegida al azar pues cada punto marca en la superficie el recorrido subterráneo del nuevo trazado ferroviario de 7 kilómetros entre la estación de Atocha y Príncipe Pío. Estas esculturas representan a los cinco sólidos platónicos, que aparecen en el tratado de geometría de Luca Pacioli (Sansepolcro, 1445-1517), un fraile franciscano precursor del cálculo de probabilidades. En su obra más importante, *De la Divina Proporción*, aborda temas vinculados a los polígonos y a la perspectiva que luego fueron usados por los pintores del Quattrocento. También fue maestro de Leonardo Da Vinci. Las esculturas de los sólidos platónicos del distrito de Arganzuela resultan un tanto extrañas e indescifrables para el paseante acostumbrado a obras urbanas más figurativas. Su existencia se debe a un objetivo concreto: indicar la "perfección del orden natural" y su traslado inteligente a las obras de los hombres.

La geometría es la disciplina por excelencia del universo iniciático masónico. Para el arquitecto Manuel Ayllón, el conocimiento de los números y de su significado permite medir el progreso en la escala de conocimiento masónico. Los diferentes niveles por los que tiene que pasar el aprendiz para alcanzar el grado de maestro están relacionados con el conocimiento de la geometría y de su significado simbólico. El 1 es la unidad, lo esencial; el 2, el principio de la dialéctica, lo masculino y lo femenino; el 3, la trinidad, lo sagrado y lo divino; el 4, los cuatro elementosEy así sucesivamente. En el caso de los sólidos platónicos, cada poliedro está formado por los polígonos elementales, y el plano (es decir, la doble dimensión) los eleva a lo espacial y corpóreo (las tres dimensiones). El tránsito del 2 al 3 es también un tránsito iniciático orientado a transformar a un profano en iniciado, a un aprendiz de masón en maestro masón, lo que en cierta forma equivale a "salir de las tinieblas para ir hacia la luz".

Para más información sobre la relación entre los cinco sólidos platónicos y los cinco elementos naturales (tierra, agua, fuego, aire y éter) y sus respectivos planetas, ver doble página siguiente.

Los cinco sólidos y la geometría sagrada

La *geometría sagrada* es una visión del mundo según la cual se perciben como *sagrados* los criterios de base de la existencia. Mediante sus vínculos, el hombre contempla el *Magnum Misterium*, el *Gran Proyecto* del Universo, aprendiendo sus leyes, sus principios y las interrelaciones de las formas. Estas formas universales se sistematizan en un complejo geométrico donde cada figura tiene su interpretación matemática y filosófica y se aplican en los proyectos de *arquitectura sagrada* y de *arte sagrado*, que utiliza siempre las *divinas* proporciones a través de las cuales el Hombre refleja el Universo y viceversa. Es habitual pensar que la *geometría sagrada* y sus relaciones matemáticas, armoniosas y proporcionales, también se dan en la música, la luz y la cosmología. Este sistema de valores ya había sido descubierto por los humanos en la Prehistoria, en la cultura megalítica y neolítica. Incluso algunos la consideran como una cultura universal de la condición humana.

La *geometría sagrada* es fundamental para la construcción de estructuras sagradas, como las sinagogas, las iglesias y las mezquitas, e interviene igualmente en el espacio sagrado interior de los templos, como los altares y los tabernáculos. Herencia de la cultura greco-egipcia llevada a la Roma Antigua, se transmitió hasta la Edad Media europea e inspiró la creación de las arquitecturas románicas y góticas de las catedrales medievales europeas, incorporando la geometría al simbolismo sagrado. Cuentan que fue Pitágoras (Samos, hacia 570 a.C. - Metaponte, hacia 497 a.C.) quien fundó el sistema de la *geometría sagrada* en su escuela de Crotona, en Grecia. Este filósofo y matemático habría vuelto a Grecia trayendo los conocimientos adquiridos en Egipto y en la India. A partir del número áureo (1,618) aplicado a las formas geométricas de los cinco sólidos de base, Pitágoras creó el método matemático universalmente conocido como *geometría pitagórica*.

Para crear los cinco sólidos (tetraedro o pirámide, hexaedro o cubo, octaedro, dodecaedro e icosaedro), que posteriormente fueron estudiados por Platón hasta tal punto que se los conoce como *los cinco sólidos platónicos*, Pitágoras se inspiró en el mito griego de los juguetes del niño-dios Dionisio: cesto, dados, peonza, pelota y espejo. Cósmicamente, el *cesto* representa el Universo; los *dados* son los *cinco sólidos platónicos* que ilustran los elementos naturales (éter, aire, fuego, agua y tierra); la *peonza* es el átomo de la materia; la *pelota* es el globo terrestre, y el *espejo* refleja toda la obra del Supremo Geómetra (*Dionisio*), la manifestación universal de la Vida y de la Conciencia, de Dios hacia el Hombre y viceversa.

Asimismo, cada uno de los cinco sólidos platónicos representa una energía planetaria que se une por su forma a un elemento natural. Así, el *dodecaedro* está tradicionalmente ligado a Venus y a la quintaesencia natural -el éter- reflejado por el domo del templo; el *octaedro* está ligado a Saturno y al aire, representado por el crucero; el *tetraedro* está ligado a Marte y al fuego, simbolizado por las aperturas del templo de donde surge la luz; el *icosaedro* a la Luna y al agua que establece la armonía de las formas en el dibujo del templo, construyendo las líneas de unión entre los altares y las columnas; el *hexaedro* (o cubo) fija el Sol al suelo, representa el elemento tierra y por consiguiente determina el trazado de la base o del suelo del templo.

El principal objetivo de la *geometría sagrada* es pues reflejar la Perfección Universal mediante formas y cálculos matemáticos perfectos, y a través de la *arquitectura sagrada* unir la multiplicidad a la unidad en un espacio geométricamente consagrado a este efecto.

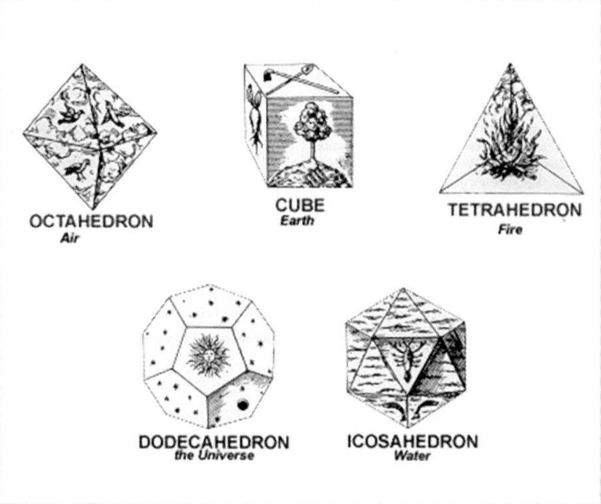

SÍMBOLOS MASÓNICOS EN LA PUERTA DEL SUR DEL PARQUE TIERNO GALVÁN

(13)

ALGADU: Al Gran Arquitecto del Universo

Metro Méndez Álvaro

Es muy probable que quienes frecuentan el Parque Tierno Galván no se hayan dado cuenta de que el conjunto arquitectónico y escultórico conocido como la Puerta Sur está lleno de símbolos masónicos. Todo este conjunto fue planificado por Manuel Ayllón, arquitecto, urbanista y profesor vinculado a la masonería, autor de libros como *Conspiración contra el rey* o *Golpe a Venecia,* y Consejero Delegado del Pasillo Verde Ferroviario (ver página 312). Aquí, en lo alto de la gran chimenea metálica del parque construido en honor a Enrique Tierno Galván, el alcalde más querido de Madrid, se pueden leer, si se tiene muy buena vista o unos prismáticos a mano, las letras ALGADU, acrónimo de "Al Gran Arquitecto del Universo", un nombre simbólico usado en la masonería para referirse al Principio Creador, independientemente de la religión que practiquen sus miembros.

También se puede ver la rampa (que representa la "entrada al cielo"), con los clásicos colores negro y blanco de la masonería. Es importante destacar que el eje este-oeste está alineado con la posición astronómica de ascenso y descenso del sol. Hacia el norte apunta al Observatorio Astronómico, el ojo que permite "leer los cielos", y al sur al Cerro Negro y Cerro de los Ángeles, verdadero centro geográfico de España, según Manuel Ayllón.

En el suelo de la Puerta Sur se puede ver el típico tablero de ajedrez, que dentro de la simbología masónica está asociado al llamado cuadrado de Mercurio, símbolo de la unión de lo líquido y lo sólido.

Los números 3 y 7, tan valorados en la simbología masónica, también están presentes en el monumento: hay tres farolas a cada lado de la puerta, 3 y 3, evocando al número 33, la edad de Cristo cuando fue crucificado, y también la medida de la puerta: 33 metros. La chimenea tiene 49 metros de altura por lo que se la relaciona con el número 7, que representa la "entrada al cielo".

El arquitecto Manuel Ayllón también proyectó otros elementos masónicos y herméticos en el mismo distrito, como los cinco sólidos platónicos distribuidos en distintos puntos de Arganzuela (ver página 314), y los tres obeliscos ubicados en el Paseo de los Melancólicos, la Plaza de Ortega y Munilla y la esquina de la calle Ferrocarril con Delicias (ver página 312).

Descifrando otras claves masónicas en Madrid...

La estatua de Emilio Castelar (Plaza de Emilio Castelar), obra del arquitecto francmasón Benlliure, está coronada por tres personajes femeninos que representan la Sabiduría, la Fuerza y la Belleza, las tres grandes virtudes masónicas. La Capilla de la Bolsa (restaurante), donde antiguamente se encontraba la Bolsa de Madrid que luego albergó una Logia masónica.

Paseo de las Acacias. En la masonería, la acacia está relacionada con la iniciación y con la inmortalidad. Varios alcaldes francmasones plantaron acacias en las calles madrileñas, precisamente por ser la flor predilecta de las órdenes masónicas.

Ministerio de Agricultura (ver página 184)

COPA DE VILLAVERDE ⑭

Uno de los depósitos de agua más originales de Europa

Eduardo Maristany, s/n
Estación de Cercanías Villaverde Bajo

En los terrenos que ADIF (Administrador de Infraestructuras Ferroviarias, entidad pública dependiente del Ministerio de Fomento) posee en el denominado Centro Logístico Complejo Villaverde, se alza un insólito, esbelto y casi centenario depósito doble de agua potable con inusual forma de cáliz.

Se le conoce con el nombre de la Copa de Villaverde.

Está construido junto a las naves, muelles y playa de vías para carga y descarga de la Estación de Villaverde Bajo, en hormigón armado con cemento "Asland", con molde interior de ladrillo hueco y exterior de escayola.

Se yergue entre los caminos de hierro, la telaraña de cables de alta tensión, las grúas y el cemento, hasta alcanzar una altura de 18 metros y una capacidad de 107 m^3 para el depósito superior y de 166 m^3 para el inferior. A pesar de su antigüedad, presenta un buen estado de conservación ya que ha sido remozado y su original greca decorativa con las siglas M. Z. A. conserva su esplendor.

Se erigió en 1924 por la Compañía de los Ferrocarriles de Madrid a Zaragoza y Alicante (M.Z.A.) cuando trasladaron allí sus talleres de material fijo desde la estación de Atocha.

Se trataba de una infraestructura muy moderna para su época que incluía además un transformador, pabellones para residencia de los trabajadores (hoy todavía habitados), biblioteca y escuela de aprendices, el todo rodeado de un jardín de bello aspecto. El depósito sirvió de abastecimiento de agua para las naves y talleres de la M.Z.A. (integrada en RENFE, Red Nacional de los Ferrocarriles Españoles, desde 1941) y para las viviendas de los trabajadores. En las instalaciones se reparaban puentes giratorios, estructuras metálicas, carros transbordadores y maquinaria de vía.

Con el devenir de los años, de aquella época original hoy tan solo quedan en pie dos almacenes residenciales y un almacén convertido en vivienda, además de la sorprendente Copa de Villaverde.

RÉPLICA DE UNA ENORME CABEZA OLMECA

15

Fue el primer monumento que llegó al barrio del Ensanche de Vallecas

Puerto de Porzuna esquina con La Granja de San Ildefonso
Metro Congosto

Con un peso de cinco toneladas y media y unas dimensiones de 2,18 metros de alto y 1,46 de ancho, asentada sobre un inmenso pedestal de 16,5 metros de ancho y 3,40 de alto, la colosal cabeza olmeca vigila las nuevas calles de este barrio capitalino desde el año 2005, cuando fue donada al Ayuntamiento de Madrid por el estado mexicano de Veracruz, en reconocimiento a las buenas relaciones mantenidas entre ambas instituciones.

Se trata de una réplica de la majestuosa escultura denominada "Cabeza colosal número 8 El Rey" realizada por este pueblo mexicano entre los años 1200 y 900 a.C. Muestra los rasgos característicos de la fisonomía de los olmecas de alto linaje: nariz chata, labios gruesos, ojos rasgados y un ligero estrabismo, además de un tocado con una garra de felino invertida. Está fabricada en piedra sedimentaria gris y reposa sobre una base piramidal escalonada de estilo precolombino, de hormigón y piedra caliza rosa que contiene un salto de agua desde la base de la cabeza a través de cuatro rampas con salientes de piedra que forman unas pequeñas cascadas. Todo el conjunto se yergue a una altura de más de 10 metros sobre una glorieta rodeada de zona ajardinada. Se realizó un estudio topográfico de la pieza original para poder obtener esta fiel copia esculpida por Ignacio Pérez Solano.

La réplica vallecana está hecha a semejanza del original que forma parte de un grupo de 17 cabezas olmecas, la primera habiendo sido descubierta a finales del siglo XIX. Fueron encontradas en perfecto estado de conservación en los estados de Veracruz y Tabasco. Se esculpieron en grandes piedras de basalto extraídas de la Sierra de los Tuxtlas y se transportaron por grandes distancias, aunque no está claro qué sistema se utilizó para su traslado. Pequeñas figuras, hachas y cuentas de jade, trabajadas con una refinada técnica, forman también parte del arte olmeca, lo que nos da una idea del importante desarrollo tecnológico y social que poseía esta civilización, una de las grandes culturas de Mesoamérica.

Ciudades como Washington D.C. y Chicago en Estados Unidos, Pekín en China y países como Bélgica, Belice, Canadá, entre otros, exhiben réplicas de cabezas olmecas.

LA CATEDRAL DE JUSTO

(16)

Una basílica construida con materiales reciclados

Calle del Arquitecto Antonio Gaudí, 2
Mejorada del Campo
Autobús 282 desde el intercambiador de Avenida de América

Una de las catedrales más insólitas del mundo se encuentra, fruto de una rara coincidencia, en la Calle del Arquitecto Antonio Gaudí, en Mejorada del Campo. Este curioso monumento es la obra del octogenario Justo Gallego Martínez, que desde hace casi medio siglo dedica toda su energía a la construcción de este templo original, edificado por él solo, con materiales reciclados.

Don Justo, que tuvo que abandonar en su juventud su vocación religiosa a causa de la tuberculosis, decidió en 1961 dedicar su vida a la construcción de esta catedral consagrada a la Virgen del Pilar, y así lo hizo día tras día, realizando un trabajo de hormiga que al principio no fue tomado en serio. Arquitecto autodidacta, el hombre fue creando la sorprendente estructura que hoy puede verse sobre unos terrenos heredados de sus padres, sin licencia de construcción, y sin ningún apoyo institucional o de la Iglesia. Comenzó financiando su monumental proyecto con la venta de sus posesiones, pero con el tiempo fue recibiendo otras donaciones voluntarias. Tampoco existen planos, salvo los que él tiene en su cabeza, y para suplir la falta de formación especializada, Justo encontró inspiración consultando libros sobre castillos y catedrales.

Los materiales empleados son de todo tipo, como la rueda de bicicleta que le sirve de polea, las columnas encofradas con bidones de productos químicos, o los arcos logrados a partir de neumáticos de camiones. Don Justo calcula que aún le faltan 15 años para terminar su obra, pero lo que en un principio pudo parecer un desvarío, actualmente cuenta con una cúpula de 11 metros de diámetro y 40 de alto. Y en el interior, un montón de viejas sillas de escuela esperan el turno de misa.

EL ÚLTIMO PARQUE

⑰

Un cementerio para animales

Antigua Ctra. Valencia Km. 30,400 - Arganda del Rey
91 459 0000
Invierno: sábados de 10 a 14 h y de 15:30 a 18 h, domingos de 10 a 14 h
Verano: sábados de 10 a 14 h, y de 16:30 a 19:30 h, domingos de 10 a 14 h

Si el culto que los antiguos egipcios rendían a los gatos fallecidos llegaba a tal punto que las personas se afeitaban las cejas en señal de duelo, en Madrid, en El Último Parque los animales de compañía pueden ser enterrados en tumbas de mármol italiano y con la misma solemnidad que en cualquier cementerio para humanos.

El recinto se ubica en medio de un bosque de pinos, alejado del ruido de la ciudad, en un entorno realmente apacible. Se pueden ver hasta 4000 tumbas de mascotas (perros, gatos e incluso monos), con diferentes inscripciones y ornamentos. En El Último Parque yacen animales heroicos, como el Yorkshire Terrier al que le cayó una bala perdida mientras se encontraba en los brazos de su dueña, o un Mastín que llegó a engendrar más de 200 cachorros. Mientras uno pasea por este gran parque puede deducir, de los epitafios o los recuerdos sobre las tumbas, el tipo de relación que los dueños tenían con sus mascotas. Algunos incluso les dejan botellas de agua, por si llegaran a tener sed en el más allá.

Desde julio de 1983, El Último Parque ofrece recoger a su mascota (o amigo, como prefieren llamarlo) donde ha fallecido y organizar su entierro (también ofrece un servicio de cremación).

Se puede elegir entre distintos tipos de lápidas y tumbas, pueden ser de mármol o granito, con inscripciones en distintas tipografías. Las hay más lujosas y exclusivas, las llamadas de honor, ubicadas en la zona más representativa del cementerio. Son tumbas que lucen elegantes lápidas y llevan inscritos el nombre de la mascota y alguna frase que recuerda su paso por el mundo. Quienes no disponen de un presupuesto demasiado holgado pueden elegir entre fosas más modestas. Una de las ventajas de este cementerio para animales es que garantizan una concesión ilimitada: si abonan una cuota anual no tienen por qué preocuparse del futuro de la fosa. Los precios de entierro y fosa oscilan entre los 300 y los 4000 euros.

También existe un cementerio para animales en Asnières, cerca de París (ver guía del mismo editor, sólo disponible en francés, *Banlieue de Paris insolite et secrète*), y otro en Hyde Park (ver la guía *Londres insólita y secreta*).

En Madrid, el Palacio de Liria (ver página 88) esconde también un pequeño cementerio donde reposan los restos de las mascotas de la duquesa de Alba (perros y loros).

IGLESIA DE SANTA MÓNICA EN RIVAS-VACIAMADRID

(18)

Un templo contemporáneo espectacular

Libertad, 17. Rivas-Vaciamadrid
Misas: Lunes a viernes a las 09:30 y a las 20 h,
Sábados a las 10 y a las 20 h
Domingos y festivos a las 10, 11:30 y 13 h
Metro Rivas Urbanizaciones

CRÉDITOS FOTOGRÁFICOS:

Todas las fotos son de **Manuel Vázquez** excepto:
María Antón: página 276
Thomas Jonglez: páginas 88, 162, 164, 166, 206
Carol Martínez: página 280
Chino Miguel: páginas 82, 181, 196, 232
Erik Mólgora: páginas 32, 33, 34, 44, 46, 70, 76, 86, 130, 131, 134, 135, 138, 141, 150, 158, 182, 183, 210, 211, 300, 310, 272, 273
Camilo Ospina: página 284
Sergio Padura: página 298
Ida Plaza: página 66
Mali Ramírez: páginas 208, 220
Lucrecia Salgari: páginas 48, 62, 126, 127, 170, 236, 294, 312, 314
Manuel Villate: página 152
Luis Lopez: páginas 176, 188, 218, 226, 270
Germán del Cabo: páginas 24, 56, 78, 84, 98, 100, 116, 122, 128, 146, 178, 190, 192, 212, 250, 266, 278, 282, 292, 308, 320, 322, 328
María Paz Correa: páginas 30, 31, 112, 114, 115
Beatriz Pérez Colina: páginas 42, 102, 248, 260, 286, 287
Verónica Ramírez: páginas 16, 18, 20, 21, 22, 106, 107, 204, 252
Janine Costa: página 246
Mónica González: página 110
Fiorella Battistini: página 264

Las siguientes fotos son cortesía de:
Página 36: Fundación Carlos de Amberes
Páginas 38-39: Biblioteca Nacional de España
Página 58: Real Fábrica de Tapices
Página 74: Museo de la Farmacia Hispana
Página 78: Colección César Mohedas
Página 96: Asociación Grama
Página 118: Salvemos el Frontón Beti-jai
Página 121 y 124: Emanuela Gambini
Página 156: Joyería Grassy
Página 168: Ateneo de Madrid
Página 172 y 174: Cámara de Comercio de Madrid
Página 177: Archivo Jardín del Ángel
Páginas 190-192: Ilustre Colegio de Médicos de Madrid
Página 244: Fundación Barreiros
Página 256: Museo Veterinario Complutense
Página 262: Museo Bonsái de Alcobendas
Página 296: Fundación Infante de Orleáns. Javier Guerrero e Ismael Abeytua

Algunos textos fueron escritos por:
Mario Utrilla: páginas 24, 56, 78, 84, 98, 100, 116, 122, 128, 142, 146, 178, 190, 192, 212, 250, 278, 266, 282, 292, 308, 320, 322, 328.
Vitor Manuel Adrião: páginas 40, 50, 53, 90, 164, 184, 214, 216, 234, 302, 313, 316, 272-273, 274.
Mili Crespo: páginas 28, 124, 258-259.
Carol Martínez: página 280-281.
Natalia Pianzola: páginas 36, 60, 68, 72, 74, 75, 92, 211, 306-307, 268, 324.
Luis Lopez: páginas 176, 188, 218, 226, 270.

Despite the religious fervour of the Corsicans, which makes the Easter Service of Darkness (*Office des Ténébres*) a long-lived tradition, it's only rarely celebrated on the island. The church of St Mary Major in Bonifacio, dating from the 13th century, is one of the few places where this spectacular tradition persists.

The impressive service consists of chanting the Lamentations of the Prophet Jeremiah (mourning the destruction of the Temple of Jerusalem), psalms and readings. Dedicated to suffering, to complaints of the innocent and to mourning, the service starts by candlelight and ends in total darkness. The psalms evoke Jesus at Calvary.

During the service, the brothers stand behind the altar at the open tabernacle and chant the Lamentations. The candles of the triangular, 15-branch candlestick are gradually extinguished except for the one at the top, and the candlestick is then placed behind the altar. Gradually the darkness becomes all-engulfing and, in a moving atmosphere, even for non-believers, heart-stopping chants are heard.

The other highlight that closes the Service of Darkness is the tradition of *mazzuchi*: the brothers beat these large palm branches hard on the floor to evoke the sound of thunder and the earth tremors that are said to have accompanied the death of Jesus.

Anyone can attend the service but silence and respect for believers are requested. The church of St Mary Major, the oldest in Bonifacio, keeps up the tradition.

Besides the Service of Darkness, Good Friday is characterised by processions of the local brotherhoods carrying large Baroque shrines (caskets containing a saintly relic) throughout the town.
In Bonifacio, these shrines of Genoese origin are kept in each of the churches on which they depend. So you'll find the shrine of St Bartholomew in Église St Dominic but also the shrine known as the Holy Women, which represents Mary, St Martha and Mary Magdalene at the feet of Jesus during the ordeal of the crucifixion. Église Saint-Jean-Baptiste houses a shrine of the beheading of St John the Baptist dating from the 16th century, while Église Sainte-Croix has a reliquary of the 'discovery of the cross of Calvary by St Helena', with the mother of Emperor Constantine I, in the presence of the bishop of Jerusalem and various witnesses.

CISTERN OF ÉGLISE SAINTE-MARIE-MAJEURE

(22)

An extraordinary system for collecting rainwater

20169 Bonifacio
Ask at tourist office or Bonifacio heritage department on 04 95 73 51 79 or 04 95 73 00 15